명리상담사를 위한
직업정보 가이드

현재와 미래를 이어주는 진로상담의 경쟁력

명리상담사를 위한

직업정보
가이드

김기승 · 성경화 지음

다산글방

머리말

명리상담사를 위한
<직업정보 가이드>를 펴내며

인간의 행복에 영향을 주는 것은 많지만 그중에 으뜸이 바로 직업이다. 직업은 개인은 물론 가족의 삶에 원천이 되는 경제를 담당하기 때문이다. 그러므로 능률적이고 즐겁게 일할 수 있는 진로를 선택하는 것이야 말로 무엇보다 중요하다.

그렇다면 어떻게 해야 진로를 잘 선택할 수 있는가?
무엇보다 개인의 타고난 재능을 잘 살려 주어야 한다. 그리고 그 재능을 발현할 수 있는 진로를 선택하여 전문성을 갖춘 다음 그에 맞는 직종과 직무를 선택해 가는 것이 순서다.

하지만 아이의 재능에 상관없이 부모의 기대심리에 따라서, 또는 직업이나 직종의 귀천에 대한 선입견으로 특정 직업을 회피함으로써 정작 자신의 재능을 살리지 못하는 경우가 많다. 즉, 직업에 귀천이 없다고 대의적으로 말하지만 정작 현실에서는 그렇게 키우는 부모가 많지 않다는 것이다. 초등학교 때부터 수많은 학원으로 뺑뺑이 돌리고, 못하는 공부 때문에 미래가 없는 아이로 취급받기도 하는 현실에 대해 우려하지 않을 수 없다.

그래도 다소 마음이 놓이는 것은 모든 부모가 그렇지는 않다는 것과 자신이 잘 할 수 있는 재능을 찾아서 진로선택을 해야 한다는 학부모의 인식이 확산되어가고 있는 것이다.

필자들은 대학원에서 직업학과 진로상담을 전공하였고, 나아가 대학원에서 진로상담전공 교수로 재직하며 연구와 진로지도경험에서 깨달은 바가 있어 이 책을 집필하기 시작했다. 그것은 바로 진로직업정보를 제대로 안내 받지 못한 케이스와 제대로 안내하지 못한 케이스로 인하여 진로 선택에 오류를 범하는 일이 많다는 것이었다.

아무리 자신의 재능을 잘 살려나간다고 해도 결과적으로 그에 적합한 직업정보를 제대로 안내 받지 못하거나 또는 상담사가 안내하지 못해서 당사자가 최선의 길을 선택하지 못하는 경우는 없어야 한다.

미래에는 더욱더 다양하고 복잡한 사회가 펼쳐질 것이다. 그리고 복잡한 사회일수록 정보는 곧 최고의 경쟁력이 된다. 하지만 인터넷 등 사회관계정보망을 통하여 수많은 정보가 봇물처럼 쏟아지고 있다고 해서 자신의 선천적성에 딱 맞는 정확한 진로직업정보를 찾아가거나 찾아주는 것이 과연 쉬운 일일까? 그것은 그야말로 미로 속을 헤매는 것과 같지 않을 수 없다.

이 책의 〈1부 : 인류와 직업정보〉에서는 직업의 정의 및 변천과정과 직업능력개발 훈련과정, 국가직업정보 활용하기 등 정부가 국민들을 위해 운영하는 다양한 진로직업정보를 활용할 수 있도록 안내하였다.

그리고 〈2부 : 명리직업정보〉에서는 출생정보로 개인의 고유한 선천적 성 분류를 통하여 자신의 선천재능과 직업체질을 찾아줄 수 있도록 하였다.

이 책 〈명리상담사를 위한 직업정보 가이드〉가 미래사회를 열어가는 모든 사람들에게 자신을 알고 정보를 찾아가는 유익한 진로직업정보의 가이드 역할이 될 수 있기를 바란다. 나아가 진로직업상담을 담당하는 여러 분야의 상담사분들께 도움이 되길 바라며, 특히 명리상담사분들께는 경쟁력을 갖추는 직업정보가이드로서의 역할을 할 수 있기를 기대한다.

2021년 3월

김기승·정경화

차례

제1부 인류와 직업정보

PART 1 직업의 정의 및 변천과정 015

1. 직업의 정의 … 15
2. 산업발전에 따른 직업의 변화 … 21
3. 시대별 직업의 변화 … 28

PART 2 직업정보의 의의와 직업변동요인 045

1. 직업정보의 의의 … 45
2. 직업정보 활용 … 53
3. 직업변동요인 … 63

PART 3 4차 산업혁명 시대의 직업 075

1. 4차 산업혁명의 개념과 특징 … 75
2. 4차 산업혁명에 따른 직업세계 변화 … 79
3. 4차 산업혁명 시대의 유망직업 15선 … 91

PART 4 직업능력개발훈련 121

1. 직업능력개발훈련의 개요 … 121
2. 직업능력개발훈련 사업내용 … 129
3. 국비지원직업훈련 … 146

차례

PART 5 국가직업정보 활용하기 153

1. 직업정보서 ... 153
2. 직업정보 네트워크 시스템 ... 164
3. 자격증(국가&민간) 정보 ... 168

PART 6 미래직업정보 183

1. 직업별 인력수요 전망 ... 183
2. 디지털 기술융합시대 8대 혁신성장 분야 직업전망 ... 193
3. 유망 직업정보 ... 212
4. 이색 직업정보 ... 234

PART 7 직업흥미 및 적성검사 도구 247

1. 직업선호도 검사 ... 247
2. 성인용 직업적성검사 ... 262
3. AAT 선천적성검사 ... 267

차례

제2부 명리와 직업정보

PART 8 명리직업상담의 체계 ········ 283

1. 명리와 선천적성 ··· 283
2. 타고난 직업체질 ··· 306
3. 직업적성 코스 ··· 316

PART 9 인성(印星)의 직무와 직업정보 ········ 327

1. 인성(印星)의 본성과 심리 ··· 327
2. 인성(印星)의 코스별 진로방향 ··· 333
3. 인성(印星)의 직무와 직업정보 ··· 343

PART 10 비겁(比劫)의 직무와 직업정보 ········ 353

1. 비겁(比劫)의 본성과 심리 ··· 353
2. 비겁(比劫)의 코스별 진로방향 ··· 360
3. 비겁(比劫)의 직무와 직업정보 ··· 367

차례

PART 11 식상(食傷)의 직무와 직업정보 ·········· 375

    1. 식상(食傷)의 본성과 심리 ⋯ 375

    2. 식상(食傷)의 코스별 진로방향 ⋯ 382

    3. 식상(食傷)의 직무와 직업정보 ⋯ 389

PART 12 재성(財星)의 직무와 직업정보 ·········· 397

    1. 재성(財星)의 본성과 심리 ⋯ 397

    2. 재성(財星)의 코스별 진로방향 ⋯ 403

    3. 재성(財星)의 직무와 직업정보 ⋯ 412

PART 13 관성(官星)의 직무와 직업정보 ·········· 421

    1. 관성(官星)의 본성과 심리 ⋯ 421

    2. 관성(官星)의 코스별 진로방향 ⋯ 428

    3. 관성(官星)의 직무와 직업정보 ⋯ 438

제1부

인류와 직업정보

PART 1

직업의 정의 및 변천과정

1. 직업의 정의

우리는 때론 '일'과 '직업'을 따로 구분하지 않고 혼동하여 사용하기도 한다. 그러나 정확하게 구분하자면 다음과 같다.

일은 직업을 포함한 큰 개념으로 보수와 관계없이 사람이 하는 모든 활동을 의미한다. 보수를 받거나 이윤을 추구하기 위한 개인 사업들도 일이며, 취미활동, 봉사활동, 여가활동 등도 모두 일에 포함된다. 또한 일은 유급노동, 재생산을 위한 활동, 여가활동 등의 유형으로 나뉘게 되며 일은 경제적인 보상과 물질적인 욕구충족이 가능하고 성취감과 보람을 느끼게 되며 자아를 실현할 수 있고 사회적 관계를 형성하고 가족과 사회에 공헌도 한다.

반면, 직업은 지속성이 있어야 하고, 일에 대한 보수가 따라야 하며 강제성이 없어야 하고 합법적이어야 한다. 직업은 일에 대한 대가를 목적으로 일정기간 지속적인 활동을 뜻한다. 개인적인 측면에서의 직업은 생계를 유지할 수 있는 수단이고 직업을 통해서 얻게 된 소득은 가계소득의 주요 원천이 되며 자아실현도 가능하다. 자신의 적성에 맞는 직업에 종사하게 되면 개인의 능력을 발휘하면서 자아를 실현할 수 있다.

고대에는 일을 고통이나 고난 등 육체의 노동을 의미하였고, 중세에는 신분에 따른 의무적인 일로 운명적으로 해야 하는 차원으로 보았으나 근대에는 직업이라는 용어가 사용되면서 전문적이고 다양한 의미를 포함하게 되었다.

직업의 의미를 사전에서는 '생활을 유지하기 위하여 급료를 받고 자기의 적성과 능력에 따라 한 가지 일에 종사하는 지속적인 사회활동'이라고 설명하고 있고, 위키백과에서는 '사회적 가치를 창출하거나 꿈을 이루기 위해 지속적으로 하는 소득활동 및 사회적 행위'라고 정의하고 있다.

일반적으로 직업에는 생계유지의 경제적 의미, 개인의 사회적 역할 분담의 사회적 의미, 자기능력의 발현이라는 심리적 의미 등 3가지 의미가 내포되어 있다. 첫째, 경제적 의미는 직업을 통해 생계를 유지하고 경제생활을 영위하게 해 주는 것을 말한다. 둘째, 사회적 의미는 직업에 따라 사회적 역할이 분담되고, 직업을 통해 사회에 기여하고 사회 속에서의 자신의 위치를 확인해 주는 것을 말한다. 셋째, 심리적 의미는 자신의 이상을 실현시켜 주고, 자신의 가치를 발견해주며, 인간적인 인격을 완성해 주는 것을 말한다.

직업의 성립요건으로는 윤리성, 경제성, 계속성, 사회성이 있다. 첫째, 직업은 법에 저촉되지 않아야 하며 비윤리적이지 않아야 한다. 둘째, 직업은 노동의 대가로 그에 따른 소득이 주어져야 한다. 셋째, 직업은 계속적으로 하는 일이어야 한다. 넷째, 직업은 사회적 가치와 쓸모 있는 일이어야 한다.

직업의 가치는 개인적 가치와 사회적 가치로 나눌 수 있다. 첫째, 개인적 가치는 자아실현, 생계유지, 행복한 가정생활, 소속감이 있고, 둘째, 사회적 가치는 사회봉사, 국가 및 사회발전, 사회적 역할수행, 더불어 사는 즐거움이 있다.

개인적 가치 중 첫째, 자아실현은 자신의 꿈을 실현할 수 있으며, 사람들에게 자신의 능력을 인정받을 수 있다. 둘째, 생계유지는 경제적인 보상으로 나와 가족의 생계를 유지할 수 있게 해 준다. 셋째, 행복한 가정생활은 직업을 가짐으로써 생활의 여유를 갖고 행복한 가정생활을 할 수 있게 해 준다. 넷째, 소속감은 직업생활을 통해 특정 집단에 소속되어 있음을 느끼게 해 준다.

사회적 가치 중 첫째, 사회봉사는 사회에 봉사하고 삶의 보람을 느끼며, 행복하고 가치 있는 삶을 살 수 있다. 둘째, 국가 및 사회발전은 직업적 활동이 사회전체의 질서와 안정, 그리고 국가발전에 매우 중요한 역할을 수행한다. 셋째, 더불어 사는 즐거움은 다양한 직업생활을 통한 사회적 연결과 어울림 속에 기쁨과 즐거움을 찾을 수 있다. 넷째, 사회적 역할수행은 직업을 가짐으로써 사람과 서로 역할을 분담하여 사회의 일원으로서 공헌할 수 있다.

직업마다 고유의 직업윤리와 직업가치관이 있다. 그 직업이 갖고 있는 윤리와 가치관과 자신이 추구하는 직업가치관이 다르다면, 직업에 대한 만족도가 떨어져 행복한 직업인으로의 삶이 어려울 수 있다.

사람은 누구나 좋은 직업을 갖기 위해 끊임없이 노력한다. 그렇지만, 좋은 직업이란 사람마다 느끼는 것이 다르다. 그것을 개인의 직업가치관이라고 하는데, 직업가치관에 따라 높은 보수가 우선인 사람이 있고, 직업의 안정이 우선인 사람이 있고, 변화지향을 우선하거나 성취를 우선으로 하는 등 그 기준은 다양하다. 그래서 직업을 선택할 때 자신이 우선시하는 직업가치관이 무엇인지를 알고, 자신이 희망하는 직업의 직업윤리와 가치관을 알아보는 것이 중요하다.

고용노동부 워크넷(www.work.go.kr)에서 제공하는 가치관 검사는 총 13개의 직업가치관(성취, 봉사, 개별 활동, 직업안정, 변화지향, 몸과 마음의 여유, 영향력 발휘, 지식추구, 애국, 자율성, 금전적 보상, 인정, 실내 활동)에 대한 정보를 제공한다. 워크넷사이트에 접속하여 직업가치관 검사를 시행하면 무료로 자신의 직업가치관 결과를 확인할 수 있다. 제공되는 13개의 직업가치관의 요인과 설명은 다음과 같다.

가치요인	가치설명	관련직업
성취	스스로 달성하기 어려운 목표를 세우고 이를 달성하여 성취감을 맛보는 것을 중시하는 가치	대학교수, 연구원, 프로운동선수, 연구가, 관리자 등
봉사	자신의 이익보다는 사회의 이익을 고려하며, 어려운 사람을 돕고, 남을 위해 봉사하는 것을 중시하는 가치	판사, 소방관, 성직자, 경찰관, 사회복지사 등
개별활동	여러 사람과 어울려 일하기보다 자신만의 시간과 공간을 가지고 혼자 일하는 것을 중시하는 가치	디자이너, 화가, 운전사, 교수, 연주가 등
직업안정	해고나 조기퇴직의 걱정 없이 오랫동안 안정적으로 일하며 안정적인 수입을 중시하는 가치	연주가, 미용사, 교사, 약사, 변호사, 기술자 등
변화지향	일이 반복적이거나 정형화 되어 있지 않으며 다양하고 새로운 것을 경험할 수 있는지를 중시하는 가치	연구원, 컨설턴트, 소프트웨어개발자, 광고 및 홍보전문가, 메이크업아티스트 등
몸과 마음의 여유	건강을 유지할 수 있으며 스트레스를 적게 받고 마음과 몸의 여유를 가질 수 있는 업무나 직업을 중시하는 가치	레크리에이션 진행자, 교사, 대학교수, 화가, 조경기술자 등

가치요인	가치설명	관련직업
영향력 발휘	타인에게 영향력을 행사하고 일을 자신의 뜻대로 진행할 수 있는지를 중시하는 가치	감독 또는 코치, 관리자, 성직자, 변호사 등
지식추구	일에서 새로운 지식과 기술을 얻을 수 있고 새로운 지식을 발견할 수 있는지를 중시하는 가치	판사, 연구원, 경영컨설턴트, 소프트웨어개발자, 디자이너 등
애국	국가의 장래나 발전에 기여하는 것을 중시하는 가치	군인, 경찰관, 검사, 소방관, 사회단체활동가 등
자율	다른 사람들에게 지시나 통제를 받지 않고 자율적으로 업무를 해나가는 것을 중시하는 가치	연구원, 자동차영업원, 레크리에이션 진행자, 광고전문가, 예술가 등
금전적 보상	생활하는 데 경제적인 어려움이 없고 돈을 많이 벌 수 있는지를 중시하는 가치	프로운동선수, 증권 및 투자중개인, 공인회계사, 금융자산운용가, 기업고위임원 등
안정	자신의 일이 다른 사람들로부터 인정받고 존경 받을 수 있는지를 중시하는 가치	항공기조종사, 판사, 교수, 운동선수, 연주가 등
실내활동	주로 사무실에서 일할 수 있으며 신체활동을 적게 요구하는 업무나 직업을 중시하는 가치	번역사, 관리자, 상담원, 연구원, 법무사 등

*출처: 고용노동부 워크넷 직업가치관검사

2. 산업발전에 따른 직업의 변화

1) 1차 산업혁명

1차 산업혁명은 1784년 영국에서 증기기관이 발명되었던 시점으로부터 18세기~19세기까지 이어진 인류의 산업 활동을 의미한다.

1차 산업혁명은 영국을 중심으로 시작하여 유럽과 북미로 확산되어갔다. 증기기관의 등장으로 인간에 의한 생산이 기계에 의한 생산으로 옮겨가는 계기가 되었다. 기계에 의한 노동생산성은 기존의 2~3배 이상으로 급증하게 되었다. 인간의 노동력이 기계로 대체되면서 노동자들은 점차 설 자리를 잃게 되었다. 결국 1811~1817년 저임금에 시달린 영국의 직물 노동자들을 중심으로 공장에 불을 지르고 기계를 파괴하는 등 대대적인 '러다이트 운동(기계파괴운동)'이 일어나게 되었다.

1차 산업혁명을 가져오게 된 주요 혁신 기술은 직물, 증기력, 제철 등을 들 수 있으며, 수력과 증기기관을 이용한 기계 생산 공장의 도입이라고 할 수 있다. 농사와 수공업 중심의 시대에서 공장에서 제품을 대량으로 생산할 수 있는 시대가 된 것을 의미한다. 공장의 등장으로 철과 강철의 활용이 시작되었고, 석탄과 증기기관이라는 동원력이 새로 등장했다. 이를 통해 방적기나 방직기가 발명되었고, 증기 기관차와 증기선의 등장으로 운송이 발달하게 되었다.

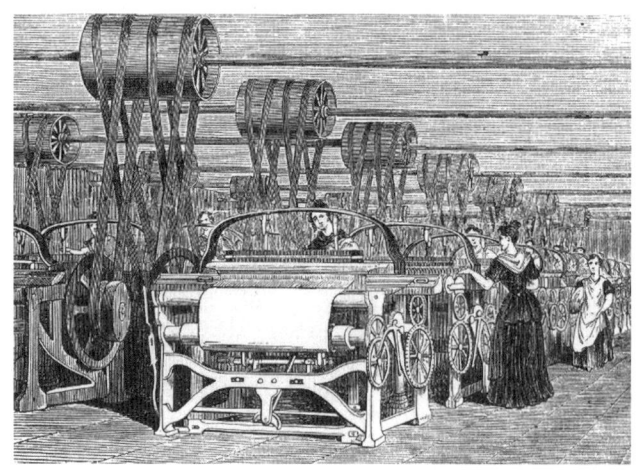

영국의 면직물 공장 (출처 : 한겨레)

2) 2차 산업혁명

2차 산업혁명은 전기를 활용하여 대량생산이 이루어진 시기로 일반적 년대는 1865년부터 1900년까지로 정의된다. 기술의 발전과 생산방법의 변화는 생산성 향상으로 이어지게 되었고 기계는 철도 건설, 철강생산, 제조업 등에서 광범위하게 사용되었고 기계의 활용이 크게 확대되었다.

2차 산업혁명의 큰 특징은 전기의 도입과 통신기술의 발달이라 할 수 있다. 기존의 동력인 증기기관이 석유와 전기로 대체되기 시작하였고, 자동차 역시 석유를 동력으로 활용하게 되었다.

1914년 헨리포드는 자동차 공장에 전기를 이용하여 컨베이어 시스템을 도입하였고, 그로 인해 원가절감 효과와 자동차의 대량생산이 가능하게 되었다. 전기의 도입은 공장의 자동화를 이루게 된 계기가 되었다. 생산력 증대로 노동자들의 노동시간은 줄어들고 임금은 올라가면서 소비자의 구매력이 높아져 대량소비 시대의 발판이 되었다. 그러나 다른 한편으로는 대량생산으로 인한 대규모 실업이 발생하기도 하였다.

전기의 보급과 공장자동화로 제조품목이 다양해지기 시작했고, 영화, 라디오, 축음기 등도 이 시기에 개발되었다. 이 시기의 운송수단은 기차에서 자동차로 전환되었고 대중화도 빠르게 진행되었다.

자동차 공장의 컨베이어시스템 (출처:다음블로그)

3) 3차 산업혁명

3차 산업혁명은 컴퓨터의 등장으로 컴퓨터를 활용한 정보화와 자동화의 시작을 말한다. 복잡하고 어려운 계산이나 분석 및 판단작업 등에 컴퓨터가 대체되면서 공장자동화가 촉발되었다.

컴퓨터의 크기는 점점 소형화되고 처리속도도 점점 빨라지면서 '정보화 혁명'과 'IT혁명'이 시작되었다. 인터넷에 정보가 넘쳐나면서 정보를 많이 가지고 있는 사람보다 필요한 정보가 있는 곳을 많이 알고 있는 사람의 힘이 더 커지는 시대가 되었다. 2차 산업혁명기는 기계의 사용으로 하드웨어가 주도했던 시대라면, 3차 산업혁명기는 소프트웨어가 더 주목받고 주도하는 시대라고 말할 수 있다.

미국 경제학자 제레미 리프킨은 3차 산업혁명의 두 가지 중요한 요소로 인터넷 기술과 재생 에너지를 꼽았다. 그는 1, 2차 산업혁명의 수직적 자본주의는 3차 산업혁명의 네트워크를 바탕으로 한 수평적 비즈니스 협력 관계에 의해 점점 사라질 것이라고 내다봤다.

3차 산업혁명기의 대표적인 산업은 사회적 기업이다. 사회적 기업은 영리 활동이 목적이 아닌 사회적 가치 창출을 목표로 활동하는 기업을 말한다.

사회적 기업의 상징이 된 루비콘 제과의 CEO는 "빵을 팔기 위해 고용하는 것이 아니라 고용을 위해 빵을 판다"고 말했다. 그리고 그는 공유경제를 3차 산업혁명의 핵심으로 보았다.

IT기술 (출처: Pixabay.com)

4) 4차 산업혁명

4차 산업혁명은 최첨단 기술의 융합을 말하며 실제와 가상의 통합으로 초연결성, 초지능화의 특성을 가지고 있다. 사람과 사물, 사물과 사물이 연결되어 소통하고, 그 속에서 발생되는 빅데이터를 분석하여 인간의 행동을 예측할 수 있는 인공지능(AI) 등, 보다 지능화된 사회의 변화를 말한다.

4차 산업혁명의 주요기술은 빅데이터, 로봇공학, 인공지능(AI), 클라우드, 사이버안보, 3D 프린팅, 공유경제, 블록체인 등이고 핵심요소는 '융합'과 '속도'라고 할 수 있다.

융합은 ICT기반에서 디지털, 바이오, 오프라인 기술들이 다양하고 새로운 형태의 융합을 통해 새로운 부가가치를 창출해 내는 것을 말한다.

속도는 1차~3차 산업혁명의 선형적 속도와는 달리 기하급수적인 속도로 새로운 기술이나 물건이 발명될 때 파급되는 속도는 예측할 수 없는 속도로 빠르게 진행됨을 말한다.

4차 산업혁명은 디지털 혁명을 기반으로 다양한 과학기술을 융합해 개개인뿐 아니라 경제, 사회, 기업을 유례없는 패러다임 전환으로 유도한다. '무엇'을 '어떻게' 하느냐의 문제뿐 아니라 우리가 '누구'인가에 대해서도 변화를 일으키고 있다. 더불어 국가 간, 기업 간, 산업 간 그리고 사회 전체 시스템의 변화를 수반한다.

노동과 자본시장에서도 많은 변화가 예상된다. 단순노동과 자본보다는 재능과 기술이 대표적인 생산요소가 될 것이다. 새로운 기술과 아이디어만 있다면 많은 사람들로부터 사업자금을 모금할 수 있는 텀블벅 등의 클라우드 펀딩이 확산되고 있다.

4차 산업혁명의 특징 중 플랫폼 비즈니스로 수요와 공급을 연결해 주는 장을 말한다. 대표적인 플랫폼 비즈니스는 애플, 아마존, 페이스북, 구글 등을 들 수 있다.

인간과 기계의 공생관계 (출처: 네이버포스트)

3. 시대별 직업의 변화[1]

1) 1950년대 사회상과 직업들

1950년는 일제강점기를 벗어나고 한국전쟁을 겪게 된 시기로, 이 시기에는 직업군인이 유망 직업으로 떠오르기도 하였다. 또한 비교적 안정적인 미군부대 내의 타이피스트, 대사관의 통역사, 사무직원, 전화교환원이 유망 직업이 되기도 하였다. 정부나 학교 등 공공분야의 직업을 선호하였는데 법관, 공무원, 군 장교, 학교 교사 등은 당시의 대표적인 선호직업이었다.

1949년 제정된 '고등고시령'에 따라 1950년 제1회 고등고시가 실시되면서 외교관, 법관, 공무원을 시험으로 뽑기 시작했다. 이때 고등고시를 통과한 공무원이 최고의 결혼상대로 꼽혔다. 또한, 종전 후 상이군인이 많아지면서 의사가 고소득의 직업이 되었고, 상당수 동네 의원이 부자가 됐다.

한편 1955년 이규환 감독의 영화 '춘향전'이 큰 인기를 끌며 영화 제작에 대한 열기가 크게 달아올랐고, 영화감독과 배우는 당시 유망 직업

---

1) 한국고용정보원(2015) 『미래 일자리 세계의 변화』 중 "우리나라 직업의 변천사"의 내용 수정요약.

으로 떠올랐다. 영화의 인기로 1960년까지 70여 개의 영화사가 등장하기 시작했다. 그리고 1925년에 설립된 '동춘 서커스'는 국내에서 가장 오랜 역사를 지니고 있으며 당시 서커스 단원은 큰 인기를 누렸었다.

당시 서울의 주요 교통수단은 전차였다. 서울역에서 종로를 거쳐 시내를 가로질러 왕십리까지 향하던 전차는 서울의 주된 교통수단이었던 만큼 전차운전사도 유망 직업군으로 분류됐다. 하지만 1968년 서울에서 전차 노선이 폐지되면서 전차운전사라는 직업도 함께 사라졌다.

정리하자면 1950년대 인기 있었던 직업은 군 장교, 타이피스트, 의사, 영화감독과 배우, 외교관, 법관, 공무원, 전차운전사 등을 들 수 있다.

군 장교

법관

타이피스트

전차운전사

2) 1960년대 사회상과 직업들

1960년대는 노동집약적 산업을 중시한 시기로 특히 섬유업이 비약적으로 성장했다. 당시 많은 젊은이들의 상당수가 미싱공과 재단사로 일을 했는데, 근무환경은 매우 열악했다. 그러나 대학에서 섬유공학을 전공한 섬유엔지니어는 기업의 핵심인재로 대접받았다. 가발 역시 당시 대표적인 수출상품이었기 때문에 가발기능공의 수요가 많았고 많은 젊은 여성들이 가발기능공으로 일을 했다. 주요 수출품이었던 가발과 섬유 관련 제조품들은 우리 경제에 큰 효자 역할을 했고, 이과 전공의 직업이 인기를 누렸다.

1968년에 경부고속도로가 착공되면서 건설업의 발달과 함께 산업화에 속도가 붙었다. 대중교통은 전차에서 버스와 택시로 이동하기 시작했다. 전차가 사라지고 택시가 많아지면서 제복을 입은 택시기사가 인기 직업으로 떠올랐고, 버스의 등장으로 버스안내양이란 새로운 직업이 등장했다. 버스안내양은 버스 안에서 안내와 요금정산의 업무를 맡았고 그 당시 젊은 여성들의 인기 있는 주요 직업군으로 부상하였다. 한때 버스안내양은 9급 공무원보다 높은 임금을 받았으며 그 수가 1만 5,000여 명에 달했다.

한편 1960년대에는 대기업 공채라는 개념이 생겨나면서 대기업 사원의 인기가 높아졌다. 그중 삼성은 1957년 국내 최초로 신입사원 공채를 실시했다.

정리해보면 1960년대 인기 있었던 직업에는 섬유엔지니어, 가발기능공, 버스안내양, 택시기사, 대기업 사원, 은행원 등을 들 수 있다.

버스안내양

가발기능공

택시기사

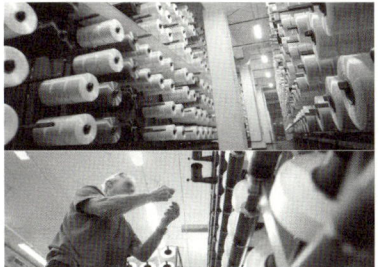
섬유엔지니어

3) 1970년대 사회상과 직업들

1970년대는 중화학공업 육성정책으로 기계, 화학, 중장비엔지니어 등이 당시 산업화의 역군으로 주목받는 시대였다. 중동 등 해외건설 붐이 크게 일면서 종합상사직원, 중동건설현장소장, 해외건설 인부 등의 인기가 높았다. 많은 노동자를 해외에 보내야 했기에 노동자들의 대우와 처우문제를 담당하는 노무사의 수요도 높았고 인기 있는 직업이었다.

섬유, 의류, 봉제, 신발, 완구 등 경공업 제품의 수출이 늘어나고 생산이 비약적으로 증가하면서 여성의 경제활동참여 또한 증가했다. 당시 여성 노동자들의 대부분이 시골에서 상경해 구로공단 등 공단지역에 '여공'으로 취직하여 일을 하였다. 그리고 현대와 삼성 등 우리나라의 대표적인 대기업들이 사업을 확장하고 성장을 하던 시기이기도 했다.

1970년대 수출지향적인 중화학공업정책은 여러 유망 직업군을 양산했는데, 그중 무역업 종사자는 당시 최고의 결혼상대로 꼽혔다. 해외여행이 자유롭지 않았던 시절, 자유롭게 해외를 오갈 수 있는 몇 안 되는 직업이었다. 민간항공사가 출범하면서 비행기조종사와 항공승무원 채용이 시작되었고, 이들의 직업 또한 인기 있는 선망의 직업으로 부상했다.

트로트가요가 대중들의 인기를 얻으면서 트로트가수 또한 인기 직업으로 부상했다. 그중 남진과 나훈아 가수는 고향을 떠나 도시에서 고단한 시절을 보내던 대중에게 위로와 희망을 주는 존재로 인기가 대단했다.

정리해보면 1970년대 인기 있었던 직업은 화공 및 기계 엔지니어, 무역업 종사자, 비행기조종사, 항공승무원, 건설 관련 기술 직종 등을 들 수 있다.

항공승무원

비행기조종사

건설기술자

화공엔지니어

4) 1980년대 사회상과 직업들

1980년대에는 전자, 자동차, 조선 등 중화학 공업의 성장세가 두드러지고 금융 산업이 성장한 시기이다. 이에 따라 엔지니어의 몸값이 크게 올랐고, 은행과 증권회사는 최고의 직장으로 떠올랐다. 특히 1980년대 말 증권시장이 활황을 이루면서 많은 인재들이 증권회사를 선택했다.

1983년 삼성전자가 반도체산업에 뛰어들면서 반도체엔지니어도 인기직업으로 떠올랐다. 1970년대부터 꾸준히 성장한 조선 산업은 1980년대에 드디어 세계 1위가 되었다. 1983년부터 현대중공업은 미쓰비시중공업을 제치며 세계 1위의 조선기업으로 부상했고, 이에 선박엔지니어도 촉망받는 인기직업으로 주목받았다.

1982년 프로야구가 개막되면서 야구선수가 있기 있는 선망직업으로 자리 잡았다. 컬러텔레비전이 확산되면서 드라마프로듀서, 탤런트 등도 인기 직업으로 떠올랐고, 광고업이 새롭게 다시 부각되면서 광고기획자, 카피라이터 등의 직업도 인기 직업 반열에 올랐다.

1988년 서울올림픽은 세계에 대한민국을 널리 알리는 계기가 되었고, 이에 따라 외교관, 통역사 등의 직업도 인기 직업으로 떠올랐다. 1980년대 경제성장세는 최고조에 달하게 되었고 상대적으로 급여가 낮았던 교사, 하위직 공무원, 공사 등의 인기는 바닥을 쳤다.

정리해보면 1980년대 인기 있었던 직업은 증권사 직원, 은행원, 선박엔지니어, 반도체엔지니어, 프로운동선수(야구선수), 드라마PD, 탤런트, 광고기획자, 카피라이터, 통역사 등을 들 수 있다.

은행원

반도체엔지니어

증권사직원

광고기획자

5) 1990년대 사회상과 직업들

1990년대에 들어 금융 산업과 정보통신산업 분야의 직업들이 세분화되면서 여러 다양한 인기 직업을 만들어냈다. 금융직종의 펀드매니저, 애널리스트, 외환딜러, 선물거래사 등은 고임금 직업으로 주목받았고, 정보통신산업 분야에선 컴퓨터 프로그래머, 데이터베이스 전문가, 전자상거래 전문가, 웹디자이너 등 컴퓨터 관련 직업들이 주목받았다. 특히 인터넷의 등장과 정부정책의 지원으로 IT 분야의 벤처기업들이 설립되었고 많은 벤처기업가들이 나타나기 시작했다.

1990년대 초반 가수 서태지의 등장으로 대중문화가 꽃을 피웠고 그동안 대중문화에 소외되었던 10대가 주요 소비층의 중심으로 부각되었으며 가수와 연예계 관련 직업도 인기 있는 직업으로 떠올랐다. 뉴밀레니엄 이후 사람들은 더욱 다양한 가치를 추구하기 시작하였고, 결혼적령기 젊은이들의 가치관에 부합되는 상대를 대신 찾아주는 직업인 커플매니저가 생겨났다.

1997년 IMF 외환위기는 한국 사회에 큰 영향을 미쳤고 직업세계에도 일대 지각변동이 일어났다. 금융권에서의 대규모 해고와 은행 간 인수합병 등이 진행되었고, 은행원, 증권사 직원, 종금사 직원, 리스사 직원들의 타격은 엄청났다.

외환위기를 겪고 경제에 대한 관심이 높아지면서 펀드매니저, 애널리스트, 외환딜러, 선물거래중개인 등 금융 관련 직업들의 인기가 높아졌고, 안정적인 직업공무원, 공사 등 공공부문의 인기는 치솟아 인기직업 순위의 변동이 크게 일어났다.

    정리하면 1990년대 인기 있었던 직업은 펀드매니저, 애널리스트, 외환딜러, 웹마스터, 컴퓨터프로그래머, 벤처기업가, 연예 관련 직종, M&A전문가, 경영컨설턴트, 교사, 공무원 등을 들 수 있다.

프로그래머

경영컨설턴트

공무원

교사

6) 2000년대 사회상과 직업들

2000년대에는 외환위기를 겪고 난 후 평생직장이 아닌 평생직업으로 인식이 전환되었다. 그러면서 자연스럽게 전문자격증에 대한 인기가 높아졌으며 직업의 세분화·전문화는 더욱 심화되었다. 바쁜 현대인들을 위해 결혼 상대를 대신 찾아주는 커플매니저가 직업 세분화의 대표적 케이스이며, 1990년대 후반부터 등장하기 시작한 결혼정보회사는 급속도로 확장되었다.

2000년대에 들어서면서 웰빙에 대한 관심이 높아졌고 삶의 질을 높이는 전문화된 직업들의 인기가 높아졌다. 그중 사회복지사, 한의사, 인테리어디자이너, 생명공학연구원 등의 직업들이 부상했다. 전문 자격증 직업으로 공인회계사는 당시 남학생들이 꼽은 인기 직업 순위 중 2위를 차지했고, 여성의 사회 참여가 활발해지고, 노인과 유·아동에 대한 복지가 중요해지자 사회복지사에 대한 관심도 높아졌다.

특히 공무원과 공기업에 대한 인기는 하늘 높은 줄 모르게 올랐고 펀드금융상품이 인기를 끌면서 펀드매니저, 개인 재무상담사(PB: Private Banker) 등의 직업이 부상했다. 휴대전화 및 인터넷이 대중화되면서 통신서비스와 휴대전화에 대한 상업광고가 크게 늘었다. 또한 2000년부터 기업이 프로게임단을 결성하여 게임리그가 형성되면서 프로게이머가 청소년들 사이에서 급부상하였고, 억대 연봉을 올리는 사례가 나오기도 했다.

   정리하면 2000년대 인기 있었던 직업은 한의사, 사회복지사, 인테리어디자이너, 공인회계사, 변리사, 생명공학연구원, 항공우주공학자, 통신공학기술자, 네트워크전문가, 인터넷전문가, 첨단의료산업 종사자 등을 들 수 있다.

인테리어 디자이너

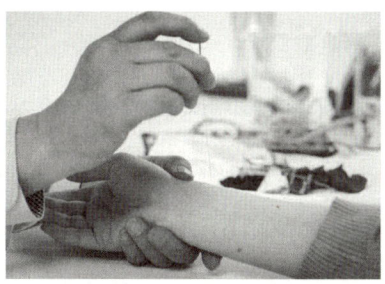

한의사

사회복지사

생명공학연구원

7) 2010년대 사회상과 직업들

2010년대부터는 지식정보산업과 글로벌 경제가 꽃을 피우고 있다. 디지털 모바일 기기의 대중화와 소셜네트워크 서비스 이용자 수의 증가로 때와 장소에 구분 없이 어디서든 사이버상의 커뮤니케이션이 가능한 네트워크가 형성됐다.

4차 산업혁명에 관한 정보와 자료들이 쏟아지면서 첨단 과학기술과 관련된 직업들이 인기직업의 반열에 오르게 된다. 빅데이터, 인공지능(AI), 지능형 로봇, 자율주행 자동차, 사물인터넷, 생명공학, 증강·가상현실, 3D 프린팅 등과 관련된 전문가들이 점차 이 시대의 주역으로 떠오르고 있다. 사회적으로는 저출산과 고령사회 및 다문화사회로의 진입으로 관련된 직업들 역시 생겨나는 추세이다. 세계적으로 환경이 중요시 되면서 환경과 관련된 산업이 부각되고 있고 글로벌 경제환경이 구축됐다.

2010년대에 들어 새로운 직업들이 많이 생겨났으며 그중 인기 직업으로 빅데이터전문가, SNS마케팅전문가, 소셜미디어전문가, 국제회의기획자, 국제기구종사자, 의료관광코디네이터, 친환경에너지공학자, 인공지능전문가, 정신건강상담전문가 등을 들 수 있다.

친환경에너지공학자

빅데이터 전문가

인공지능전문가

소셜미디어전문가

8) 2020년대 이후 예측되는 미래의 직업들

2020년대에는 본격적인 4차 산업혁명의 시대로 접어들면서 4차 산업혁명의 기술들이 우리 생활 속에 본격적으로 진입할 것으로 보여진다. 2010년대부터 이미 익숙해진 4차 산업혁명의 기술들이 이 시대부터는 본격적으로 다양한 산업에 접목되어 사용될 것으로 예측된다.

이미 4차 산업혁명의 핵심기술들은 사회 곳곳에서 우리가 알게 모르게 활용되고 있다. 이에 더불어 데이터 분석가, 컴퓨터·수학 관련 직업, 건축·엔지니어링 관련 직업, 전문화된 세일즈 관련 직업 등도 유망할 것이라고 예측한다.

이 중에서 눈여겨 보아야 할 것은 데이터 분석과 전문화된 세일즈다. 우리는 현재 너무나 많은 정보들 속에 살고 있어 많은 정보 중 의미 있는 데이터를 추출하고 분석하는 것이 중요하다. 또한 점점 치열해지는 경쟁 속에서 제품 및 서비스에 대한 효과적인 홍보의 중요성은 무엇보다도 중요하다.

점점 모든 것들이 연결되고 디지털화 되면서 우리는 더 편한 삶을 살 수 있지만, 그에 따른 정보에 대한 보안이 더 중요해지고 더욱 중시되면서 정보보안 전문가의 역할도 더욱 커지고 있다.

앞으로 다가올 시대에는 예측하기 어려울 정도로 많은 변화가 빠르게 진행될 것이다. 그동안 영화 속에서만 볼 수 있고, 상상으로만 그릴 수 있는 직업들의 등장을 예측할 수 있다.

　이와 같은 상황들을 종합해 볼 때 2020년대 이후 예측할 수 있는 미래의 직업으로는 우주여행안내원, 인공장기조직개발자, 사막토지트레이더, 미디어윤리학자, 가상자산관리자, 네트워크관계카운슬러, 인간능력향상조언자, 마인드리더, 아바타개발자, 기억대리인, 재능수집가 등을 들 수 있다.

우주여행안내원

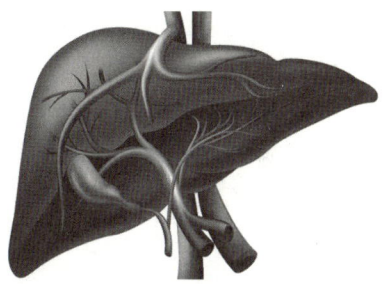

인공장기조직개발자

아바타개발자

기억대리인

직업정보의 의의와 직업변동요인

1. 직업정보의 의의[2]

1) 직업정보의 개념

직업정보는 고용동향, 취업정보, 직업분류체계, 노동의 수요 및 공급, 노사관계, 임금, 자격정보, 직업구조와 직업군, 취업경향 등과 같이 직업과 관련된 정보를 뜻한다. 그리고 직업정보는 진로결정, 직업선택, 직업전환 등의 의사를 결정하는 과정에서 작용하게 되며, 의사결정을

---

2) 김병숙(2007)『직업정보론』 중 "직업정보의 의의 및 역할"의 내용을 요약정리.

하는 과정에서 정확하거나 최신의 정보로서 가치를 발휘하게 될 때 효용성을 갖는다. 또한 직업정보는 노동력에 관한 것, 직업구조, 직업군, 취업경향, 노동에 관한 제반규정, 직업의 분류와 직종, 직업에 필요한 자격요건, 준비과정, 취업정보, 취업 처 등에 대한 자세한 내용을 포함하여 이용자가 이해하고 적용하도록 도움을 주는 데 그 목적이 있다. 즉 근본적으로 특별한 문제를 해결하는 데 도움을 주어서 직업에 대해 좀 더 책임감을 받아들일 수 있도록 하는 데 그 의의가 있다.

◆ 직업정보의 목적

① **적재적소의 인력배치**로 구직자에게 노동시장 및 노동력에 관한 정보, 자격 및 훈련정보, 구인업체에 대한 자세한 정보를 제공하여 구직자들이 자신의 진로를 올바르게 결정하고 잘못된 직업매칭에 따른 개인적·사회적 비용을 최소화하는 데 있다.

② **정확하고 신속한 직업정보**로 향후 평생직업 개념의 보편화에 따라 직장 간 이동이 활발해질 것으로 판단되므로 정확하고 신속한 직업정보는 직장이동이나 신규 노동시장 진입 시 발생하기 쉬운 실업의 장기화를 예방할 수 있다.

③ **직업정보의 종합적 제공**으로 직업정보는 직업을 선택하는 구직자에게 본인의 적성과 능력 그리고 선택하고자 하는 직업의 고용기회, 안정성, 임금, 교육, 훈련 등 제반요소를 포함한 현 노동시장의 상황 및 향

후 전망 등의 정보를 종합적으로 제공한다.

　대부분의 사람들은 직업결정에 대한 압력을 받아 진실로 무엇을 원하는지조차 모르고 결정을 하게 되는데, 남을 기쁘게 하거나 어떤 압력에서 벗어나기 위해 너무 서둘러서 결정을 한다면 삶의 목표를 수정해야 하는 경우도 생기게 된다. 따라서 직업을 결정하는 단계에서는 직업탐색, 지식의 습득, 최종적 행동 등으로 나타날 때까지 각 단계마다 적절한 직업정보가 필요하다.

　직업정보를 제공받는 사람은 관심 직업의 업무, 요구되는 지식, 능력, 적합한 흥미, 성격, 가치 등 역량, 임금, 근무시간, 작업환경 등에 관한 구체적인 직업정보를 바탕으로 합리적인 진로선택을 추구한다. 이처럼 최신의 정확한 직업정보는 새롭게 노동시장으로 이행하려는 청년층과 전직을 통해 제2의 인생설계를 고민하는 중·장년에게 정보 비대칭에 따른 기회비용과 장기실업을 예방하는 데 기여할 수 있다.

　바람직한 직업정보는 직업의식을 높이고 장래의 진로를 선택하고 결정하는 능력을 증가시키며, 또한 생활에 대한 적응과 자기실현을 도모하는 것이 가능하도록 능력을 배양하는 데 도움을 줄 수 있다.

　이와 같이 직업정보는 자신에게 적합한 직업선택을 지원함으로써 만족스러운 직업생활을 통한 개인의 행복에 기여하며, 나아가 국가·사회적으로 인적자원의 효율적 개발 및 관리에 일익을 담당한다.

2) 직업정보의 기능 및 역할

◆ 직업정보의 역할

① 청소년, 학부모, 구직자, 직업자 등이 직업탐색, 직업결정, 직업전환 등의 의사결정을 하기 위한 대안으로서의 역할이다.

② 의사결정을 하려는 자에게 도움을 주는 직업심리학자, 진로상담가, 직업상담사, 직업전문가, 직업상담 프로그램개발자, 진로지도자, 직업지도자 등의 진로 및 직업 상담에서의 상담자 개입의 역할이다.

③ 기업가에게는 직무와 노동시장에서 요구하는 인력형태에 관한 정보로서의 역할이다.

④ 직업심리학자, 직업전문가, 직업정보분석가, 직무분석가에게는 직업에 관한 조사·연구의 기초자료로서의 역할이 있다.

노동시장에 진입하려는 많은 구직자들은 직업정보를 원하게 되는데, 실제로 어떤 직업정보가 있는지, 어떤 직업정보를 사용해야 하는지 등에 근거하여 선택하기보다 쉽게 접할 수 있는 인간관계에서 단편적으로 입수된 직업정보에 의존하거나 드라마에 나오는 직업들을 보면서 왜곡된 의사결정을 하는 경우가 많다.

◆ 직업정보의 사용목적

① 직업에 대한 동기부여와 흥미유발을 가능하게 하고 직업에 대한 기존의 인식과 태도의 변화를 가져오게 한다.

② 동일한 직업 내에서 보다 나은 근로자로서의 생활 형태를 비교, 분석하게 할 수 있다.

③ 직업에 관한 정보를 전달함으로써 직업에서의 일의 과정, 부가적인 환경, 직장 및 사업장의 특징 및 유형 등 알지 못하였던 직업에 대하여 알게 한다. 즉, 직업정보는 직업선택에 있어 좀 더 책임감을 가질 수 있도록 한다.

대부분의 사람들은 직업결정에 대한 압박에 의해 자신이 무엇을 원하는지 모르게 되는 경우가 많다. 따라서 직업을 결정하는 단계에서 직업탐색과 지식의 습득으로 적절한 직업정보를 활용하여야 한다.

◆ 직업정보의 부문별 기능 및 역할

① **노동시장 측면**에서 볼 때 구직자의 구직활동을 촉진하고 미취업 청소년의 진로탐색 및 진로선택 시 참고자료로 활용할 수 있다.

② **기업 측면**으로 볼 때, 직업별 수행직무를 정확히 파악하여 합리적인 인사관리를 촉진한다.

③ **국가 측면**에서 볼 때, 체계적인 직업정보를 기초로 직업훈련의 기준을 설정한다. 직업훈련정책의 입안 및 수립을 통해 고용정책 결정의 기초자료로 활용한다.

3) 직업정보의 필요성

직업정보는 직업세계에 대한 이해와 만족한 직업인이 되기 위하여 필요한 자료이며, 직무에 관한 이해, 직업적응력 향상, 직무만족도 상승 등 직무능력향상에 필요하다. 또한 직업결정에 있어 왜곡된 의사결정을 피할 수 있고, 진로·직업 상담에 있어 기초자료로서 정보의 필요성이 있다.

직업정보를 이용하는 자는 대체로 진로·직업에 대한 의사결정이 필요한 개인, 개인에게 영향을 주는 부모, 개인의 의사결정에 도움을 주고자 하는 교사, 인력개발자, 직업상담가, 프로그램을 통하여 진로성숙을 돕는 직업상담 프로그램개발자 등이 있다. 또한, 이미 직업생활을 하고 있는 직업자 또는 직업생활이 일시 중단된 실업자, 직업에서 은퇴하고자 하는 자 등도 직업에 대한 또 다른 의사결정을 위하여 직업정보를 이용하게 된다.

한편 개인 또는 직업과 관련되어 업무를 수행하는 자에게 직업에 관한 지식을 확장시키기 위하여 정보를 표준화시키는 직무분석가, 직업정보분석가, 직업연구가, 직업전문가 등도 직업정보를 이용하게 된다.

◆ 이용자별 직업정보

① 개인, 특히 직업을 선택하는 청소년은 미래사회, 직업세계, 자신 등에 관한 내용, 직업인으로서의 의식과 직업관 등을 갖추고 의사결정을 하여 직업생활의 질을 추구하는 한편, 종사하는 직업에서 전문화를 꾀할 수 있는 과정, 즉 직업선택부터 직업생활까지의 전 기간 동안에 필요한 직업정보를 이용한다.

② 청소년의 직업과 관련된 결정에 가장 많은 영향을 미치는 학부모들은 자녀의 진로나 직업에 관하여 올바른 의사결정을 돕는 직업정보를 요구하게 된다.

③ 진로상담교사 또는 인력개발자나 직업상담가는 의사결정자를 돕기 위해 다각적인 형태로 제시되는 직업정보가 필요하다.

④ 직업정보를 생산하거나 가공하는 식부분석가, 직업정보분석가, 직업전문가, 직업연구가 등은 정부시책, 미래직업 등과 관련된 정보, 노동시장의 정보 등을 분석한다.

⑤ 기업은 기업이 갖고 있는 정보를 제공하여 노동시장의 정보 분석에 도움을 주는 한편, 구직자를 분석한 정보를 요구한다.

⑥ 이미 직업에서 진로경로를 개척한 작업자, 실업자, 은퇴자 등은

직업전환이나 은퇴 후의 생활을 위한 의사결정을 위하여 노동시장을 분석한 자료나 미래사회의 정보를 필요로 한다.

직업정보와 관련된 자료 분석을 토대로 직업정보의 범위를 설정하면, 개인에 대한 정보, 직업에 대한 정보, 미래에 대한 정보 등으로 분류할 수 있다.

개인에 대한 정보는 청소년기의 직업탐색에서부터 성인기의 직업선택, 중·고령기, 은퇴기 등에 이르기까지 개인이나 직업상담가가 수집해야 할 정보를 제시한 것이다. 직업에 관한 정보는 주로 노동시장이나 직업세계에 관한 정보로서 개인이 직업을 선택하거나 구인처를 결정할 때 필요한 정보들이며, 미래에 관한 정보는 개인이 직업을 결정하는 데 필요한 정보로서 생애주기에서 직업을 전환하거나 은퇴 시에 고려되어야 할 정보들이다.

2. 직업정보 활용[3]

1) 직업정보의 수집

◆ 직업정보 수집 방법

① **구입에 의한 방법**. 특정한 직업에 대해 가공된 직업정보를 수집할 수 있다. 자격증과 관련되어 소개되는 직업에 관한 자료들이 이러한 예에 해당한다.

② **기증에 의한 방법**. 국가기관이나 정부투자기관 등에서 생산되는 정보로서 이는 매년, 매분기, 매월 등 정기적으로 생산되는 자료들과 부정기적으로 생산되는 자료들이다. 정기적으로 생산되는 정보들은 통계청, 고용노동부, 교육인적자원부 등에서 발간되는 자료들이다. 그리고 부정기적으로 발행되는 자료는 정부정책에 대한 제안서나 평가 등의 자료에서 수집된다.

③ **통신에 의한 공개·비공개 자료수집방법**. 인터넷을 통한 각종 직업정보의 제공은 각각 무료와 유로로 제공되고 있다. 무료로 제공되는 대표적인 직업정보망은 고용정보 워크넷이며, 통계청에서 각종 국가단위의

---

[3] 김병숙(2007)『직업정보론』중 "직업정보 관리단계"의 내용을 요약정리.

통계를 인터넷에서 검색할 수 있다. 또한 유료정보는 인터넷에 설치된 정보망이나 연구기관의 보고서 등에서 찾을 수 있다.

④ **상담에 의한 방법**. 직업에 관련된 정보를 가지고 일정한 장소에서 상담하는 경우로서 가장 대표적인 것이 고용센터와 지자체에서 운영하는 구인·구직과 관련 상담이다. 이 외에도 학교·직업훈련기관·단체, 창업관련기관·단체 등에서 실시된다.

⑤ **조사에 의한 방법**. 특정한 직업정보를 수집하기 위해서는 조사방법을 적용하는 것이 좋다. 조사방법은 조사목적과 방법, 내용 등을 확정하고 시행하게 되는데, 대표적인 조사방법으로는 직무분석, 인력수요의 예측, 패널 등에 관한 조사가 있다.

⑥ **현장방문 또는 체험에 의한 방법**. 관련된 직업이 있는 일터에 가서 직접 현장을 관찰하거나 그 직업을 체험함으로써 정보를 수집할 수 있다. 현재 직업을 체험할 수 있는 곳으로는 분당에 위치한 '한국잡월드' 등이 있다.

◆ 직업정보 수집 기준

① 정확도

자료의 정확도가 떨어진다면 정보의 가치가 없어지게 된다. 자료는 솔직하고 정직하며 묘사하고 있는 직업을 있는 그대로 설명해야 한다. 출판물에 들어있는 정보가 어떤 식으로 수집이 되었는지, 논의의 근거가 되는 표집의 크기, 위치, 분포도에 대한 언급, 이 정보를 수집하고 출판하도록 준비한 사람의 신분, 그리고 그 사람이 편견 없이 자료 제작을 할 능력이 있다는 증거, 그리고 자료를 획득한 날짜 등이 포함되어 있어야 한다.

② 신용도

정확도는 정밀성에 중점을 두지만, 신용도는 시간적인 요소가 가미된다. 다시 말해 이 정보가 현재 정확한가를 확인해야 한다. 특정 직업은 상대적으로 변화를 많이 겪지 않고 유지되고 있을 수도 있고, 아주 급속한 어쩌면 극단적인 변화를 겪고 있을 수도 있다. 혹은 그 중간 어느 지점 정도의 완만한 변화 중에 있을 수도 있다. 그렇기 때문에 그 정보가 현재 시점에 믿을 수 있는 직업정보인지가 중요하다.

③ 이용의 편리성

흔히 많은 사람들이 잘 알고 있는 직업정보에 더 중점을 두어야 한다. 이런 직업들이 많은 사람들이 관심을 갖는 직업들이기 때문이다. 일반사람들이 쉽게 찾아 볼 수 있는 이용의 편리성이 중요하다.

④ 친근감

쉽게 이해되지 않거나 시대에 떨어지거나, 부적절하게 개발된 자료는 절대 친근감을 줄 수 없다. 전산화된 자료는 프로그램이 사용자의 질문이나 명령어에 반응이 빠르고, 선명하고 내용을 잘 설명하는 그래픽을 갖추고 있으며, 이용 편의를 위해 따라 하기 쉬운 지시사항을 갖춘 자료가 친근감이 높은 자료라고 할 수 있다.

⑤ **포괄성**

대부분은 전반적으로 유용하게 사용될 자료를 찾게 된다. 자료를 평가할 때 포괄성을 염두에 두어야 한다. 이용자가 진지하게 실제선택과 결정을 해야 하는 단계인 고등학교 내지는 그 이후 단계에 있는 경우 그들에게 제공할 자료에 대해서는 더욱 포괄성을 고려해야 한다. 다양한 대상들이 각자의 필요에 의해 직업정보를 찾기 때문에 다양한 내용들이 포괄적으로 포함되어 있어야 한다.

◆ 직업정보 수집 시 유의사항

① 명확한 목표를 세워야 한다. 이용자가 무엇을 요구하는지에 대한 명확한 목표설정이 있어야 한다.

② 직업정보는 계획적으로 수집하여야 한다. 우연히 눈에 띄거나 외부로부터 제공되는 자료를 모아 둔다고 해서 충분한 것이 아니다. 직업정보를 조직적이고 계획적으로 수집하기 위해서는 직업정보제공원을 파악하고 유기적인 관계 속에서 직업정보가 수집되는 흐름을 설정하여야 한다.

③ 자료의 출처와 수집일자를 반드시 기록한다. 자료를 수집하면 자료의 출처, 저자, 발행연도 등을 반드시 평가하고 수집한 일자도 기입해야 한다.

④ 항상 최신의 자료인지 확인하여야 한다. 정보는 변화한다. 수집한 정보는 항상 유효한 것이 아니기 때문에 불필요한 자료를 폐기하고 새로운 정보를 보완하는 작업이 지속적으로 진행되어야 한다.

⑤ 직업정보 수집에 필요한 도구를 사용한다. 직업정보를 수집하기 위해서는 쓰기, 옮겨 쓰기, 사진 오려붙이기, 녹음, 녹화, 입력 등의 작업이 이루어져 정리와 활용이 용이하도록 제작되어야 한다.

2) 직업정보의 분석

직업정보의 분석은 직업전문가에 의해 이루어져야 하는데, 수집된 직업정보를 필요도에 따라 선택하고 항목별로 분류하되, 오래되거나 불필요한 것은 버려야 한다. 이때 각 정보는 주제별, 활용대상별, 활용장소, 활용방법, 입수 연월일, 제공처 등의 내용으로 분류하고, 그 내용을 명확히 한다.

◆ 직업정보 분석 시 유의사항

① 정보는 여러 가지 측면에서 분석하면 다양한 의미를 갖게 된다. 가령 우리나라의 인구구조는 출산율은 점차 낮아지고 평균수명은 늘어나면서 중·고령자가 증가하고 있는데, 이러한 현상에 대한 분석에서 본

다면, 평균수명의 증가로 인하여 중·고령자의 여가시간이 길어짐에 따라 생애설계와 여가활용 등에 대한 직업설계가 필요하다. 중·고령자에게 적합한 직종개발과 취업훈련 프로그램 설치, 중·고령자에게 필요한 직업정보 생산 및 제공 등이 요구되고 있다. 그러나 다른 한 측면에서는 중·고령 관련 산업이 유망하다는 것을 암시하고 있다.

② 전문적인 시각에서 분석한다. 직업정보는 다양한 변인에 의하여 변화하고 있는 상태이기 때문에 전문적인 시각에서 분석하여 가공될 수 있도록 정보 본래의 가치에 충실해야 한다. 이는 전문지식이 없는 개인이 정보를 왜곡되게 받아들이지 않도록 하는 장치이다.

③ 분석과 해석은 원자료의 생산일, 자료표집 방법, 대상, 자료의 양 등을 검토하여야 하는 한편, 분석비교도 이에 준한다. 정보생산자가 의도한 정보생산 목적에 부합한 분석과 해석이어야 하며, 비교기준에 적합하지 않은 정보들과 비교하는 일이 없도록 해야 한다. 그러므로 직업정보 분석가는 원자료의 생산일, 자료표집 방법·대상 등을 면밀히 검토하고 정보가 갖는 시간적 생명을 제시하는 한편, 각종 자료와의 비교가 가능한 자료들인지 확인해야 한다.

④ 직업정보원과 제공원에 대하여 제시한다. 이용자는 분석된 자료에서 제2차적인 정보를 얻기 원할 경우가 있으므로 각 정보에 대하여는 직업정보원과 제공원에 대하여 분명히 밝혀야 한다.

3) 직업정보의 가공

분석된 직업정보는 활용하기 쉬운 형태로 보존하거나 내용을 요약·정리하여 능동적으로 활용할 수 있도록 편집·가공하는 것이 중요하다. 직업정보는 사용하는 시기가 너무 빨라도, 또 너무 늦어도 그 효과가 감소된다. 따라서 직업전문가, 직업정보분석가, 직업상담가 등은 인간의 직업발달과 단계를 고려하여 동일한 자료를 대상별로 가공하는 작업을 해야 하며, 이를 사용목적에 따라서 가공하여야 한다. 또한 직업정보 가공 시에는 정보의 생명력을 측정하여 활용방법을 선정하고, 이용자에게 동기를 부여할 수 있도록 구상하여야 한다.

◆ **직업정보 가공 시 유의점**

① 직업은 그 분야에서 매우 전문적인 면이 있으므로, 전문적 지식이 없어도 이해할 수 있는 언어로 가공하되, 이용자의 수준에 준한다. 이용자는 직업에 대한 전문적 지식이 없는 청소년에서부터 직업생활의 경험으로 직업에 관한 지식을 습득한 성인에 이르기까지 그 폭이 매우 넓다. 직업에 대한 경력이 있더라도 직업전환 시 새로운 분야의 직업을 선택한다면 전문지식이 있다고 보는 데 무리가 있다. 그러므로 직업정보 가공 시에는 이용자가 이해할 수 있는 언어로 가공하여 가독력을 높여

서 제공해 주어야 효율성이 높다.

② 직업에 대한 장·단점을 편견 없이 제공한다. 직업은 그 특성상 장·단점을 갖고 있다. 직업정보 가공 시에 객관적 자료에 의한 장·단점을 제시하여야 의사결정을 하는 데 도움을 줄 수 있다. 편견이 작용하였는지를 판단하기 위해서는 가공된 직업정보를 전문가의 도움을 받아 수정·보완하는 단계가 필요하다.

③ 현황은 가장 최신의 자료를 활용하되, 표준화된 정보를 활용한다. 직업정보의 생명은 가장 최신의 것이라야 한다. 현황이라고 하면, 가장 최신의 것인가 표준화된 정보인가를 확인하고, 가능한 한 가장 최신의 것으로 대체한다.

④ 객관성을 잃는 정보, 문장, 어투 등은 삼간다. 정보를 제공한다는 것은 긍정적인 입장에서부터 출발하여야 한다는 강박관념에 의하는 경우가 많다. 이러한 출발점으로 인하여 직업정보는 자칫 정보를 대하는 이용자의 판단을 흐리게 하거나 허황된 표현 등을 통하여 유인하고자 하는 개연성을 내포하게 된다. 가령, 근거 없이 유망한 직업이라고 표현하는 것이 그 예이다. 그러므로 직업정보 제공 시에는 가능한 객관적인 언어나 메시지로 전달해야 한다.

⑤ 시청각의 효과를 부가한다. 직업정보는 전문성으로 인하여 매우 딱딱하고 지루한 내용이 많다. 이러한 내용에 대하여는 시청각 효과를 부여하여 이용자가 쉽게 접근할 수 있도록 구성한다.

⑥ 정보제공 방법에 적절한 형태로 제공한다. 직업정보의 전달매체는 인쇄, 방송, CD, 인터넷 등이 주류를 이룬다. 이에는 매체의 특성을 살려 적절한 형태로 제공되는 부분에 대한 지속적인 연구가 필요하며, 이용자의 특성에 맞는 매체로서 제공되는 것이 효과적이다. 이러한 이유로 인하여 직업정보 가공은 매우 세심하고 어려운 부분이다.

4) 직업정보의 제공

직업정보의 제공방법으로는 인터넷, 인쇄물, 기록자료, 게시판, 고용센터 및 지자체, 직업정보박람회 등 다양한 방법들이 있다.

직업정보는 최신성과 정확성이 생명이기 때문에 전산화된 시스템 가동이 필수적이다. 이러한 전산시스템은 정보전달에 있어 인간-기계 시스템에서 오는 한계를 가지고 있으므로 이를 위한 보조 자료가 준비되어야 한다. 보조 자료는 개빌에 소요되는 시간으로 인하여 구(舊)정보가 될 가능성이 다분하다. 따라서 이러한 단점을 이용자가 충분히 이해하여 의사결정시에 다양한 자료로 접근할 수 있도록 직업정보체제에서 검토해야 한다.

전산시스템의 내용을 더 상세히 설명하거나 부가적인 내용을 곁들인 자료를 중개정보원이라고 한다. 중개정보원은 직업정보시스템의 보조적인 매체로서 서적, 잡지, 신문, TV, 영화, 게임, 비디오·오디오, 인터넷, 직업정보 자료실, 안내판, 전화, 전람회·박람회·직업체험관, 상담소, 구인·구직정보지 등을 말하는데, 여기서 매체의 특성에 따라 시각적·청각적 효과를 최대로 이용하여 직업정보의 난해성을 극복해야 하는 사명이 부과된다.

3. 직업변동요인[4]

1) 직업변동 요인의 8가지 범주

고용변동 요인의 8가지 범주는 인구구조 및 노동인구 변화, 대내외 경제 상황 변화, 기업의 경영전략 변화, 산업특성 및 산업구조 변화, 과학기술 발전, 기후변화와 에너지 부족, 가치관과 라이프스타일 변화, 정부정책 및 법·제도 변화 등이 있다.

8가지 고용변동 요인 범주는 고용변동 영향에 대한 방향의 확정성에 따라 확실성(certain drivers)과 불확실성 요인(uncertain drivers)으로 구분할 수 있다. 예를 들어 인구구조 및 노동인구 변화나 과학기술 발전, 기후변화와 에너지 부족 등의 요인은 저출산·고령화, 생산시설의 자동화와 로봇화 등 그 방향성에 이견이 거의 없다고 할 수 있다. 그러나 대내외 경제 상황 변화나 정부정책 및 법·제도 변화 등은 향후의 방향성을 가늠하기가 쉽지 않다. 따라서 이러한 불확실성 요인(uncertain drivers)은 다양한 가능성을 열어두는 방식으로 전망하여야 한다.

고용변동 요인은 그 자체의 불확실성이 존재하고, 직업에 따라 고용변

---

4) 한국고용정보원(2017) 『2017 한국직업전망』 중 "고용변동 요인"의 내용을 요약정리.

동 요인의 영향력에 차이가 있기 때문에, 고용변동 요인의 8개 범주는 고용전망과 그 요인의 이해를 돕기 위한 형식화된 틀로써 이해해야 한다.

고용변동 영향 요인		내용
확실성 요인 (centain drivers)	인구구조 및 노동인구변화	저출산, 고령화, 1인 가구의 증가 등 거시적 인구구조 변화, 생산가능인구 감소, 여성의 경제활동 증가, 외국인근로자의 증가 등 국내 노동인구의 변화
	산업특성 및 산업구조 변화	산업구조의 고도화, 타 산업과의 융합 등 산업 육성을 위한 정부의 전략적 지원(공유경제, 핀테크 활성화 등)
	과학기술 발전	4차 산업혁명에 따른 과학기술 발전, 예를 들면, 로봇화의 자동화, IoT, 자율주행, AI, 빅데이터, 3D 프린팅, 드론 IT발전, 기술의 융복합화 등
	기후변화와 에너지 부족	환경요인(환경오염, 기후변화, 자연재해 등)과 에너지 자원 요인(자원고갈, 국가 간 지원경쟁 등)으로 인한 (국제)규제 강화, 산업육성, 전문가 양성 등
	가치관과 라이프스타일 변화	사회의 복잡화, 개인화, 생활수준의 질 향상 등으로 인한 건강, 미용, 여가에 대한 관심 증가, 온라인상의 소통 증대 등
불확실성 요인 (uncentain drivers)	대내외 경제상황변화	세계 및 국내 경기 전망
	기업의 경영전략 변화	기업 생산시설의 해외이전 또는 국내로의 유턴, 특정 분야 또는 직무의 아웃소싱, 기업 인수/합병 등
	정부정책 및 법·제도 변화	각종 규제완화(튜닝 등), 신직업 육성 및 자격제도 신설, 대학구조 조정, 복지서비스 강화 등 정보정책에 따른 고용 영향, 법·제도(로스쿨 등)의 변화에 따른 고용 영향

2) 고용변동 요인별 상세 내용

(1) 인구구조 및 노동인구 변화

우리나라 인구는 2028년(5,194만 명)을 정점으로 감소할 것으로 예상된다. 우리나라 인구구조 변화는 저출산과 학령인구의 감소, 고령화와 노인인구의 증가, 1인 가구의 증가 등으로 정리될 수 있다. 또 오랜 기간 지속되어 온 저출산의 영향은 베이비붐 세대(1955년~1963년)가 2020년부터 생산연령인구에서 고령인구로 이동하면서 생산가능인구는 급감하고, 고령인구는 급증하는 등 연령 계층 별 인구의 변동 폭이 커진다는 것이다.

출생자수는 점점 줄어들고 있고 사망자수는 늘어나고 있어 인구수의 급감현상이 일어나고 있다. 여성 한 명이 평생 낳을 것으로 예상되는 자녀의 수를 합계출산율이라고 하는데, 2018년 합계출산율이 0.98이고 계속 더 낮아지고 있다. 즉 가임여성 한 명이 평생 동안 한 명 이하의 자녀를 낳는다는 결과이다. 또한 인구자연증가율(출생자수-사망자수)은 2019년 10월 기준으로 128명으로 0%를 기록했다.

이상의 인구구조 및 노동인구 변화는 여성의 경제활동 증가, 고령자의 취업증가, 외국인(재외동포 포함)노동자의 국내유입 증가, 근로조건이 열악한 직종을 중심으로 한 구인난 등으로 나타나고 있다. 또한 교육이나 의료 관련 직종에서 일자리에 영향을 미치게 될 것이다.

(2) 산업특성 및 산업구조 변화

우리나라의 산업구조는 수출주도형이라는 특징이 있다. 그런데 글로벌 국가 간 경쟁이 심화되고 세계경기의 침체가 지속되면서 기존 수출주력 산업들이 경쟁력을 잃어가고 있다. 조선, 해운, 철강, 석유화학, 건설 등 우리나라 경제의 중심이 되고 엄청난 일자리를 창출했던 산업들이 최근에는 5대 취약산업으로 분류되어 구조조정을 하고 있다. 울산이나 거제 등의 지역은 실업률이 치솟고 있는 실정이다. 정부와 산업계는 오래전부터 기존 제조업 중심의 산업구조를 첨단산업 중심으로 경쟁력을 강화하려는 노력을 해 왔다. 산업계와 정부는 글로벌 경쟁력 강화와 새로운 시장 확보를 위해 첨단기술 분야와 서비스 산업에 대한 투자와 정책 지원을 강화하고 있다.

한편, 산업별 특성도 일자리 전망에 중요한 요소가 된다. 산업구조의 변화나 해당 고용시장의 변화는 다른 요인의 결과물일수도 있지만, 산업 특성에 따라 그 영향 정도와 양상이 다를 수 있다. 예를 들어, 제조생산 직종은 기계화 및 자동화에 큰 영향을 받는 반면 건설생산 직종은 영향을 덜 받는 편이다. 또한 노동조합의 영향력도 근로자의 일자리에 큰 영향을 미친다. 노동조합이 강하고 가입률이 높은 산업(혹은 직종)의 경우에는 고용안정성이 높다는 연구 결과가 다수 있다.

(3) 과학기술 발전

과학기술이 향후 계속 발전하고 고도화될 것이라는 방향성이 명확하고, 그 영향력은 전 세계적으로 공통된다는 특징을 갖는다.

역사적으로 과학기술은 '산업혁명'이라고 부르는 역사적 변곡점을 촉발하는 계기가 되어 왔다.

제1차 산업혁명기(1760~1830년대)에서는 석탄 사용과 증기기관의 발명으로 기계공업화가 실현되었다. 제2차 산업혁명기(1860~1900년대)에는 석유와 전기의 발명으로 대량생산 및 대량수송이 실현되었다. 제3차 산업혁명기(1970~2010년대)에는 IT기술혁신으로 생산라인의 자동화 및 기계의 컨트롤 실행이 가능해졌다. 그리고 현재 진행형인 제4차 산업혁명기에는 인공지능(AI)과 사물인터넷(IoT) 발달 등으로 스마트공장을 통한 다품종 대량생산이 가능한 시대가 되고 있다.

「The Future of Jobs」(World Economic Forum, 2016)에서는 4차 산업혁명을 이끌 기술적 변화 동인으로 모바일 인터넷과 클라우드 기술, 컴퓨터 연산능력 및 빅데이터의 발달, 신에너지의 공급과 기술, 사물인터넷(IoT), 클라우드소싱(crowd sourcing), 공유경제, P2P플랫폼, 첨단로봇 발달과 자율주행, 인공지능과 기계학습, 첨단제조기술과 3D 프린팅, 신소재·생명공학·유전체학 등 9개 기술을 제시하였다.

인공지능(AI)와 빅데이터, 사물인터넷(IoT), 첨단로봇 등의 첨단기술 특징은 한 가지 기술의 활용에 그치는 것이 아니라 상호 접목되고 융합되어 발전의 범위와 속도를 가늠하기 어려울 정도라는 것이다.

과학기술의 발전은 노동시장에서 생산의 기계화와 자동화, 전산화(컴퓨터화), 디지털화와 온라인화, 로봇화, 무인화, 스마트공장 등의 모습으로 나타나고 있다. 과학기술에 의한 생산방식의 변혁은 일자리 변화에 가장 직접적이고도 급진적인 영향력을 발휘해 왔다.

과학과 기술은 노동생산성을 높여 기존 일자리의 양이나 일하는 방식을 바꾸기도 하고, 기존 일자리를 다른 종류의 일자리로 대체하거나, 완전히 새로운 분야에서 일자리를 창출하는 등 직업세계 전체의 모습을 바꿔 놓기도 한다.

제1차 산업혁명은 농업근로자에서 공장근로자로의 전환을 가져왔고, 제2차 산업혁명은 공장근로자의 폭발적 증가를 가져왔다. 컴퓨터와 인터넷으로 대변되는 제3차 산업혁명은 지식근로자라는 새로운 개념을 만들어냈다. 그리고 현재로서는 4차 산업혁명으로 근로자들은 어떤 능력을 갖추기를 요구받게 될지 아니면 인간의 개입을 최소화하는 이전에 없던 전혀 다른 모습의 작업현장이 구현될지 알 수 없다.

지난 역사를 보면, 기계화, 자동화 등 기술 발전은 전통적 분야에서는 일자리를 감소시켰지만, 신시장 개척을 통해 더 많은 일자리를 창출하였다. 그런데 최근 로봇과 인공지능(AI)으로 대변되는 첨단 과학기술 발전은 신시장 개척을 통한 일자리 증가보다 제조생산직과 사무직을 중심으로 더 많은 일자리를 감소시키는 것이 아닌가 하는 우려를 낳고 있다. 과학기술 발전은 분야에 따라 시기적 차이가 있겠지만, 고용과 직무에 직접적이고 강력한 영향을 줄 것이다. 제조업과 같이 기계 설비와 노동이 대체재(Substitute Goods)의 관계에 있는 분야는 영향을 크게 받을 것이나, 문화예술 등 창조적 업무가 큰 분야는 영향을 덜 받을 것이다.

(4) 기후변화 및 에너지 부족

환경과 에너지 문제는 우리나라만의 문제가 아니라 전 세계적 문제이지만, 글로벌 상황 변화에 따라 영향을 받기도 한다. 예를 들면, 세계 각국은 자동차배기가스, 환경호르몬 등의 환경기준에 적합하지 않은 제품은 수입을 금지하는 추세이다. 석유 등 에너지자원은 글로벌 공급과 수요에 따라 가격 등락이 결정되고, 이것은 다시 조선이나 해운, 항공운송, 석유화학 등 직접 영향권에 있는 산업은 물론이고 산업 전반의 경기 상황과 노동시장에 영향을 미친다.

환경과 에너지 문제는 사회·문화적으로도 폭넓은 영향을 미치고 있나. 최근 소비자들은 소비를 결성함에 있어 환경적 기준을 적용하고 있다. 정부도 건물이나 제품 등에 대한 환경기준을 강화하고 있다. 또한 배기가스저감장치 등 환경기술이나 신재생에너지 개발, 전기자동차 산업 육성, 태양광 산업 육성 등을 위해 제도적·재정적 지원을 하고 있다. 이에 따라 기업의 경영전략도 변화하고 있다. 산업계에서 친환경적이고 에너지절약적인 제품 및 기술 개발은 거스를 수 없는 방향으로 자리 잡았다. 글로벌 기업들은 착한 제품이나 공정무역 등을 통해 환경과 윤리를 생각하는 기업이미지를 내세우는 등 지속가능 경영을 표방하고 있다.

(5) 가치관과 라이프 스타일 변화

가치관(價値觀, sense of value)은 '인간이 삶이나 어떤 대상에 대해서 무엇이 좋고, 옳고, 바람직한 것인지를 판단하는 관점'이다. 라이프 스타일(life style)은 '개인이나 가족의 가치관 때문에 나타나는 다양한 생활양식, 행동양식, 사고양식 등 생활의 모든 측면의 문화적, 심리적 차이를 전체적인 형태로 나타낸 말'이다.

가치관은 그 사회의 역사적 배경과 사회문화 환경, 경제 상황 등 다양한 요소에 의해 결정된다. 한 시대의 가치관은 한 방향성을 나타내기도 하지만, 동시대라고 해도 대부분의 경우는 다양한 방향성을 나타내며, 심지어 정반대의 가치관이 공존할 수도 있다.

라이프 스타일은 가치관에 따라 특정 형태로 나타날 수도 있고, 지향하는 가치관과 상관없이 취업난 가중, 경쟁사회 심화, 고령화, 경기침체 지속 등 주변 환경의 영향으로 나타날 수도 있다. 가치관과 라이프 스타일의 변화는 노동시장을 포함한 직업세계 전반에 서서히 영향을 미치지만, 삶의 모습 자체를 변화시키기 때문에 그 영향력은 깊고 장기적이라 할 수 있다.

▶ **건강과 미용에 대한 관심 증가**

생활수준의 향상, 고령화 등으로 건강과 미용에 대한 관심이 증가하고 있고, 이러한 현상은 피부과나 성형외과, 미용 산업, 헬스케어 산업에 대한 성장을 가져오고 있다.

▶ **생활환경 및 환경보호에 대한 관심 증가**

황사나 미세먼지 증가 등으로 생활환경 및 환경보호에 대한 관심이 증가하고 있고, 이러한 현상은 환경산업과 신재생에너지산업에 대한 성장으로 이어지고 있다.

▶ **착한 소비 추구**

환경과 윤리 등을 중요시하는 시민의식 혹은 세계시민의식이 강화되면서 착한 소비를 지향한다. 착한 소비는 보다 친환경적이고 인간적인 소비로 값이 조금 비싸더라도 친환경 상품 및 공정무역 상품 등 사회에 공헌할 수 있는 상품을 구매하는 것을 말한다.

▶ **합리적 소비 추구**

저성장, 취업난, 고용불안 등으로 가성비 및 B급 제품 선호, 소유가 아닌 공유 등으로 대변되는 합리적 소비를 지향하는 경향이 강해지고 있다.

▶ 혼족 문화 증가

결혼기피와 고령화에 따른 1인 가구 증가, 취업난 가중, 개인주의 확산 등의 요인이 복합적으로 작용하여 1인용 제품, 혼자 밥(술)먹기(혼밥, 혼술) 등 1인 소비가 증가하고 있다.

▶ 얼리어답터(early adopter)증가

제품이 출시될 때 가장 먼저 구입해 평가를 내린 뒤 주위에 제품을 알려주는 성향을 가진 소비자군인 얼리어답터(early adopter)가 증가하고 있다. 이는 청년층 등 1인 가구가 증가하고 자기중심적 소비 경향이 강화되기 때문이다.

▶ 안전의식 강화

세월호 사건과 가습기 살균제 피해사건, 묻지만 범죄 증가 등으로 국민들의 안전의식이 강화되고 있고, 사스와 메르스에 이어 코로나 19에 이르기까지 바이러스에 의한 감염의 유행으로 개인위생과 관련된 제품, 안전관련 제품이나 서비스 산업이 성장할 것이다.

▶ 애견문화 확산

단순한 애완동물이 아닌 반려동물로서의 인식이 커지고, 이와 함께 1인 가구의 증가, 고령화 등의 요인으로 애견(묘)산업이 성장하고 있다.

▶ 니트족(NEET族)증가

취업난과 경쟁심화로 니트족이 증가하고 있다. 니트족은 일하지 않고 일할 의지도 없는 청년 무직자를 뜻하는 신조어로 'Not in Education, Employment or Training'의 줄임말이다. 보통 15~34세 사이의 취업인구 가운데 정규 교육기관이나 입시학원 또는 취업을 위한 학원·기관에 다니지 않고 일도 하지 않으며, 가사나 육아를 주로 하지도 않는 미혼의 사람을 가리킨다. 취업에 대한 의욕이 전혀 없기 때문에 일할 의지는 있지만 일자리를 구하지 못하는 실업자나 아르바이트로 생활하는 프리터족과는 다르다.

▶ N포세대 등장

주거, 취업, 결혼 출산 등 인생의 많은 것을 포기하는 20~30대 청년층을 일컫는 신조어이다. 높은 주거비용과 교육비, 낮은 임금 상승률, 불안정한 고용시장의 원인으로 등장하게 되었고 코로나 19 시대가 지속되면서 더 증가하고 있다.

▶ 청년층의 3D직종 기피 현상 지속

풍족한 유년기를 보낸 고학력의 청년층이 3D직종을 기피하는 현상이 계속될 것이다.

▶ 귀촌·어촌 인구 증가

도시에서 경쟁 심화와 고용시장 악화로 농촌이나 어촌으로 이주하는 사람들이 증가하고 있다. 이들은 고령화와 청년층의 도시 이주로 노동력이 부족한 농촌과 어촌에 새로운 활력소가 되고 있다.

▶ **자신만의 라이프 스타일 추구 및 갭이어족(Gap Year族) 등장**

개인주의가 확산되고 개성을 존중하는 성숙된 사회로 나아가면서 자신의 이색적인 취미를 당당하게 혼자 즐기기도 하고(덕후), 비슷한 취향을 가진 사람들끼리 함께 즐기는(취향 공동체) 등 자신만의 라이프 스타일을 추구하는 사람들이 증가하고 있다. 이러한 개인적 경향이 1인 미디어 발전으로 이어지고 있다.

최근, 갭이어족(Gap Year族)이 등장하고 있는데, 영국에서 대학 진학을 앞둔 학생들이 여행, 인턴십, 봉사활동 등을 하면서 진로를 탐색하는 시기인 '갭이어(Gap year)'와 무리라는 의미의 '족(族)'을 합성한 단어이다. 국내에서는 퇴사 시 자아 발견을 위해 잠시 휴식기를 갖는 사회 초년생을 가리킨다.

▶ **공동체주의 지향**

개인주의 확산에 따른 인간관계 단절과 인간성 상실에 따른 반응으로 동호회나 공유주택 등 공동체주의를 지향하는 집단도 등장하고 있다.

PART 3

4차 산업혁명 시대의 직업

1. 4차 산업혁명의 개념과 특징[5]

4차 산업혁명은 정보통신기술(ICT)의 융합으로 이루어지는 차세대 산업혁명으로서, 18세기 초기 산업혁명 이후 네 번째로 중요한 산업시대이다. 이 혁명의 핵심은 빅데이터 분석, 인공지능, 로봇공학, 사물인터넷, 무인운송수단(무인 항공기, 무인 자동차), 3차원 인쇄, 나노기술과 같은 6대 분야에서의 새로운 기술 혁신이다.(출처 : 위키백과).

농업혁명 이후, 18세기 중반부터 일련의 산업혁명이 발생했다. 이

---

[5] 클라우스 슈밥(2016) 『클라우스 슈밥의 제4차 산업혁명』 중 "제4차 산업혁명의 정의"의 내용을 요약정리.

때문에 인간의 노동력이 기계의 힘으로 옮겨가는 엄청난 변화가 일어났으며, 이는 다시 오늘날 강화된 인지력이 인간의 생산성을 증대시키는 4차 산업혁명으로 진화하고 있다.

1760~1840년경에 걸쳐 발생한 1차 산업혁명은 철도건설과 증기기관의 발명을 바탕으로 기계에 의한 생산을 이끌었다. 19세기 말에서 20세기 초까지 이어진 제2차 산업혁명은 전기와 생산조립라인의 출현으로 대량생산을 가능하게 했다. 1960년대에 시작된 제3차 산업혁명은 반도체와 메인프레임 컴퓨팅(1960년대), PC(1970년대와 1980년대), 인터넷(1990년대)이 발달을 주도했다. 그래서 우리는 이를 '컴퓨터 혁명' 혹은 '디지털 혁명'이라고도 말한다.

이 세 가지 산업혁명을 설명하는 다양한 정의와 학문적 논의를 살펴봤을 때, 오늘날 우리는 4차 산업혁명의 시작점에 있다고 말할 수 있다. 디지털 혁명을 기반으로 한 4차 산업혁명은 21세기의 시작과 동시에 출현했다. 유비쿼터스 모바일 인터넷, 더 저렴하면서 작고 강력해진 센서, 인공지능과 기계학습이 4차 산업혁명의 특징이다.

4차 산업혁명은 단순히 기기와 시스템을 연결하고 스마트화 하는 데 그치지 않고 훨씬 넓은 범주까지 아우른다. 유전자 염기서열분석에서 나노기술, 재생에너지에서 퀀텀 컴퓨팅까지 다양한 분야에서 거대한 약진이 동시다발적으로 일어나고 있다. 이 모든 기술이 융합하여 물리학, 디지털, 생물학 분야가 상호 교류하는 4차 산업혁명은 종전의 그 어떤 혁명과도 근본적으로 궤를 달리한다.

과거의 산업혁명보다도 4차 산업혁명에서 출현하는 신기술과 광범위한 혁신은 더욱 빠르고 폭넓게 확산 중이지만, 지구촌 곳곳에서는 아직도 과거의 산업혁명이 지속되고 있다. 세계 인구의 17퍼센트가 아직 제2차 산업혁명을 경험하지 못한 상태다. 아직도 전기를 사용하기 어려운 사람이 약 13억 명에 이른다. 제3차 산업혁명 역시 마찬가지다, 전 세계 인구의 절반이 넘는 40억 명은 인터넷을 사용하지 못하고 있으며, 이들 대부분이 개발도상국에 살고 있다.

기술혁신의 수용 정도가 사회 발전을 결정하는 주요 요인이라는 제1차 산업혁명의 교훈은 여전히 유효하다. 정부와 공공기관, 민간부문 모두 각자의 역할을 잘 해야 하지만, 시민들이 산업혁명을 통해 얻게 될 장기적 혜택을 자각하는 것이 무엇보다 중요하다.

4차 산업혁명에서 가장 많은 혜택을 받는 집단은 소비자다. 삶의 효율성을 높이는 새로운 상품과 서비스 등의 재화를 거의 무상으로 활용할 수 있기 때문이다. 택시를 부르거나 항공편을 검색하고 물건을 구매하며 가격을 지불하고 음악과 영화를 감상하는 모든 일이 이제는 원격으로 가능하다. 소비자가 누리게 될 과학기술의 혜택에 반박의 여지는 없다. 인터넷과 스마트폰, 수많은 앱을 통해 더욱 간편하고 생산적인 생활이 가능해질 것이다. 이러한 편리함과 혜택은 불평등과 불공평의 차이를 벌어지게 하는데, 첫 번째 이유가 플랫폼 효과이다.

플랫폼 효과는 시장을 지배하는 강력한 몇몇의 소수 플랫폼으로의 집중 현상을 초래한다. 특히 소비자에게는 높은 가치와 합리적이고 저렴한 가격이라는 명백한 혜택이 존재한다. 그러나 동시에 사회적 위협도 발생한다. 가치와 힘이 소수에게 집중되는 것을 막기 위해 공동혁신에 대한 개방성과 기회를 보장하고, 디지털 플랫폼의 혜택과 위험성 사이에서 균형을 이루는 방법을 모색해야 한다.

2. 4차 산업혁명에 따른 직업세계 변화[6]

1) 기계와 인간이 더 비슷해진다

로봇이 인공지능(AI)과 결합하면서 점점 똑똑해지고 정교해지고 있다. 산업용 로봇이 공장에서 자동차를 만든 지 오래되었고, 이제는 인공지능을 탑재한 협업로봇(코봇, collaborative robot)이 사람과 함께 전자부품을 조립하고 연구 과정을 보조하기도 한다. 사람의 모습을 한 휴머노이드 로봇은 호텔 접객원, 백화점 판매원, 노인시설 복지사, 병원 간호사 등 서비스 직종에서 일부 역할을 맡고 있다. 웨어러블 로봇(wearable robot, 착용로봇)은 노약자나 장애인, 근로자가 몸에 착용해 신체 기능을 강화하고 보조하는 역할을 한다.

최근에는 로봇이 인간의 신체적 기능을 대신하는 것을 넘어 인지능력(지식, 이해력, 사고력, 문제해결력, 창의력 등)의 영역까지 넘어오는 사례가 등장하고 있다. 고도의 컴퓨터 알고리즘과 빅데이터를 기반으로 한 온라인 자산관리 서비스인 로보어드바이저(roboadvisor)는 인간 프라이빗 뱅커(PB)가 하던 자산관리 서비스는 물론이고, 적극적인 투자에도 활용

---

[6] 한국고용정보원(2019) 『4차 산업혁명 시대, 내 직업 찾기』 중 "4차 산업혁명에 따른 직업세계변화" 내용 요약정리.

되고 있다. 인공지능 왓슨은 환자의 영상자료를 보고 의사보다 더 정확한 확률로 각종 암 여부를 판독해 의사를 도와 환자의 병을 진단하는 역할을 한다.

인공지능 변호사 로스(Ross)는 1초당 10억 장의 판례를 검색해 사건에 맞는 가장 적절한 판례를 추천해 주고 있다. 앞으로도 인공지능의 적용은 교통, 공공안전, 제조, 의료, 금융·보험·주식투자, 교육, 사무행정 및 경영, 법률 등으로 더욱 확산될 것이다. 통역 및 번역 분야도 이미 상당한 수준의 발전을 이루었다.

2) 정형화된 업무는 기계와 로봇으로 빠르게 대체된다

로봇이나 컴퓨터, 인공지능 등의 기술이 사람이 하는 일을 대체할 가능성, 즉 '기술 대체 가능성'이 높다는 것은 하는 일의 일부가 컴퓨터나 기계로 대체되어 해당 직업의 일자리 중 일부가 감소한다는 것을 의미한다.

기술 대체 가능성이 너무 높아 업무 전체가 컴퓨터나 기계로 대체되면 해당 직업의 일자리 전체가 사라질 수 있다. 기술 대체 가능성은 해당 직업이 수행하는 일(task)의 정형화 정도에 영향을 받는다. 수행하는 일이 일정한 매뉴얼에 따라 규칙적일 경우 정형화 정도가 높다고 할 수 있다. 예를 들어, 버스기사, 창고관리인, 시설안내원, 계산원, 텔레마케터, 제조생산직(조립, 포장, 품질관리) 등과 같이 일정한 방식에 따라 규칙적으로 하는 업무 비중이 높은 경우에는 기술로 일자리가 대체될 가능성이 높다.

숙련 직종이라고 해서 기술 대체로부터 안전한 것은 아니다. 전문직이라고 하더라도 정해진 절차에 따라 반복적인 업무를 한다면 정교한 알고리즘으로 자동화될 가능성이 높다. 예를 들면 법률사무원(또는 저숙련 초급 변호사), 회계사무원(또는 저숙련 초급 회계사), 영상의학 전문의 등 직종이 그러하다. 최근 우리나라에도 인공지능 변호사(Law-Bo)가 도입되어 소송에 관련된 판례나 법령, 논문 등의 검색 업무를 담당하는 법률비서(법률사무원)의 일자리가 위협받고 있다.

기계에 따른 일자리 대체 가능성은 고급 지식과 기술이 필요한 고숙련 직종인 경우에 저숙련 직종에 비해 상대적으로 낮다. 엔지니어나 과학자는 기술 대체 가능성이 낮은데, 이는 업무 수행 시 요구되는 높은 수준의 창조적 능력 때문이다. 또 고숙련 변호사도 저위험군에 속하는데, 이는 변호사에게 필요한 사회시식(사회와 인간에 대한 이해, 법정 변론), 통찰력(새로운 법리 해석), 영업력(의뢰인 상담) 등의 능력이 기계로 대체되기 어렵기 때문이다. 또한 기술대체에 따른 일자리 감소보다는 사회가 복잡화됨에 따른 고숙련 변호사에 대한 수요 증가가 변호사 일자리를 결정할 것이다.

3) 직업의 등장과 소멸이 더욱 빨라진다

기술발전으로 기존 산업생태계에 있던 직업 중 일부는 사라지는 대신 새로운 직업이 등장한다.

1910년대 초, 포드자동차가 대량 생산되면서 마부는 한순간에 일자리를 잃었지만 자동차 운전원과 자동차 제조공은 급격히 늘었다.

인쇄방식이 활자 인쇄에서 컴퓨터출판으로 바뀌면서 원고에 따라 활자를 고르는 문선공과 이 활자들을 지면 크기에 맞춰 짜는 일을 하는 조판공이 사라지고, 편집디자이너가 그 자리를 대신하게 되었다. 지금은 인쇄소의 인력구성도 변화하였는데, 인쇄기의 자동화로 인쇄공장에서 일하는 남성 근로자들은 줄어든 반면에 편집디자인이 중요해지면서 여성 편집디자이너는 늘어났다.

또한 컴퓨터와 인터넷의 등장으로 컴퓨터공학기술자, 소프트웨어개발자, 프로게이머, 컴퓨터게임개발자 등 새로운 직업들이 대거 등장하였다. 이러한 사례는 무수히 많다.

이와 같은 기술발전에 따른 직업구조의 변화는 향후 4차 산업혁명으로 더욱 빨라질 것이다.

◆ 기술발전에 따른 직업구조 변화 유형

① 4차 산업혁명의 핵심기술이 산업화(상품, 서비스)되면서 새로운 직업들이 등장하고 있다. 예를 들면, 사물인터넷 전문가, 인공지능 전문가, 자율주행차 개발자 등이 증가하고 있다.

② 기존 직업이 전문화 및 세분화하고 있다. 예를 들면, IT 보안 전문가는 전문 영역에 따라 IoT보안 전문가, 핀테크 보안 전문가, 자율주행차 보안 전문가 등으로 전문화될 것이다. 또 로봇공학자는 산업용 로봇개발자, 서비스 로봇개발자, 웨어러블 로봇개발자, 휴머노이드 로봇개발자 등으로 전문화되고 있다.

③ 직무 또는 분야 간 융·복합에 따른 직업이 등장하고 있다. 예를 들면, 금융과 IT지식이 필요한 핀테크 전문가, 의료와 빅데이터 그리고 IT지식이 필요한 의료정보 분석사에 대한 수요가 증가하고 있다.

④ 기존 직업 중에서 역할이 더욱 커지는 직업이 등장하고 있다. 인공지능과 IoT, 블록체인, 자율주행차 등이 모두 데이터에 관계되는데, 이와 같이 데이터 기반의 경제·사회가 되면서 IT보안 전문가의 역할이 더욱 커지고 있다. 스마트팩토리에 대한 투자와 보급이 증가하면서 생산공정설계 기술자와 생산관리 기술자, 품질관리 기술자에 대한 역할이 더욱 중요해질 것이다.

4) 로봇과 협력, 디지털 지식의 활용이 중요해진다

4차 산업혁명으로 근로자의 일하는 방식과 도구에 또 한 번 변화가 예고되고 있다.

4차 산업혁명의 핵심기술이라 할 수 있는 로봇, 인공지능(AI), 빅데이터, 가상현실(VR)·증강현실(AR), 3D 프린팅, 클라우드(cloud), 사물인터넷(IoT) 등의 첨단기술들이 기존 기술 분야와 융·복합되고 연계되면서 빠르게 발전하고 있다. 이러한 속도가 산업현장과 직업현장에 반영되어 생산공정과 생산 장비가 혁신되면서 근로자의 일하는 내용도 빠르게 바뀌고 있다.

10년 후에는 사람이 직접 제품을 조립하고 검사하고 적재하는 일은 적어도 기계도입 비용을 감당할 수 있는 중견기업 이상에서는 거의 없어질 가능성이 크다. 근로자들은 생산시스템과 로봇을 관리하고, 작동 이상을 발견하면 신속하게 조치하는 유지보수 업무를 하게 될 것이다.

건물청소원도 모바일로 청소로봇들을 작동하고 관리하는 일을 하게 될 것이다. 건물경비원은 CCTV와 지능화영상분석시스템, 경비로봇을 관리하고 통제하는 일을 할 것이다. 기존에 사람들이 하던 업무의 상당 부분을 인공지능 탑재 컴퓨터가 담당하면서 금융전문가들은 사전에 축적되고 분석된 데이터 결과를 종합하여 주로 의사결정을 하게 될 것이다. 병원에서도 의료서비스 로봇이 복도를 쉴 새 없이 움직이고, 의사들은 대형 모니터를 보면서 인공지능 '왓슨'이 분석한 데이터 결과를 환자들에게 설명하고 왓슨이 제안한 치료방법을 더 정교하게 결정하는 일을 하게 될 것이다. 변호사들도 '인공지능 변호사'를 얼마나 효과적으로 활용하느냐에 따라 유능함을 인정받게 될 것이다.

이상과 같이 부품조립이나 창고관리, 일상적 행정사무 등 단순 반복적인 일은 로봇과 무인운반차, 자동화컴퓨터가 맡고, 근로자는 생산시설의 유지관리나 품질관리, 보수, 데이터 분석, 대인서비스 등의 종합적이고 통제적인 일을 주로 할 전망이다, 아니면 기계화나 로봇화가 어렵거나 비용 문제로 남겨진 일을 맡게 될 것이다. 직업현장에서 수행되는 업무 수준이 양극화되고, 따라서 근로자에게 요구되는 직업능력도 양극화될 것이다.

5) 디지털 기술을 잘 활용하는 사람이 성공한다

2016년 처음으로 미국 로펌에서 인공지능(AI) 변호사 로스(ROSS)가 업무에 투입되었다. 로스는 초당 1억 장의 판례를 검토해 의뢰한 사건과 가장 유사한 판례를 추천했다.

최근 우리나라 로펌에서도 인공지능 변호사를 활용하기 시작하였다. 이로써 인공지능을 사용한 변호사는 더 빨리 업무를 처리할 수 있게 되었다. 인공지능 변호사 도입 이전에 판례를 조사해 기초 보고서를 작성하는 일은 초급 변호사나 법률비서(또는 법률사무원)가 해왔던 업무이다. 결국 인공지능 변호사가 더욱 일반화되면 의뢰인에게 법률지식만을 제공하는 변호사들은 생계의 위협을 받게 될 것이다. 반면에 논리적 전략을 세우고 사람들을 설득하고 공감할 수 있는 변호사들은 더욱 각광을 받을 것이고, 경제·사회 제도의 복잡화로 고급 변호사에 대한 수요는 더욱 증가할 것이다. 이러한 차이는 소득의 격차로 나타나게 될 것이다.

우리나라 일부 병원에서는 인공지능 왓슨을 도입해 진단과 처방에 활용하고 있다. 의료인공지능은 의료영상 분석 및 판독에 탁월한 성과를 내고, 병원과 의사는 환자의 신뢰를 얻는 성과를 올리고 있다. 앞으로 의사도 인공지능 등 디지털 기술을 적극 활용하는 사람과 그렇지 않은 사람 간에 생산성과 소득의 격차는 더 커질 것이다.

최근에는 통역 및 번역 업무도 인공지능 번역기로 대체되고 있다. 하지만 아직은 인간의 언어에 담긴 사회문화적 배경과 다의적(多義的) 해석 때문에 완벽한 통역이나 번역은 어려운 실정이다. 그러나 기술이 매우 빠르게 발전하고 있고, 구글 번역기는 초벌 번역수준으로 발전하였다. 일부 번역서비스 업체에서는 초벌 번역은 번역 솔루션을 사용하고, 전문번역사는 번역의 완성도를 높이는 일을 한다. 예전에는 초벌 번역사와 전문번역사가 함께 일했다면, 이제는 전문번역사가 인공지능 번역기와 일을 한다. 통역의 경우도 10년 안에 여행안내 등 초급 통역은 인공지능 통역기가 맡게 될 것이다. 앞으로 초급 번역사와 통역사는 일자리를 얻기가 더욱 어려워질 것이다. 반면에 고급 전문번역사는 인공지능 번역기를 사용하여 생산성을 더욱 높이게 될 것이다.

직종 내 양극화 사례는 3D 프린터를 활용하는 치과기공사와 금형원, 협업로봇을 사용하는 제조생산직과 연구직, 가상현실과 증강현실 기술을 활용하는 건축가 등 많은 분야에서 등장하게 될 것이다.

6) 아이디어가 더욱 쉽게 사업화된다

1980년 미래학자 앨빈토플러는 그의 저서 〈제3의 물결〉에서 프로슈머(producer+consumer)의 존재를 예견했는데, 이러한 예언이 이제 현실화되었다.

프로슈머는 소비는 물론 제품개발과 생산, 판매까지 직접 관여하는 '생산적 소비자'를 뜻한다. 그런데 현재는 소비자로서 생산에 관여하는 정도가 아니라 '직접 생산하고 소비하는 주체'로 의미가 바뀌고 있다. 앞으로 4차 산업혁명의 핵심 기술들인 빅데이터, 온라인 플랫폼, 클라우드, 3D 프린팅 등의 기술이 '쉬운 창업과 '프로슈머의 등장'을 더욱 빠르게 앞당길 것이다. 데이터가 산업화의 기반이 되고 있다. 각종 IT 기기와 센서에서 생성된 데이터를 활용하여 이전에는 생각하지 못했던 비즈니스 모델이 창출되고 있다.

중국 알리바바그룹의 창업자 마윈은 "이제 IT(Information Technology) 시대에서 DT(Data Technology)시대로 옮겨가고 있다. 지난 30년은 인터넷이 창업의 기회를 주었지만, 앞으로 30년은 빅데이터를 통해 새로운 창업 기회를 발견하게 될 것이다"라고 하였다.

미국의 거대 제조업체인 GE는 2011년 소프트웨어 기업으로의 변신을 선언했다. 기존에 판매하던 에너지, 항공, 운송 등의 장비 및 기계에서 발생하는 데이터를 통해 생산과 운영 효율을 높여주는 소프트웨어 솔루션 프레딕스를 개발했다. 2015년에 개발된 프레딕스는 산업용 장비나 부품에서 나오는 데이터를 활용해 운영상의 각종 문제를 해결하고 예방하는 소프트웨어 플랫폼이다. GE는 데이터를 기반으로 생산과 운영에 필요한 각종 서비스를 판매하고 있다. 자율주행차가 상용화되면 제조업뿐만 아니라 자율주행차에서 생성되는 데이터를 활용해 A/S, 엔터테인먼트를 위한 마케팅, 교통정책 수립 등에 활용할 수 있을 것이다. 일반인들도 의료, 행정 등 공공 빅데이터를 활용해 새로운 사업모델을 만들 기회가 증가할 것이다.

빅데이터 활용 외에도 VR(가상현실)과 AR(증강현실)을 활용한 교육훈련 콘텐츠 개발, IoT를 적용한 전자제품 개발, 인공지능을 이용한 애플리케이션, 온라인 플랫폼을 이용한 공유경제 등 다양한 제품 개발과 서비스가 증가하고 있다. 최근에는 3D 프린터를 활용하여 디자인 평가를 위한 목업(모형)이나 시제품을 더 저렴하고 빠르게 제작해주는 업체도 등장했다. 정부와 지방자치단체에서도 '메이커 스페이스' 시설을 마련하여 새로운 아이디어로 창업에 도전하거나 만들기에 관심이 많은 청소년들을 대상으로 3D 프린터, 레이져커터 등의 장비를 대여하고 각종 교육프로그램을 제공하고 있다.

7) 평생직장, 평생직업의 시대에서 평생학습의 시대로

우리나라가 국가부도의 사태를 맞아 IMF 구제금융을 받았던 1998년을 기점으로 평생직장에서 평생직업의 시대로 접어들었다. 한 직장에서 정년퇴직을 하기가 어렵기 때문에 직업능력을 갖추는 것이 중요하다는 말이다. 하지만, 이제는 '평생직업이 아닌 평생학습'의 시대가 되고 있다.

4차 산업혁명 시대에는 컴퓨터의 비약적 성능 향상, 빅데이터의 축적, 5세대 이동통신(5G Networks)의 상용화 등으로 기술 간 상호 상승효과를 발휘하고, 인공지능과 빅데이터, IoT등의 기술간 융복합화를 불러올 것이다. 이러한 기술발전의 가속화와 동시에 불확실성은 더욱 커질 전망이다. 기술발전이 빠르고 과도기적인 기술들이 서로 경쟁을 하고 있기 때문에 어떤 기술과 분야가 살아남고 도태될지, 어떤 분야가 새롭게 등장할지 예측하기가 더욱 어려워지고 있다. 기술발전의 가속화는 한번 배웠던 지식과 기술의 수명이 더 짧아진다는 것을 의미한다. 오늘 배웠던 지식과 기술이 몇 달 후에는 낡은 것이 되고, 새로운 지식과 기술을 온라인 공개강좌나 유튜브 등을 통해 쉽게 접할 수 있다. 인터넷으로 연결된 전 세계 네트워크를 통해 자신의 지식과 기술을 공유하고 평가받는 것이 일상화될 것이다. 첨단기술 분야일수록 근로자는 평생에 걸쳐 지속적으로 지식과 기술을 새롭게 습득하지 않으면 안 되게 되었다.

한편, 인간의 수명이 연장되고 있다. 생활 여건이 향상되고 의료 및 생명공학 기술이 발전해 인간의 수명은 더욱 길어질 예정이다. 2019년에 태어난 우리나라 아이의 기대수명은 83세로 추정되는 데, 21세기 말에 이르면 100세에 이를 것으로 예측하는 전문가도 있다. 수명 연장은 더 오래 일을 해야 하고, 평생에 걸쳐 지금보다 더 많은 직업을 갖게 된다는 것을 의미한다. 새로운 직업으로 전직하기 위해서는 새로운 지식과 기술을 습득해야 한다. 평생학습은 당연한 것이 되었다.

3. 4차 산업혁명 시대의 유망직업 15선[7]

1) 사물인터넷[8] 전문가

아침에 알람이 울리면 자동으로 전등이 켜지고, 냉장고가 아침 식단을 알려주며 스스로 부족한 식재료를 구매 신청하기도 한다. 최근에 건설된 아파트들은 사물인터넷 기술을 적용해 외부에서 스마트폰으로 실내의 온도와 습도를 맞출 수 있다. 컴퓨터와 휴대폰을 넘어 자동차, 냉장고, 세탁기 등 우리 주변의 사물이 인터넷으로 연결된 사물인터넷 세상이 열렸기에 가능한 일들이다.

(1) 활동분야

사물인터넷 전문가는 가전제품이나 생산설비, 각종 부품(엔진 등)의 사물에 각종 센서를 부착하여 이들 사물이 서로 정보(데이터)를 인터넷으

---

7) 한국고용정보원(2019)『4차 산업혁명 시대, 내 직업 찾기』중 "미래 유망직업 15선"의 내용을 요약정리

8) 사물인터넷(IoT: Internet of Things)은 인터넷을 기반으로 사물들이 서로 연결되어 개별적인 사물들이 제공하지 못했던 새로운 기능을 제공하는 서비스이다. 여기서 "Things(사물)"란 차, 스마트폰, 가전제품, 로봇, 웨어러블 기기, 약병, 기저귀, 목걸이, 교통안내판 등 유형의 물건은 물론이고 공간, 데이터 등 무형의 것까지 포함한다.

로 주고받도록 하는 기술 환경을 개발 및 구축하거나 사물 인터넷 서비스를 기획하는 일을 한다. 사물인터넷 전문가는 헬스케어와 의료, 도시와 안전, 제조, 에너지, 자동차와 교통, 홈(주택) 등 다양한 분야에서 전문적 일을 수행한다.

(2) 앞으로의 전망

사물인터넷은 4차 산업혁명의 핵심 기반기술이다. 4차 산업혁명은 데이터 혁명으로 불리기도 하는데 이러한 데이터를 모으려면 자료를 수집하기 위한 사물인터넷 기술이 필요하다. 또한 4차 산업혁명의 특징을 초연결성이라고 하는데 모든 것이 연결되어 서로 정보를 주고받기 위해 사물인터넷이 필요하다.

사물인터넷은 교통, 가정용품, 공공안전, 건축, 의료, 제조업, 금융 등의 분야에서 활용되고 있으며, 앞으로 더 확대될 것이다. 예를 들어, 사람이 다가가면 열쇠를 꽂지 않아도 자동차의 문의 잠금장치가 열리고 자동차에 부착된 카드와 톨게이트 시스템이 무선으로 정보를 교환하여 자동 결제되는 하이패스도 사물인터넷에 해당된다. 또한 사물인터넷 냉장고는 보관된 재료를 살펴보고 추천 레시피나 재료의 유통기한을 알려준다. 당뇨병 환자는 혈당측정 장치를 휴대폰에 연결해 혈당 수치를 담당 의사에게 전송하고 온라인으로 기록하여 건강을 효과적으로 관리받을 수 있다.

최근 일상생활 제품까지 사물인터넷이 본격 도입되면서 인터넷에 연결되는 사물의 수가 급격히 증가하고 있다. 사물인터넷에 대한 본격적 논의가 시작된 지는 10년이 넘었다. 그러나 사물인터넷은 아직도 시작 단계이며 더 큰 발전이 예상된다.

2) 인공지능 전문가

2016년 인공지능 '알파고'로 대한민국이 떠들썩했다. 알파고가 프로바둑기사 이세돌 9단을 이기는 장면에 전 세계에 생중계 되었고, 사람들은 마침내 인간을 이긴 인공지능에 깜짝 놀랐다. 일본의 '소프트뱅크'라는 회사는 직원 채용 시 서류전형에 인공지능 평가를 도입했다고 한다. 인공지능 '왓슨'은 어려운 의학 논문을 단 몇 초 만에 읽고 의사와 환자에게 적절한 치료법을 추천하기도 한다. 인간이 지닌 지적능력을 컴퓨터를 통해 구현해내는 인공지능은 급격히 발전하고 있다.

(1) 활동분야

인공지능 전문가는 사람의 뇌 구조에 대한 지식을 바탕으로 컴퓨터나 로봇 등이 인간과 같이 생각하고 결정을 내릴 수 있도록 알고리즘[9]을 개발한다. 예를 들면, 사용자가 말하는 음성을 인식하고 이해해 다른

---

9) 알고리즘: 주어진 문제를 논리적으로 해결하기 위해 필요한 규칙과 절차들을 모아놓은 것이다.

언어로 자동 통·번역을 해주는 기술, 자연어10)를 깊이 이해하고 스스로 지식을 학습해 인간처럼 판단하고 예측하는 기술, 대규모 이미지 데이터를 동시에 분석해 영상이 포함하고 있는 대상과 사물의 관계를 이해하고 인식하는 기술 등을 개발한다.

(2) 앞으로의 전망

컴퓨터의 처리 속도가 과거와는 달리 획기적으로 빨라지고 분석할 수 있는 데이터의 양이 많아지면서 인공지능 기술이 큰 발전을 이루었고, 또 예전에는 상상도 할 수 없었던 일들을 하고 있다. 현재 인공지능은 번역, 상품추천, 음성비서, 자율주행차, 영상판독, 법률, 금융 등 비즈니스와 생활 곳곳에서 다양하게 활용되고 있다.

CCTV 화면에서 범죄와 관련된 상황이 무엇인지를 판단하고, 범죄 상황이 의심될 때 경찰이 출동할 수 있게 조치하며, 페이스북의 댓글을 분석해 이용자 중에서 자살 징후가 있을 경우에는 자살방지센터에 연락도 해준다. 앞으로도 인공지능의 적용은 교통, 공공안전, 제조, 의료, 금융·보험·주식투자, 교육, 사무행정 및 경영, 법률 등으로 더욱 넓어질 것이다. 4차 산업혁명에서 가장 특징적인 기술 하나를 꼽는다면 인공지능이라고 할 수 있다. 전 산업에 걸쳐 그리고 일상생활 곳곳에서 인공지능의 활용은 더욱 커질 것이다.

---

10) 자연어: 사람들이 일상적으로 쓰는 언어를 뜻하며, 프로그래밍 언어 등과 구별하기 위해 사용된다.

3) 빅데이터 전문가

구글의 '플루 트렌드'는 감기나 독감의 검색빈도가 높은 지역을 지도에 표시하여 독감의 확산을 가장 빨리 예측한다. 페이스북은 개인의 성향과 검색패턴, 구매패턴을 분석해 맞춤화된 광고를 보여준다. 서울시와 KT는 통화 로그 분석을 통해 최적의 심야 시간대 노선을 찾아내기도 한다. 바로 빅데이터가 있기 때문이다. 세상에 존재하는 방대한 양의 데이터를 수집하고 분석해 가치 있는 정보로 만들어내는 빅데이터는 정치, 경제, 문화, 과학 등 다양한 영역에서 활용되면서 전 세계가 주목하고 있는 기술이다.

(1) 활동분야

빅데이터 전문가는 매우 빠르게 생산되고 있는 거대한 데이터를 실시간으로 수집 및 저장하고, 이 데이터를 분석해 가치 있는 정보를 추출하는 일을 한다. 빅데이터 전문가가 하는 일은 크게 데이터 분석 기획, 데이터 수집, 데이터 분석, 시각화 및 보고서 작성 등으로 구분된다.

첫째, 데이터 분석 기획 단계에서는 기업 등 고객이 빅데이터를 통해 얻고자 하는 정보가 무엇이고 어디에 활용할 것인지를 협의하여 구체적인 빅데이터 분석 내용을 목록으로 만든다. 둘째, 데이터 수집 단계에서는 기업 등 고객이 보유한 데이터 외에 좀 더 심층적인 분석을 위해 다른 개인, 기업, 공공기관 등이 보유한 데이터를 수집하기 위해 협의한다. 셋째, 분석 단계에서는 통계 또는 전산프로그램, 검색 엔진 등을 활용하여 데이터를 분석한다. 넷째, 빅데이터 분석이 완료되면 결과를 고객이 쉽게 이해할 수 있도록 시각화하여 보고서를 작성한다.

(2) 앞으로의 전망

인터넷과 스마트폰, 센서와 사물인터넷의 확산으로 데이터의 양이 엄청나게 증가하고 있고, 이 데이터를 수집하고 처리하는 기술도 나날이 발전하고 있다. 쇼핑을 하고, 인스타그램이나 페이스북에 댓글을 남기고, 유튜브에 동영상을 올리고, 인터넷에서 자료를 검색하는 행동들이 모두 데이터에 저장된다. 이렇게 생겨난 엄청난 양의 데이터로부터 의미 있는 가치를 찾아내는 빅데이터 분석이 앞으로 더 많이 필요할 것이다. 하지만 기업들에서는 자신들이 필요로 하는 수준을 갖춘 빅데이터 분석자가 많지 않아 채용에 어려움을 겪고 있는 실정이다.

빅데이터의 중요성이 인식되면서 각국 정부는 빅데이터 산업을 육성하기 위한 다양한 정책을 추진하고 있다. 우리나라도 빅데이터 활용을 극대화하기 위하여 범정부적 데이터의 통합연계, 정부와 민간의 데이터 분석 융합 추진, 공공데이터 진단체계 마련 등을 위해 노력하고 있다.

4) 가상현실/증강현실 전문가

'포켓몬고(GO)'는 2016년 7월 출시된 이후 전 세계적인 열풍을 불러일으켰다. 스마트폰을 들고 걸어 다니다 보면 화면에서 포켓몬을 만날 수 있었고, 포켓몬이 나타나면 몬스터볼을 던져서 포획할 수 있었다. 증강현실을 활용한 포켓몬고는 현실과 영상 콘텐츠를 결합해 게임 속 포켓몬스터를 현실에서 잡는 듯한 경험을 할 수 있도록 했다. 게임 유저들의 반응은 폭발적이었다. 현실세계에 가상의 사물이나 정보를 겹쳐 보여주는 증강 현실은 게임뿐 아니라 쇼핑, 부동산, 교육 등 다양한 분야로 확대되고 있다.

(1) 활동분야

가상현실/증강현실 전문가는 전문분야에 따라 다음과 같은 일을 한다. PD(가상현실/증강현실 콘텐츠기획자)는 가상현실(VR: Virtual Reality)[11] 또는 증강현실(AR: Augmented Reality)[12] 콘텐츠를 기획하거나 시나리오를 작성한다. 프로그래머는 VR/AR 제작용 컴퓨터 툴(Tools)을 사용하여 프

---

11) 가상현실(VR): 컴퓨터 기술을 이용하여 만들어 낸 100% 가상의 이미지나 공간을 의미한다. 사례를 들면, 가상의 우주공간이나 심해 바닥을 걷는 게임이 있다.
12) 증강현실(AR): 현실의 이미지나 배경에 3차원 가성 이미지나 정보를 합성하여 원래 존재하는 것처럼 보이게 하는 것이다. 대표적인 사례로 스마트폰 게임 '포켓몬고(GO)'와 재미있는 셀프 사진 찍기 앱인 '셀피앱'이 있다.

로그래밍을 한다. 컴퓨터그래픽디자이너는 캐릭터나 배경 등 그래픽 영상을 디자인하고 표본으로 만든다. 그 밖에 특수 장비를 사용하여 VR 영상을 전문으로 촬영하는 사람도 있다.

(2) 앞으로의 전망

가상현실과 증강현실 기술은 정보통신(ICT), 컴퓨터게임, 공연, 방송 및 영화, 관광, 군사, 항공, 물류, 교육 및 훈련, 제조 및 건설, 인테리어, 쇼핑 등 다양한 분야에서 엔터테인먼트, 홍보 및 마케팅, 교육·훈련 실습, 업무수행 지원 등 다양한 목적으로 활용되고 있다.

가상현실과 증강현실 기술은 디지털 기술로서 공간과 시간 또는 물리적 제약에서 벗어나 체험의 효과를 극대화할 수 있다. 실제 고가의 장비가 아닌 가상의 장비를 사용하여 체험할 수 있고 콘텐츠를 무한으로 복사하여 보급할 수 있기 때문에 보급 비용이 저렴하다는 장점이 있다. 또한 고속데이터 처리, 카메라, GPS 등을 갖춘 단말기(디바이스)가 더 정교해지고, 더 저렴해지고 있으며, 콘텐츠들도 다양해지고 있다. 이상과 같은 장점으로 VR·AR 시장은 매년 성장하고 있다. 더욱이 대용량 데이터를 전송받을 수 있는 5G(5세대 이동통신)가 상용화되면 VR·AR 시장은 폭발적으로 성장할 것으로 기대된다.

5) 생명과학 연구원

인간이 질병이나 장애로부터 자유로워질 수 있을까? '유전자 분석'을 통해 암이나 희귀병 등의 질병에 걸릴 가능성을 개인별로 예측하기 위한 노력이 이루어지고 있다. '줄기세포'를 통해 기능이 약해진 뼈, 관절, 연골 등을 치료할 수도 있다. 인간의 생명 현상을 연구하는 학문인 생명과학은 인류의 건강한 삶을 위해 인간뿐 아니라 동물, 미생물, 식물 등 다양한 분야를 탐구하는 종합과학이다.

(1) 활동분야

생명과학(생명공학)연구원은 생물학, 의약, 식품, 농업 등 생명과학 분야의 이론과 응용에 관한 연구를 통해 다양하고 복잡한 생명 현상을 탐구하고 이와 관련된 기술을 적용한다. 생명과학은 연구의 대상에 따라 크게 인체, 동물, 미생물, 식물 분야로 나눌 수 있다. 영역에 따라 하는 일에 차이가 있지만, 주로 생명체의 기원, 발달, 해부, 기능 관계 등에 관한 기초 원리 및 응용을 연구하기 위한 실험 및 분석을 한다.

(2) 앞으로의 전망

유전학 기술 발전으로 유전학 염기서열 분석 절차가 간단해지고 분석비용이 줄었으며, 유전자 활성화 및 유전자 편집도 가능해졌다. 유전자-인간게놈 프로젝트 완성에 과거에는 10년이 넘는 시간과 27억 달러의 비용이 소요되었으나, 현재는 불과 몇 시간, 1,000달러 정도의 비용으로 가능하다. 또한 유전학 기술이 심장병, 암 등 난치병 치료에도 도움을 줄 수 있을 것으로 기대하고 있다. 개인의 바이오데이터가 축적되어 개인별 맞춤 의료서비스와 표적치료법도 가능하게 되었다.

우리나라도 바이오 제약, 바이오 에너지, 뇌 과학 등 첨단 생명공학 기술 개발과 바이오산업 육성에 국가적 차원의 노력을 기울이고 있다. 앞으로 줄기세포 연구, 뇌 연구, 신약개발, 바이오제품 개발 등 생명과학 분야의 인력 수요가 증가할 것이다.

6) 정보보호 전문가

미국에서 스마트 TV와 냉장고를 통해 하루에 세 번씩 10만 건 단위의 스팸 메일이 발송되는 사건이 발생했다. 국내 카드사에서는 개인정보 1억 건 유출사건이 있었다. 웹에서 모든 것이 연결되는 지금, 컴퓨터 기술이 발달하는 만큼 컴퓨터에 저장된 정보를 보호할 수 있는 기술 역시 중요해지고 있다. 현대사회에서는 개인과 조직의 소중한 정보가 컴퓨터와 웹을 통해 저장되고 작업되기 때문이다. 각종 컴퓨터 바이러스와 해킹의 위협으로부터 우리의 소중한 디지털 정보를 안전하게 보호하는 일은 꼭 필요한 일이다.

(1) 활동분야

정보보호 전문가는 IT보안 전문가라고도 하는데, 컴퓨터와 인터넷상의 해킹과 바이러스로부터 디지털 정보를 보호하는 일을 한다. 구체적으로 살펴 보면, 컴퓨터상에 있는 정보를 함부로 볼 수 없도록 인증시스템을 만들어 접근을 제한한다. 각종 컴퓨터 바이러스의 발생과 해커의 침입에 대비하여 보안정책을 세우고 보안 방화벽을 만든다. 컴퓨터가 작동되지 않거나 오작동할 수 있는 바이러스 프로그램을 차단하는 백신 프로그램을 만든다. 정보보호가 필요한 기업이나 개인에게 컨설팅하고 정보보호시스템을 구축하도록 돕는다.

(2) 앞으로의 전망

4차 산업혁명 시대의 핵심기술인 사물인터넷, 클라우드, 빅데이터, 모바일, 자율주행차 등의 기술이 산업과 일상생활에 더욱 활발히 사용될수록 정보 보호는 더욱 중요해질 것이다. 디지털화 시대에는 개인과 기업의 중요한 정보가 디지털화하여 자동으로 저장되고 이들 정보가 상호 연결됨에 따라 컴퓨터바이러스나 해킹으로 인한 피해가 우리의 상상을 초월할 정도로 클 수 있다

클라우드 서비스 이용이 확대되면서 사용자가 언제 어디서나 컴퓨팅 자원에 접속할 수 있게 되고, 그럼으로써 개인에 대한 감시, 기업정보 유출과 같은 보안문제가 발생할 수 있기 때문에 사용자의 안정적인 서비스 이용을 위해서도 정보보호가 필요하다. 따라서 일상생활과 기업

활동, 모든 제품이 디지털화될수록 정보보호 전문가의 역할은 더욱 중요해질 것이고, 일자리도 더욱 증가할 것이다.

7) 로봇공학자

버튼만 누르면 로봇이 집안에 쌓인 먼지를 구석구석 청소하고, 편의점에서는 결제뿐 아니라 고객에게 알맞은 상품을 추천해주는 로봇이 등장했다. 2018 평창 동계패럴림픽에서는 25년간 휠체어 생활을 해온 국가대표가 웨어러블 로봇을 착용하고 성화 봉송을 하기도 했다.

로봇은 사람이 하기 힘든 일을 대신해주고, 우리의 삶을 더욱 편리하게 만들어 준다. 단순한 제조부터 고도의 정밀함이 필요한 일까지, 인간의 손과 발이 되어 다양한 산업과 생활에 활용되는 로봇은 이미 우리 생활 가까이에 도착해 있다.

(1) 활동분야

로봇공학자는 서비스 로봇(교육용 로봇, 청소 로봇, 이동용 로봇 등)이나 산업용 로봇(제조용 로봇, 용접 로봇, 건설용 로봇 등), 협업로봇(코봇, collaborative robot), 웨어러블 로봇 등을 연구·개발, 제작 그리고 유지·관리하는 일을 한다. 로봇은 다양한 전공 분야의 기술들이 복합된 것이기 때문에 로봇 개발과 제조에도 다양한 분야의 전문가들이 함께 참여하여 협업을 한다.

(2) 앞으로의 전망

로봇의 활용 분야가 기존에 제조업체에서 자동차, 기계, 전자부품 등의 생산에 사용되는 데 머무르지 않고, 의료, 복지, 국방, 환경, 개인서비스, 교육, 엔터테인먼트 등으로 확대되고 있다. 의료분야에서는 로봇을 사용하여 의사의 수술을 돕거나, 신체에 손상을 입은 환자의 재활과 기능 회복을 돕고 있다. 군사적 목적이나 공공의 안전을 위한 용도로 웨어러블 로봇이 활용되기도 한다. 소방관에게 착용형 로봇을 입히면 무거운 소방도구를 쉽게 들 수 있고, 군인에게 입히면 작전 능력이 더 높아진다. 가정에서는 청소용 로봇이 활용되어 주부의 가사 부담을 덜어 주고 있다. 산업현장에서는 스마트공장의 확산으로 산업용 로봇이 증가하고 있다. 스마트공장은 공장의 설비와 기계에 센서가 설치되어 데이터가 실시간으로 수집되면, 이를 분석해 목적에 따라 스스로 제어되는 공장이다. 또한 근로자 부족, 인건비 상승, 단순반복 업무의 자동화 필요성 등으로 키오스크(무인주문기)나 로봇이 더욱 확산될 것으로 보인다.

지능형 로봇 중 미래에 가장 큰 시장을 이룰 것으로 전망되는 분야는 엔터테인먼트 로봇이다. 현재까지는 교육·연구용 로봇이나 취미·완구용 로봇이 비중이 높으나 앞으로는 소셜 로봇의 비중이 빠르게 확대될 것으로 기대되고 있다. 소셜 로봇은 인간과 대화하고 교감하는 감성적인 로봇을 의미한다. 다양한 로봇에 대한 수요 증가는 로봇을 개발하고 유지관리를 담당할 로봇공학자에 대한 전망을 밝게 한다.

8) 자율주행차 전문가

달리는 자동차 안에서 영화를 보거나 일을 하고, 침대처럼 편안하게 잠을 청할 수 있을까? 부르면 달려오고 버튼만 누르면 알아서 주차해주는 편리한 자율주행차. 아직 먼 얘기 같지만 구글, 애플, 테슬라, 현대자동차 등의 전 세계 유명 자동차제조사에서는 2020~2021년부터 자율주행차 양산을 목표로 하고 있다. 운전자 없이 오직 탑승자만 존재하는 완전자율주행의 시대, 자동차라는 하드웨어에 첨단 IT기술이 접목된 자율주행차는 SF영화에만 존재하지 않는다. 10년 안에 우리 모두의 자동차가 될 것이다.

(1) 활동분야

자율주행차 전문가는 정보통신기술(ICT), 인공지능, GPS(위성항법시스템) 등의 최신 기술을 적용해 안전하게 자율주행이 가능한 자율자동차를 연구하고 개발한다. 자율주행차 전문가는 센서, 카메라, 레이더 등 다양한 기술을 활용하여 자동차가 주변 환경과 사물을 정확히 인식할 수 있는 기술을 개발하고 자동차에 적용한다. 또 네비게이션 기술, GPS 기술, 교통시스템 등을 활용하여 자동차가 목적지까지 최적의 주행경로를 계획할 수 있는 시스템을 개발하고 자동차에 적용한다.

(2) 앞으로의 전망

시장조사기관 IHS에 따르면, 완전 자율주행차의 전 세계 연간 판매량은 2025년경 23만 대에서 2035년경 1,180만 대에 이를 것으로 전망된다. 시장조사기관 ABI는 부분 자율주행차까지 포함하면 자율주행차의 연간 판매량이 2025년 110만 대에서 2035년 4,200만 대로 늘어날 것으로 전망하였다.

우리나라는 자동차 제조업체를 중심으로 자율주행차(부품개발, 자율주행기술개발 포함) 개발에 박차를 가하고 있으며, 정부에서도 전략산업으로 선정하여 지원을 아끼지 않고 있다. 자율주행차 개발이나 제조 등 자율주행차와 직접적인 분야 외에도 연관 산업에서도 많은 직업과 일자리가 생겨날 것으로 기대된다. 고정밀 도로지도와 공간정보를 개발하는 지리정보시스템(GIS)전문가, 자율주행차에 필요한 전기전자 부품이나 반도체, 배터리 등을 개발·제조하는 전기·전자공학 기술자, 자율주행차 운행에 적합한 도시와 지능형 도로를 설계·구축하는 교통설계전문가와 도시공학기술자, 지능형 도로의 IT 시스템을 설계·구축하는 정보통신공학자, 자율주행차의 디지털 보안을 담당하는 정보보호전문가, 자율주행차 간 혹은 자율주행차와 도로 사이에서 생성되는 데이터를 분석하고 안전하고 효율적인 방안을 제시하는 빅데이터전문가 등에 대한 수요도 증가할 것으로 기대된다.

9) 스마트팜[13] 전문가

전라남도의 한 토마토 농장은 스마트팜을 도입하여 토마토 생산량이 무려 40% 이상 늘었고, 관리시간은 4배 이상 감소, 에너지 사용량도 35%나 절감하는 효과를 보았다. 온실이나 과수원, 축사 등에 사물인터넷 등의 정보통신기술(ICT)을 적용한 스마트팜은 미래 농촌과 농부의 모습을 획기적으로 변모시킬 것이다.

(1) 하는 일

스마트팜 전문가는 스마트팜 관련 기술과 장비를 개발하고 설치하며, 스마트팜 도입을 희망하는 농업인에게 컨설팅과 교육을 실시한다. 이들은 유리하우스, 축사, 과수원 등에 정보통신기술(ICT)을 적용해 자동으로 작물과 가축을 키우는 환경을 제어할 수 있는 스마트팜 시스템을 설계하는 일을 한다. 농가와 작물 품종에 따라 스마트팜 시설 구조와 형식, 재배 시스템, 구동기 등이 다르기 때문에 농가의 현장 조건에 최적화된 맞춤형 스마트팜을 설계하고, 실제 농가에 맞는 스마트팜을 구축하는 일도 담당한다.

---

13) 스마트팜: 농사기술에 사물인터넷(IoT), 인공지능 등의 정보통신 기술(ICT)과 각종 농업장치(난방기, 보온차광커튼, 물공급 장치 등)를 적용하여 온도, 습도, 일조량, 이산화탄소, 토양 등의 농업환경 데이터를 수집하고 모바일 기기로 식물이나 가축의 생장환경을 제어·관리할 수 있는 지능형 농장이다.

(2) 앞으로의 전망

정부는 스마트팜이 우리나라 농업의 경쟁력을 높일 수 있는 효과적인 방안으로 보고, 자금지원, 컨설팅, 기술개발 등의 지원을 아끼지 않고 있다. 스마트팜을 구축하고 운영하려면 원격제어를 위한 통신시설과 다양한 기기를 개발하고, 이를 스마트폰의 애플리케이션과 연동시키는 일을 담당할 전문가가 필요하다. 또 스마트팜을 설치하고 운영하는 회사도 필요하다. 아직은 관련 전문가와 회사가 많지 않기 때문에 향후 인력 수요를 고려했을 때 도전해 볼 만한 분야이다.

앞으로 스마트팜에 클라우드 기반의 데이터베이스 구축, 빅데이터 분석 및 활용, 인공지능 적용 등이 도입되고, 도심형 수직 스마트팜 등 다양한 형태의 스마트팜이 확산되면 관련 전문가에 대한 인력수요는 더욱 증가할 것으로 기대된다.

10) 환경공학사

우리는 이상기후와 해양쓰레기로 고통 받는 북극곰과 고래의 뉴스를 하루가 멀다 하고 접하고 있고, 요즘은 외출할 때마다 미세먼지 농도를 확인하는 실정이다. 환경오염을 방지하고 우리 주변의 자연환경을 개선할 수 있는 환경공학은 지구의 미래를 지키는 기술이다. 이제 아픈 지구의 모습을 외면하기보다 함께 고민해야 할 때이다.

(1) 활동분야

환경공학자는 공학적인 원리를 활용하여 대기환경, 수질환경, 폐기물환경, 토양환경, 해양환경 등 다양한 환경 문제를 해결하기 위해 각종 연구와 조사를 하거나, 환경영향평가 업무를 한다. 또 환경오염방지와 환경보전을 위한 계획을 세우고 정책을 수립한다. 미세먼지 방지나 온실가스 저감을 위한 연구와 계획 수립도 환경공학자의 역할이다. 그리고 환경오염방지 시설과 공정을 설계하고 관련 장비를 개발하는 일을 하고 친환경 제품을 개발하는 일을 한다.

(2) 앞으로의 전망

기상이변 등 지구환경 위기와 자원고갈 위기에 '저탄소 친환경 패러다임'은 우리나라뿐 아니라 전 세계적인 흐름이다. 또 세계 각국 국민들은 빛, 소음, 미세먼지 등 생활환경 개선 및 자연환경 보전에 대한 요구를 키우고 있는 상황이다. 이에 세계 각국 정부도 공장신설이나 상품 수입 시 환경규제를 강화하는 추세이며, 환경산업을 자국의 성장 동력으로 하는 전략을 추진하고 있기 때문에 환경산업은 향후 급성장이 예상되는 분야이다.

국제적으로 기후변화의 대응을 위한 협약 체결 및 이행준수에 대한 압박으로 온실가스 저감, 연료 재활용, 토지의 친환경개발 등 분야에서 환경공학기술자와 환경컨설턴트에 대한 인력 수요가 지속적으로 발생할 것이다. 에너지 효율 제고, 온실가스 배출저감 진단 및 검증, 탄소배

출권 거래 등의 서비스 분야에서도 새로운 일자리가 창출될 것으로 기대된다.

11) 스마트 헬스케어[14] 전문가

올해 70세가 된 K씨는 당뇨와 고혈압을 갖고 있다. 하지만 매일 병원에 가지 않아도 스마트 헬스케어를 통해 관리를 받고 있다. 몸에 착용하는 웨어러블 기기로 혈당과 혈압을 측정하여 식사와 운동 등을 조절한다. 스마트 헬스케어는 개인의 건강과 의료에 관한 정보, 기기, 시스템, 플랫폼을 다루는 미래 산업이다. 기존 의료산업에 첨단 IT기술을 적용해 맞춤형 건강관리를 받을 수 있도록 하는 종합의료서비스다.

(1) 활동분야

스마트 헬스케어 전문가는 전문 분야에 따라 건강측정기 등 액세서리나 웨어러블 기기[15]를 활용하여 개인이 스스로 운동량, 심전도, 심장

---

14) 스마트 헬스케어: 건강관련 서비스와 의료 IT가 융합된 종합의료 서비스로서, 개인의 건강과 의료에 관한 데이터와 디바이스, 시스템, 플랫폼을 다루는 신산업 분야이다. 개인의 모바일 기기나 웨어러블 기기, 클라우드 병원정보시스템 등에서 확보한 생활습관, 신체검진, 의료이용정보, 유전체정보 등을 분석하여 개인맞춤형 건강관리가 가능하다.

15) 웨어러블 기기: 몸에 부착하거나 착용하여 사용하는 전자기기로, 주변 환경에 대한 상세 정보나 개인의 신체 변화를 실시간으로 수집하여 제공한다.

박동 등을 체크해 건강을 관리할 수 있는 헬스케어 서비스를 기획하거나 건강관리 애플리케이션을 개발하는 일을 한다. 또는 빅데이터를 분석하여 실제 헬스케어 서비스를 운영하는 일을 담당한다.

(2) 앞으로의 전망

굳이 병원에 가지 않아도 몸에 착용하는 헬스케어 웨어러블 기기와 스마트폰 등을 활용하여 언제 어디서나 건강관리를 받을 수 있는 스마트 헬스케어 시대가 열리고 있다. 사물인터넷이나 인공지능, 빅데이터, 센서 같은 첨단기술이 발전하면서 스마트 헬스케어 기기를 이용하여 심장맥박이나 혈당 수치, 섭취 칼로리, 운동량 등이 자동으로 기록됨에 따라 개인은 스스로 건강을 관리할 수 있고, 환자는 병원에 가지 않고도 원격으로 의사의 진단을 받을 수 있다. 즉, 의료서비스가 치료 중심에서 예방 중심으로 변화하고 있다.

또 실시간으로 수집되는 의료 데이터가 축적되면서 이를 분석하여 활용한 다양한 헬스케어 서비스가 등장할 것으로 기대하고 있다. 스마트 헬스케어는 국민의 의료비를 줄이고, 건강관리의 효율성을 높일 수 있는 장점으로 잠재 성장가능성이 무궁무진하며, 관련 장비 및 서비스 산업이 크게 성장할 것으로 기대되고 있다. 스마트 헬스케어 시장은 국내외로 성장 가능성이 매우 높아 관련 분야의 전망이 밝다고 할 수 있다.

12) 3D 프린팅 전문가

미국 항공우주국(NASA)는 달기지를 건설하고 우주정거장에서 필요한 부품을 직접 제작할 수 있는 3D 프린터를 개발했다고 한다. 영국 한 대학의 연구진들은 3D 각막을 인쇄할 바이오 잉크를 개발해 세계 최초로 인공 각막 제작에 성공했다.

3D 프린팅 기술은 원래 제품 개발 시 시제품(시험용 모형) 제작에 주로 사용되었으나, 현재는 기술이 크게 발전하여 실제 금속부품으로 곧바로 사용할 수 있을 정도로 발전하였고, 활용 분야도 자동차, 항공우주, 의료, 음식, 건설, 유지보수 등으로 광범위하게 활용되고 있다.

(1) 활동분야

3D 프린팅 전문가는 전문 분야에 따라 다양한 일을 한다.

3D 프린터 개발자는 3D 프린터[16] 또는 부품의 성능 향상을 위한 연구·개발을 한다.

3D 프린터용 재료 기술자는 3D 프린터에 사용될 다양한 소재와 기능의 재료를 연구하고 생산한다.

---

16) 3D 프린터: 3차원 설계도(3D 모델)를 바탕으로 입체적인 물건을 찍어내는 기계이다. 플라스틱·금속·나일론 등 가는 선 모양의 재료를 3D 프린터에 넣고, 디지털 설계도를 3D 프린터에 전송하면, 선 모양의 재료가 한층 한층 쌓이면서 입체 물건을 만든다.

3D 프린팅 컨설턴트는 기업이 자사의 제품 생산 과정에 3D 프린팅 기술을 접목하고자 할 때 기술자문을 한다.

3D 프린터 운용사(3D 프린터운용기능사)는 기업 또는 개인의 요청에 따라 3D 모델링을 하여 3D 프린터로 출력한 후 입체 출력물을 후 가공(표면다듬기, 채색 등)하는 일을 하며, 장비를 유지 보수하는 일도 이들의 몫이다.

3D 모델러는 컴퓨터와 스캐너로 3D 모델링 업무를 전문으로 하는데, CAD(설계·디자인용 소프트웨어)를 사용해 3차원 출력물의 형상 정보를 새로 만들거나, 3D 스캐너 등을 사용해 자동차, 항공, 메디컬 등 응용 분야에 적합하도록 3D 디지털 정보를 생성하는 일을 한다.

바이오 인공장기 제작사는 환자를 위한 개인 맞춤형 인공 턱뼈나 치아, 귀 등의 장기를 전문적으로 제작하는 일을 한다.

3D 프린터 강사는 3D 프린터를 도입하려는 기업이나 창업 희망자, 취미로 즐기는 개인, 학생 등을 대상으로 3D 프린터 제작 방법이나 사용 방법 등을 교육한다.

(2) 앞으로의 전망

3D 프린터는 본래 기업에서 부품이나 제품을 개발하는 과정에서 빠르고 값싸게 모형을 만들기 위한 용도로 개발되어 사용되었으나, 현재는 3D 프린팅 기술이 비약적으로 발전하여 제조, 건설, 의료, 항공·우주, 로봇, 자동차 등 여러 산업에서 모형 제작은 물론이고 실제 부품이

나 제품을 만들어 사용하고 있으며, 최근에는 건물이나 바이오 인공장기(귀 등)를 만드는 단계까지 응용 분야가 넓어졌다. 이에 따라 예전에 비해 3D 프린터 제조업체나 재료 업체, 콘텐츠 업체도 많아지고 있으며, 관련 산업의 매출도 지속적으로 증가하고 있다. 단종되거나 구하기 어려운 부품이나 인공치아, 인공뼈, 인공관절과 같은 보형물을 제작하는 등 3D 프린터는 다양한 산업 분야에 활용되고 있다.

3D 프린터는 제조업 혁신을 이끌 핵심 기술로, 각국에서는 관련 산업을 키우기 위해 노력하고 있다. 우리나라 정부도 3D 프린팅 산업 육성과 전문 인력 양성에 지원과 노력을 하고 있다. 고용노동부도 국가기술자격인 '3D 프린터운영기능사', '3D 프린터개발산업기사' 자격종목을 신설하여 2018년에 1차 시험을 실시하였다.

13) 드론 전문가

조종사가 탑승하지 않고도 비행과 조종이 가능한 무인기를 드론(drone)이라고 부른다. 드론은 무인항공기(UAV), 무인비행기(무인기) 등으로 다양하게 불린다. 드론은 사람이 가기 어려운 재난 현장에서 사람을 수색하거나, 육지에서 멀리 떨어진 섬에 택배를 보낼 수도 있다. 또한 농업 현장에서는 논밭에 농약이나 비료를 뿌리고, 방송에서는 하늘에서 촬영한 영상을 생중계하기도 한다. 비행제어 기술의 발전으로 조작이 더욱 쉬워지면서 활용범위가 점점 넓어지고 있는 드론은 이제는 산업현장과 생활에 없어서는 안 될 장비가 되었다.

(1) 활동분야

드론 전문가는 전문 분야에 따라 크게 드론조종사와 드론개발자로 구분된다. 드론조종사는 다양한 형태의 드론을 전문적으로 조종하는 일을 한다. 구체적 절차를 보면, 비행 전에 드론의 상태를 확인하고 배터리, 작동여부, 주파수, GPS 수신, 촬영 장비의 부착 상태 등을 점검한다. 목적에 따라 드론에 부착된 촬영 장비를 조작하여 항공 촬영, 항공 측량, 농약 살포, 택배, 군사용 무인기 조종 등의 업무를 한다.

드론개발자는 새로운 드론을 개발하거나 성능 향상을 위한 기술 개발 업무를 한다. 세부 업무를 구체적으로 보면, 드론기체, 모터, 통신기기, 비행제어장치, 조종 장치 등을 연구·개발한다. 드론의 비행을 제어하는 소프트웨어(좌표인식, 지도연동, 자율비행, 지상 통제 소프트웨어 등)를 개발한다.

(2) 앞으로의 전망

드론의 쓰임은 점점 다양해지고 있다. 촬영용, 레저용, 군사용, 산업용, 학술용 등에서 감시용, 연구개발용, 범죄수사용, 물류용, 통신용 등으로 쓰임새가 확대되고 있다. 현재 가장 쉽게 접할 수 있는 상업용 드론은 촬영용이다. 과거에는 헬기 등으로 항공촬영을 하였으나 최근에는 드론에 카메라를 장착하여 헬리캠, 즉 촬영용 드론으로 제작해 촬영

한다. 사람의 접근이 어려운 곳, 쉽게 이동할 수 없는 곳으로 이동하여 다양한 각도와 위치에서 촬영할 수 있어 재해 현장, 스포츠 생중계, 탐사보도 등에 활용된다. 그 밖에 드론은 적지에서 적군의 상황을 정탐하고, 위험한 화재 현장에서 소화액을 뿌린다. 또 농지나 해충 피해 지역에 농약이나 약품을 뿌리고, 지도 제작이나 건설현장 관리를 위한 측량에 사용되기도 한다.

앞으로 드론 산업은 더욱 성장할 것이다. 국토교통부 자료에 따르면 드론장치 신고 건수, 사용사 업체 수, 자격취득 수 모두 증가하고 있다. 기업 역시 드론 활용에 적극 나서고 있다. 현재, 세계 드론시장의 최강자는 중국 기업이지만, 우리나라 청년 기업들도 기술개발에 박차를 가하고 있기 때문에 충분히 세계시장의 문을 두드릴 것으로 기대된다.

14) 소프트웨어 개발자

우리가 숙제할 때 사용하는 문서작성 프로그램이나 스마트폰에서 사용하는 앱을 비롯하여 로봇이나 자동차 등 기계가 작동하도록 하는 운영체계도 소프트웨어이다. 또 집에서도 편하게 택시를 호출할 수 있는 카카오 택시 앱, 개인 간 숙박 공간을 연결해주는 에어비앤비(Airbnb)앱, 쉽고 빠르게 돈을 송금해주는 토스(Toss)앱 등을 통해 우리의 생활은 더욱 편리해졌다. 생활 곳곳의 편의를 돕는 이런 애플리케이션이 응용소프트웨어다. 넓은 의미에서는 컴퓨터 운영체제에서 실행되는 모든 소프트웨어를 뜻하지만, 요즘은 주로 모바일에 적용되는 소프트웨어를 응용소프트웨어라고 한다. 스마트폰이 대중화되면서 더욱 다양하고 편리한 응용소프트웨어가 개발되고 있다.

(1) 활동분야

소프트웨어 개발자는 크게 시스템 소프트웨어 개발자와 응용 소프트웨어 개발자로 구분된다. 시스템 소프트웨어 개발자는 컴퓨터시스템의 가장 기본적인 프로그램으로, 컴퓨터 또는 컴퓨터가 내장된 로봇이나 산업설비 등 기계장치에 사용되는 컴퓨터시스템의 동작, 제어 및 관리와 관련된 시스템소프트웨어를 개발하는 일을 한다.

응용 소프트웨어 개발자는 컴퓨터시스템을 특정 응용 분야에 사용하기 위하여 제작된 소프트웨어를 개발하는 일을 한다. 예를 들어 워드프로세서, 스프레드시트, 웹브라우저, 회계관리프로그램, 통계처리프로그램, 이미지 편집용 툴, 전자결재시스템, 발권시스템 등의 응용소프트웨어를 개발한다.

(2) 앞으로의 전망

현대 사회에서 거의 모든 경제활동(상품거래, 금융, 물류 등)이 컴퓨터와 IT 시스템에 기반하여 이루어지고, 가전제품, 자동차, 휴대폰, 생산설비 등의 제품과 기계들도 컴퓨터시스템(임베디드 소프트웨어)이 탑재됨에 따라 소프트웨어 개발자에 대한 역할과 수요가 급증하고 있다. 글로벌 시장분석업체 밀워드 브라운(Milward Brown)에 따르면, IT 분야의 브랜드 가치가 가장 높고 성장률 또한 가장 높을 것으로 전망되고 있다.

정보화·디지털 사회인 현대에는 소프트웨어가 거의 모든 산업에 필수 도구로 사용된다. 회사나 학교, 공장 등 거의 모든 업무에서 소프트웨어를 사용한다.

최근에 4차 산업혁명의 기술 분야인 인공지능, 로봇, 드론, 헬스케어, 가상현실 및 증강현실, 자율주행차, 스마트 팜, 컴퓨터 보안, 클라우드 컴퓨팅 등의 기술이 발전하고 활용 분야와 수요가 커지면서, 해당 분야에 전문성과 역량을 갖춘 소프트웨어 엔지니어의 몸값도 높아지고 있다. 앞으로 소프트웨어 중심 사회는 더욱 진전될 것이기 때문에 이들에 대한 수요는 갈수록 더욱 커질 것이다.

15) 신·새생에너지[17] 전문가

2018년 여름 기록적인 폭염으로 전기 사용량이 급증해 전국 곳곳에서 정전사태가 발생했다. 에너지는 한정되어 있는데 사용량이 너무 많

---

17) 신재생에너지: 신에너지와 재생에너지를 합쳐 부르는 말이다. 재생에너지에는 태양광, 태양열, 바이오, 풍력, 수력 등이 있고, 신에너지에는 연료전지, 수소에너지 등이 있다(네이버 지식백과, 시사경제용어사전).

았기 때문이다. 이러다가는 머잖은 미래에 에너지가 부족할 수도 있다. 이를 대비하기 위해 필요한 것이 연료전지, 수소 에너지, 태양광, 풍력, 지열, 폐기물 에너지 등의 신·재생에너지다. 석탄, 석유 등 화석연료를 대체하는 새로운 에너지란 뜻으로 신·재생에너지는 화석연료에 비해 깨끗하고 환경친화적인 에너지다.

(1) 활동분야

신·재생에너지 전문가는 태양광, 태양열, 풍력, 지열, 수력, 수소, 연료전지, 바이오, 폐기물 등 전문 분야에 따라 에너지 기술을 연구하고, 시스템 및 모듈, 부품, 태양광 패널 등 소재 개발, 축전지, 에너지 최적화를 위한 제어시스템 등을 개발하는 일을 한다. 그리고 신·재생에너지 설비업체에서 기술관리 및 설치 업무를 한다. 그 밖에 신·재생에너지를 도입하고자 하는 기업이나 개인 등에게 기술자문을 해 준다.

(2) 앞으로의 전망

세계 경제는 화석연료에 의해 급속도로 발전해왔지만, 지구온난화와 에너지 고갈 위기가 국제적 문제로 등장하면서 인류의 지속적인 발전이 위협받는 상황이 되었다. 그래서 국제적으로 기후변화협약을 통해 온실가스 감축 계획을 마련하여 시행하고 있다.

독일, 영국, 덴마크 등의 유럽 국가에서는 2050년까지 전체 에너지의 절반을 재생에너지로 공급한다는 전략을 수립하여 체계적으로 추진하고 있다. 우리 정부도 신·재생에너지 산업 육성과 인재양성을 위해 정책적 지원을 아끼지 않고 있다. 지구온난화와 에너지 비용 상승에 따라 세계 각국은 신·재생에너지 비중을 높이고 신·재생에너지 산업을 선점하기 위해 경쟁적으로 나설 것이기 때문에, 갈수록 신·재생에너지 산업은 성장할 것이다. 이에 신·재생에너지 관련 연구자와 기술자에 대한 수요도 지속적으로 증가할 것으로 기대된다.

PART 4

직업능력개발훈련

1. 직업능력개발훈련의 개요[18]

1) 근로자직업능력 개발법(약칭: 직업능력개발법)

(1) 목적

근로자의 생애에 걸친 직업능력개발을 촉진·지원하고 산업현장에서 필요한 기술·기능 인력을 양성하며 산학협력 등에 관한 사업을 수행함으로써 근로자의 고용촉진·고용안정 및 사회·경제적 지위 향상과 기업

---

[18] 『근로자직업능력 개발법』의 내용을 요약 정리하였다.

의 생산성 향상을 도모하고 능력중심사회의 구현 및 사회·경제의 발전에 이바지함을 목적으로 한다.

(2) 정의

① "직업능력개발훈련"이란 근로자에게 직업에 필요한 직무수행능력을 습득·향상시키기 위하여 실시하는 훈련을 말한다.

② "직업능력개발사업"이란 직업능력개발훈련, 직업능력개발훈련과정·매체의 개발 및 직업능력개발에 관한 조사·연구 등을 하는 사업을 말한다.

③ "직업능력개발훈련시설"이란 다음 각 목의 시설을 말한다.

　가. 공공직업훈련시설: 국가·지방자치단체 및 대통령령으로 정하는 공공단체가 직업능력개발훈련을 위하여 설치한 시설로서 고용노동부장관과 협의하거나 고용노동부장관의 승인을 받아 설치한 시설

　나. 지정직업훈련시설: 직업능력개발훈련을 위하여 설립·설치된 직업전문학교·실용전문학교 등의 시설로서 고용노동부장관이 지정한 시설

④ "근로자"란 사업주에게 고용된 사람과 취업할 의사가 있는 사람을 말한다.

⑤ "기능대학"이란 전문대학으로서 학위과정인 다기능기술자과정 또는 학위전공심화과정을 운영하면서 직업훈련과정을 병설 운영하는 교육·훈련기관을 말한다.

(3) 기본원칙

① 직업능력개발훈련은 근로자 개인의 희망·적성·능력에 맞게 근로자의 생애에 걸쳐 체계적으로 실시되어야 한다.

② 직업능력개발훈련은 민간의 자율과 창의성이 존중되도록 하여야 하며, 노사의 참여와 협력을 바탕으로 실시되어야 한다.

③ 직업능력개발훈련은 근로자의 성별, 연령, 신체적 조건, 고용형태, 신앙 또는 사회적 신분 등에 따라 차별하여 실시되어서는 아니 되며, 모든 근로자에게 균등한 기회가 보장되도록 하여야 한다.

④ 다음 각 호의 사람을 대상으로 하는 직업능력개발훈련은 중요시되어야 한다.

   가. 고령자·장애인

   나. 기초생활수급권자

   다. 국가유공자와 그 유족 또는 가족이나 보훈보상대상자와 그 유족 또는 가족

   라. 5·18민주유공자와 그 유족 또는 가족

   마. 제대군인 및 전역예정자

   바. 여성근로자

   사. 중소기업 근로자

   아. 일용근로자, 단시간근로자, 기간을 정하여 근로계약을 체결한 근로자, 일시적 사업에 고용된 근로자

   자. 파견근로자

⑤ 직업능력개발훈련은 교육 관계법에 따른 학교교육 및 산업현장과 긴밀하게 연계될 수 있도록 하여야 한다.

⑥ 직업능력개발훈련은 근로자의 직무능력과 고용가능성을 높일 수 있도록 지역·산업현장의 수요가 반영되어야 한다.

2) 직업능력개발훈련시설

직업능력개발훈련을 실시할 수 있는 시설에는 공공직업훈련시설과 지정직업훈련시설이 있다.

공공직업훈련시설은 국가·지방자치단체 및 대통령령으로 정하는 공공단체(한국산업인력공단, 한국장애인고용공단, 근로복지공단)가 직업능력개발훈련을 위하여 설치한 시설이다. 국가·지방자치단체 또는 공공단체는 공공직업훈련시설을 설치·운영할 수 있다. 이 경우 국가 또는 지방자치단체가 공공직업훈련시설을 설치하려는 때에는 고용노동부장관과 협의하여야 하며, 공공단체가 공공직업훈련시설을 설치하려는 때에는 고용노동부장관의 승인을 받아야 한다(근로자직업능력개발법 제27조(공공직업훈련시설의 설치 등)).

지정직업훈련시설은 직업훈련을 위해 설립·설치된 직업전문학교·실용전문학교 등의 시설로, 고용노동부장관이 지정한 시설이다(근로자

직업능력개발법 제2조(정의) 제3항). 지정직업훈련시설을 설립·설치하여 운영하려는 자는 해당 훈련시설을 적절하게 운영할 수 있는 인력·시설 및 장비 등을 갖추고 훈련 직종에 관련된 직업능력개발 훈련교사 1명 이상을 두어야 한다.

3) 직업능력개발훈련기관

직업능력개발훈련기관은 직업교육훈련을 실시하는 기관 또는 시설로서, 다음과 같은 종류가 있다.

① '근로자직업능력개발법'에 의한 직업능력개발훈련시설 및 직업능력개발훈련법인(직업능력개발훈련을 비롯해 근로자의 직업능력개발을 위한 조사·연구사업, 직업훈련 과정 및 매체 등의 개발·보급 사업을 실시).

② 대통령령이 정하는 비영리법인 및 단체 등 직업능력개발단체

③ '고등교육법'에 의한 학교

④ '평생교육법'에 의한 평생교육시설로, 사내대학 형태 평생교육시설, 학교 형태 평생교육시설, 사업장 부설 평생교육시설, 언론기관 부설 평생교육시설, 학교 부설 평생교육시설, 원격대학 형태의 평생교육시설, 원격 평생교육시설, 시민단체 부설 평생교육시설, 지식·인력개발사업 관련 평생교육시설 등

⑤ '학원의 설립·운영 및 과외교습에 관한 법률'에 의한 학원

⑥ 소속 근로자 등의 직업훈련을 위한 전용시설을 운영하는 사업주 또는 사업주 단체(근로자직업능력개발법 제28조)

⑦ 기능대학 및 기술교육대학(근로자직업능력개발법 제39조)

⑧ 기타 개별법에 의한 훈련시설

4) 직업능력개발훈련의 종류

(1) 훈련 대상에 따른 구분

직업훈련을 대상별로 구분하면 크게 재직자 훈련과 실업자 훈련으로 구분된다.

재직자 훈련은 근로자의 직무능력 향상을 위하여 사업주가 근로자에게 훈련을 실시하거나 근로자 스스로 훈련을 받는 경우로, 비용을 지원한다. 훈련 종류로는 기업지원, 개인지원, 공동훈련 등이 있다.

실업자 훈련은 실업자가 취업능력 또는 기초 직무능력 습득을 위하여 정부가 훈련기관에 실업자 훈련을 위탁하거나 실업자가 스스로 훈련을 받는 경우로, 정부가 비용을 지원한다. 훈련 종류로는 민간훈련, 공동훈련 등이 있다.

(2) 훈련 목적에 따른 구분

직업훈련은 훈련 목적에 따라 양성훈련, 향상훈련, 전직훈련으로 구분된다.

양성훈련(실업자 훈련)은 근로자(사업주에게 고용된 사람과 취업할 의사가 있는 사람)에게 취업능력 또는 기초 직무능력을 습득시키기 위하여 실시하는 직업훈련을 말한다.

향상훈련(재직자 훈련)은 양성훈련을 받은 사람이나 직업에 필요한 기초 직무능력을 가지고 있는 사람에게 더 높은 직무수행능력을 습득시키거나 기술 발전에 맞추어 지식·기능을 보충하게 하기 위하여 실시하는 직업훈련을 말한다.

전직훈련은 근로자에게 종전의 직업과 유사하거나 새로운 직업에 필요한 직무수행능력을 습득하기 위하여 실시하는 직업훈련을 말한다.

(3) 훈련 방법에 따른 구분

직업훈련은 훈련 방법에 따라 집체(集體)훈련, 현장훈련, 혼합훈련 등으로 구분 할 수 있다.

집체훈련은 직업훈련을 실시하기 위하여 설치한 훈련전용시설이나 그 밖에 훈련을 실시하기에 적합한 시설(산업체의 생산시설 및 근무장소는 제외)에서 실시하는 훈련 방법을 말한다.

현장훈련은 산업체의 생산시설 또는 근무 장소에서 실시하는 훈련방법을 말한다.

원격훈련은 먼 곳에 있는 사람에게 정보통신매체 등을 이용하여 실시하는 훈련 방법(인터넷 과정, 우편과정-교재활용)을 말한다.

혼합훈련은 상기의 3가지 훈련방법을 2개 이상 병행하여 실시하는 훈련방법을 말한다.

2. 직업능력개발훈련 사업내용[19]

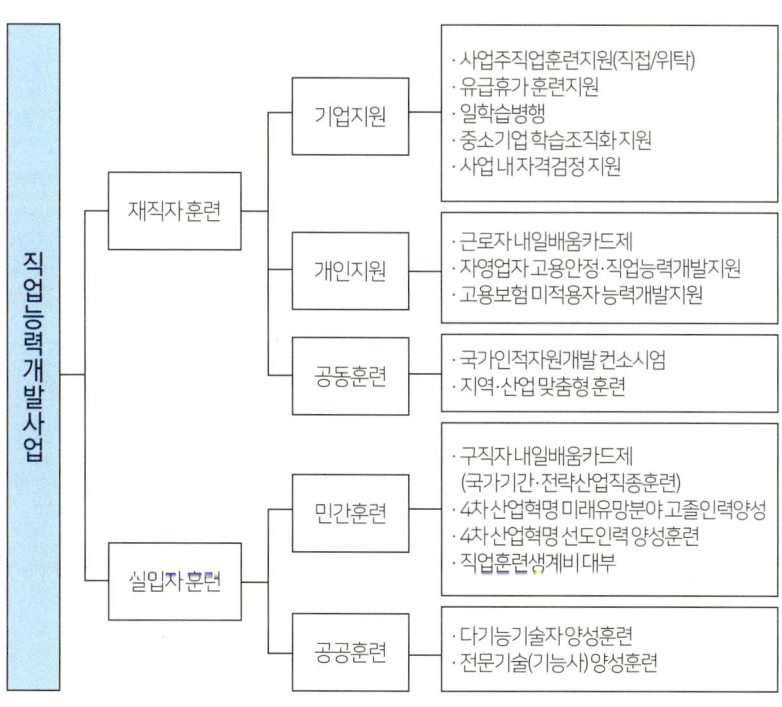

<직업능력개발훈련 사업체계>

* 출처: 고용노동부(2019년 직업능력개발사업현황)

---

19) 고용노동부(2019) 『2019년 직업능력개발사업현황』 중 "직업능력개발지원사업" 내용 요약 정리.

1) 재직자 훈련

(1) 기업지원(사업주가 근로자 대상으로 직업훈련을 실시하는 경우)

▶ 사업주 직업훈련지원

고용보험가입 사업주가 소속근로자, 채용예정자, 구직자 등을 대상으로 고용노동부장관의 인정을 받은 직업훈련을 자체훈련시설에서 직접 실시하거나 훈련기관에 위탁하여 집체, 현장, 원격, 혼합 등의 방법으로 훈련을 실시하는 경우 지원을 받을 수 있다. 지원조건과 내용은 훈련방법에 따라 조금 차이가 있지만, 훈련을 실시하는 데 소요된 훈련비와 숙식비, 기숙사 운영비(이상 사업주에 지급), 훈련수당(근로자에 지급) 등의 일부가 지원된다. 또한 기업 규모에 따라 지원되는 비용도 차등 지급된다. 원격훈련(인터넷원격훈련, 스마트훈련[20], 우편원격훈련 등)의 경우 규정된 지원 단가에 의해 훈련비가 지원된다.

▶ 유급휴가지원

유급휴가훈련 지원은 소속 근로자에게 유급휴가를 부여해 중·장기의 직업훈련을 실시하는 사업주에 대한 지원 제도이다. 우선지원 대상

---

[20] 스마트훈련이란 위치기반서비스, 가장현실 등 스마트 기기의 기술적 요소를 활용하거나 특성화된 교수 방법을 적용하여 원격 등의 방법으로 실시되고 훈련생 관리 등이 웹상에서 이루어지는 훈련을 말한다.

기업[21] 또는 상시근로자 150명 미만 사업자의 경우, 근로자를 대상으로 계속해서 5일 이상의 유급휴가를 주어 20시간 이상의 훈련을 실시할 경우 훈련비 및 훈련참여 근로자의 임금의 일부를 지원한다. 30일 이상의 유급휴가를 주어 120시간 이상의 훈련을 실시하면서 대체인력을 고용할 경우에는 훈련비 및 훈련 참여 근로자의 임금 외에 대체인력에 대한 임금의 일부도 지원한다. 그 외 기업의 경우, 1년 이상 재직하고 있는 근로자를 대상으로 계속해서 60일 이상의 유급휴가를 주어 180시간 이상의 훈련을 실시할 경우 훈련비 및 훈련 참여 근로자의 임금의 일부를 지원한다.

▶ 일학습병행

일학습병행제는 산업현장에서 요구하는 실무형 인재를 양성하기 위해 기업이 취업을 원하는 청년 등을 학습근로자로 채용하여 기업현장(또는 학교 등의 교육기관)에서 장기간의 체계적 교육을 제공하고, 교육훈련을 마친 자의 역량을 국가(또는 해당 산업계)가 평가하여 자격을 인정하는 제도이다.

지원대상 참여기업은 상시근로자 수 20인(단독기업형: 50인) 이상이면서 기술력을 갖추고 CEO의 자체 인력양성의지가 높은 기술기업을 원칙으로 한다. 지원 대상 훈련과정은 채용자에 대한 양성훈련(1년~4년)이

---

[21] 우선지원 대상기업의 범위(고용보험법 시행령 제12조 제1항): 제조업 – 500명 이하 / 광업, 건설업, 운수업 및 통신업, 정보통신업, 사업시설관리, 사업 지원 및 임대 서비스업, 전문·과학 및 기술 서비스업, 보건 업 및 사회복지 서비스업 – 300명 이하 / 도·소매업, 숙박 및 음식점업, 금융 및 보험업, 예술, 스포츠 및 여가관련 서비스업 – 200명 이하 / 그 외 100명 이하

다. 참여기업에는 인프라 구축지원(훈련과정 개발, 학습도구지원·컨설팅), 훈련지원금(현장훈련(OJT)비용, 현장 외 훈련(OFF-JT)비용, 일학습병행 훈련장려금(월 40만원 한도), 기업 전담인력지원(기업현장교사 수당(연400~1,600만원)), HRD 담당자 수당(연300만원), 기업현장교사 및 HRD담당자 교육 등이 지원된다.

<일학습병행 유형>

구분	대상 및 유형	명칭	주요내용
재직자	단독기업형 (상시근로자 50인 이상)		명장기업, 우수기술기업 등 개별 기업에서 현장훈련(OJT)과 현장 외 훈련(OFF) 실시
	듀얼공동훈련센터형 (상시근로자 20인 이상)		대기업·대학·산업별단체 등이 여러 중소기업을 대상으로 공동훈련센터에서 현장 외 훈련(OFF-JT) 실시·지원
재학생	<고교단계> 특성화고 2~3학년	산학일체형 도제학교	학교와 기업을 오가며 직업교육+도제훈련→현장성 제고
	<고교+전문대>	Uni-Tech	고교과정과 전문대 과정을 통합하여 기간단축 및 조기입직 유도
	<전문대 단계> 전문대 2학년	전문대 단계 일학습병행	직업교육 중심으로 운영되고, 조기취업이 가능한 전문대학 2학년 재학생을 대상으로 하는 일학습병행
	<대학교 단계> 4년제大 3~4학년	IPP형 일학습병행	3~4학년 학생이 학기제(4~6월) 방식 장기현장실습 + 일학습병행
後학습		P-TECH	도제학교 졸업생 등을 대상으로 지역폴리텍 등과 연계하여 융합·신기술 중심의 고숙련훈련과 학위취득을 지원

*출처: 2019년 직업능력사업현황(고용노동부)

▶ 사업 내 자격검정 지원

사업 내 자격검정 지원은 소속근로자를 대상으로 기업의 특성에 맞는 자격을 개발·운영하고 있는 사업주에게 지원한다.

지원내용으로는 첫째, 자격검정개발비로 종목별 검정개발비의 1/2 범위 내에서 1,200만원까지 지원(1회 한도)한다. 우선지원 대상기업은 1,500만원까지 지원하고 기존 검정개발비 지원을 받고 있거나 종료된 기업에서 국가직무능력표준(NCS)반영하여 자격개편 시 검정개발비의 1/2을 추가 지급한다. 둘째, 검정운영비로 종목별 검정운영비의 1/2 범위 내에서 연간 1,000만원 한도로 3년간 지원한다. 우선지원 대상기업은 연간 1,200만원 한도로 10년간 지원한다(단, 검정운영비 지급기간이 종료된 이후, 기존 참여기업에서 사업 내 자격관련 내용 보완 시, 보완일로부터 1년 이내 보완한 비용에 한해서 검정운영비의 1/2을 종목당 최고 3,000만원 한도로 추가 지급 가능).

지원요건은
① 일정한 요건을 갖추고 한국산업인력공단의 확인심사를 받을 것
② 사업주가 단독 또는 공동으로 당해 사업 및 당해 사업과 관련된 사업의 근로자를 대상으로 실시하는 자격검정일 것
③ 자격종목이 당해 사업에 필요한 지식 및 기능과 직접 관련될 것
④ 자격검정이 영리를 목적으로 하지 않을 것
⑤ 해당 자격을 취득한 근로자에게는 승진·승급·보수 등에서 우대할 수 있는 규정을 제정하여 시행하고 있을 것

⑥ 해당 자격을 취득하려고 하는 근로자에게 검정 사업과 관련하여 검정 수수료 등 모든 비용을 받지 아니할 것

⑦ 해당 자격에 대하여 2회 이상의 검정 실적이 있을 것

⑧ 사업주가 근로자의 기술향상을 위하여 실시하는 자격검정 사업 시행을 위한 규정을 재정하여 실시하되, 사업 내 자격검정사업실시규정에 다음 각 목의 사항을 포함할 것.

> 가. 사업 내 자격검정사업의 운영목적 및 자격종목의 직무내용에 관한 사항
>
> 나. 자격종목, 검정방법, 합격결정기준 및 검정에 응시할 수 있는 자격에 관한 사항
>
> 다. 자격검정의 실시, 횟수, 시기 및 장소에 관한 사항
>
> 라. 사업 내 자격검정사업의 운영에 필요한 조직에 관한 사항
>
> 마. 자격검정을 실시하는 경우 출제, 채점 및 감독에 관한 사항
>
> 바. 합격자의 사후관리에 관한 사항
>
> 사. 공정한 검정의 실시 확보에 관한 사항
>
> 아. 자격 취득자의 우대에 관한 사항
>
> 자. 그 밖에 자격검정 실시에 필요한 사항
>
> ※ 제출서류 : 사업 내 자격검정사업신고서, 신청일이 속한 회계연도의 전년도 결산서류, 자격검정, 실시 계획서, 사업내자격검정실시 규정

(2) 개인지원(근로자 스스로 직업능력개발을 하는 경우)

▶ 근로자 내일배움카드제

근로자 내일배움카드제 지원대상자는 고용보험 피보험자 중

① 우선지원대상기업 소속 피보험자

② 기간제·단시간·파견·일용근로자

③ 180일 이내 이직예정자

④ 고용보험 가입기간이 3년 이상이고, 그 기간 동안 3년간 사업주훈련 및 근로자 개인지원훈련 이력이 없는 피보험자

⑤ 대규모 기업 45세 이상이거나 월 임금총액 250만원 미만인 사람

⑥ 육아휴직 중인 사람

⑦ 경영상의 이유로 90일 이상 무급휴직·휴업 중인 자

⑧ 고용보험 체납액이 없는 자영업자(임의가입)

⑨ 고용보험 미성립 사업장의 재직근로자

⑩ 사업기간이 1년 이상이면서 최근 1년간 매출과세표준(수입금액)이 15,000만원 미만인 사업자(간이과세자 또는 휴업신고자의 경우 1년 미만인 경우도 지원가능)

⑪ 사업기간이 1년 이상 계속적·반복적으로 근로를 제공하면서 최근 1년간 사업소득이 15,000만원 미만인 특수형태근로종사자(월평균 소득액이 250만원 미만인 경우 사업기간 관계없이 지원가능) 등

지원내용은 고용센터에서 훈련을 받을 수 있는 내일배움카드를 발급받을 수 있으며, 본인이 원하는 훈련과정(훈련기관은 고용노동부 장관이 인정한 훈련과정 개설)을 확인 후 내일배움카드를 이용해 훈련에 참여할 수 있다. 훈련기관은 정부로부터 훈련비를 지급받는 형태의 능력개발 지원 제도이다.

근로자 직업능력개발카드를 신청/발급받아 근로자직업능력개발 훈련과정을 수강하는 경우 1인당 연간 200만원 한도 내에서 훈련과정에 따라 60%~100% 지원받을 수 있다.

단, 근로자 수강지원금/(구)능력개발카드/근로자 직무능력향상 지원금/내일배움카드제(재직자) 및 근로자 직업능력개발훈련 지원금을 모두 합산하여 해당 보험연도에 200만원, 5년간 300만원을 초과할 수 없으며, 훈련부정 등으로 패널티를 적용 받을 경우 지원한도액이 삭감된다.

▶ 자영업자 고용안정·직업능력개발지원

자영업자 고용안정·직업능력개발지원은 고용보험 임의가입 자영업자가 지원대상이며 고용보험 임의가입 자영업자의 지속적인 직업능력개발을 지원하여 자영업자의 고용안정을 도모하기 위함이다. 직업능력개발지원금은 훈련비용의 100%를 지원(음식 및 기타 서비스 직종은 60% 지원)하고 훈련장려수당도 지원한다(1일 1만 8천원). 취업훈련지원금(고용보험 임의가입 자영업자 중 폐업예정자)은 실 훈련비의 20~95% 지원(일반 계좌제와 동일)한다. 지원한도는 1인당 1년간 200만원이며 5년간 300만원을 지원한다.

▶ 고용보험 미적용자 능력개발지원

사업주 및 사업주단체 등이 다수의 중소기업과 훈련 컨소시엄을 구성하고 자체 인프라를 활용하여 프리랜서 등 고용보험 미적용자 대상 훈련을 제공하는 경우 훈련비를 지원한다. 지원대상은 프리랜서, 자영업자 등 고용보험 미가입자이다. 훈련시설과 장비비는 연간 15억 한도(소요비용의 80%), 운영비는 연간 4억 한도(소요비용의 100%)이며 전담인력 인건비는 80%이고 프로그램 개발비는 연간 1억 한도(소요비용의 100%)로 지원한다.

(3) 공동훈련

▶ 국가인적자원개발 컨소시엄

훈련 인프라 등 제반 여건이 어려운 중소기업들에게 공동훈련장을 제공하여 기술력을 향상시킬 수 있도록 훈련시설비·장비비·운영비 등을 지원하는 사업이다. 재직근로자 향상훈련 또는 채용예정자에 대한 양성훈련으로 지원대상은 다수의 중소기업과 컨소시엄을 구성하여 해당 중소기업 근로자를 대상으로 직업능력개발훈련을 실시하는 기업 및 사업주 단체 등이다. 훈련시설과 장비비는 연간 15억 한도(소요비용의 80%), 운영비는 연간 4억 한도(소요비용의 100%)이며 전담인력 인건비는 80%이며 프로그램 개발비는 연간 1억 한도(소요비용의 100%)로 지원한다.

▶ 지역·산업 맞춤형 훈련

　지역별 기업의 인력수요에 기반한 산업계 주도의 새로운 인력양성체계 구축을 위해 지역단위에 지역상의 경총 등 지역을 대표하는 산업계를 중심으로 자치단체·노동단체·지방고용노동관서·지방중소벤처기업청·교육청 등이 참여하는 지역인적자원개발위원회(RSC: Regional Skills Council)를 구성하여, 공동수요조사 → 공동훈련 → 채용에 이르는 인력양성체계를 구축한 사업이다(2019년 현재 16개 지역인적자원개발위원회가 구성, 운영 중).

　지역인적자원개발위원회에는 인건비와 수요조사비, 운영비 등 연간 6억 원 한도에서 지원한다. 지역 공동훈련센터에는 훈련시설과 장비 구축비용으로 연간 15억 원 한도(공동훈련센터 20% 대응투자), 훈련비는 사업주훈련 환급방식 또는 실비지원방식으로 지원하며 운영비(인건비 포함)는 연간 최대 3억 원 한도(인건비는 대응투자 20%), 프로그램개발비는 2억 원 한도로 지원한다.

<지역·산업 맞춤형 훈련>

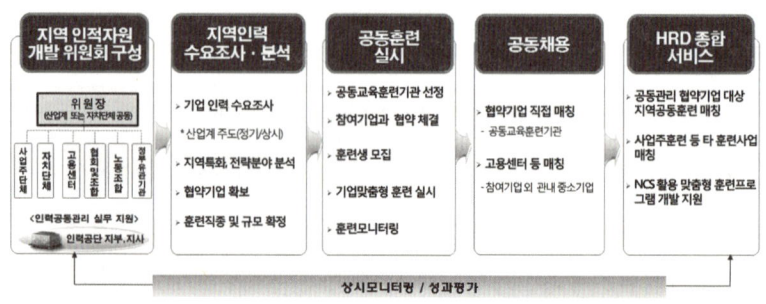

* 출처: 2019년 직업능력사업현황(고용노동부)

2) 실업자 훈련

(1) 민간훈련(실업자가 직업훈련을 받는 경우)

▶ 국민내일배움카드

급격한 기술발전에 적응하고 노동시장 변화에 대응하는 사회안전망 차원에서 생애에 걸친 역량개발 향상 등을 위해 국민 스스로 직업능력개발훈련을 실시할 수 있도록 훈련비 등을 지원한다.

- 대상자 : 국민내일배움카드는 국민 누구나 신청할 수 있다.

  제외 대상자: ① 공무원

  ② 사립학교 교직원

  ③ 졸업예정이외 재학생

  ④ 연 매출 1억 5천 만원 이상의 자영업자

  ⑤ 월 임금 300만 원 이상의 대기업근로자(45세 미만)

  ⑥ 특수형태근로종사자

- 실업, 재직, 자영업 여부에 관계없이 국민내일배움카드 한 장으로 5년간 사용가능

- 개인당 300~500만원의 훈련비용 지원

  ① 취업성공패키지 I 참여자 등 저소득계층에게는 500만원 지원

  ② 국가기간·전략사업직종, 과정평가형 자격과정 등 특화과정은 훈련비 전

액 지원

- 훈련참여자는 훈련비의 일부를 자부담(실업자, 재직자, 자영업자 등 자부담 비율 동일)

  ① 저소득계층 및 국가기간전략산업직종, 과정평가형 자격과정 등 특화과정은 자부담 없음

  ② 자부담 수준은 직종별 취업률 등에 따라 15~55% 차등 부과

  ③ 자부담 5%p 추가 부과종목(① 일반사무, ② 회계, ③ 요양보호사, ④ 음식조리, ⑤ 공예, ⑥ 바리스타, ⑦ 제과제빵, ⑧ 이·미용, ⑨ 문화콘텐츠 제작, ⑩ 간호조무사)

- 국민들은 상담절차를 거쳐 개인에 맞는 훈련을 선택하여 수강

- 개인의 훈련이력, 계좌잔액 등의 정보는 HRD-Net을 통해 실시간 확인 가능

- 국민내일배움카드 신청방법

  가까운 고용노동센터를 방문하거나 HRD-Net를 통해 신청

- 훈련과정 수강신청방법

  140시간 이상 훈련과정: 고용센터 상담을 통해 신청 가능

  140시간 미만 훈련과정: HRD-Net를 통해 신청가능

내일배움카드의 지원내용은 계좌발급일로부터 1년 간 직종별 취업률 등에 따라 훈련비의 20~90%를 최대 200만원까지 지원한다.

- 취업성공패키지 2유형 참여자는 실제 훈련비의 30~95%를 지원하고, 1유형 참여자는 최대 300만원(훈련비 90~100%)까지 지원.
- 훈련수료자(훈련수료 전 조기취업자 포함)가 훈련종료 후 6개월 이내 동일 직종으로 취·창업하여 6개월 이상 그 상태를 유지하면 자비로 부담한 정부지원승인 훈련비 전액 환급 신청 가능.

단위기간(1개월)마다 소정출석일수의 80% 이상을 출석하는 훈련생에게는 월 최대 116,000원의 훈련장려금을 지급한다. 취업성공패키지에 참여하는 훈련생은 6개월 간 월 최대 284,000원을 추가 지급한다.

국가기간·전략산업직종훈련은 훈련비 전액을 지원한다. 단위기간(1개월)마다 소정출석일수의 80% 이상을 출석하는 훈련생에게는 월 최대 116,000원의 훈련장려금을 지급한다. 취업성공패키지에 참여하는 훈련생은 6개월 간 최대 284,000원을 추가 지급한다.

신청방법은 HRD-Net '실업자등 직업능력개발훈련 교육 동영상' 이수 및 WORK-Net 구직신청 완료 후 거주지 인근의 고용센터(또는 고용복지플러스센터)를 방문하여 내일배움카드(직업능력개발계좌) 발급신청서를 제출한다.

※ 지원절차: 교육동영상 이수 및 구직신청 → 계좌발급 신청 → 훈련상담 → 계좌발급 결정 → 훈련신청·수강 → 훈련비·훈련장려금 정산·지급

▶ 4차 산업혁명 선도인력 양성훈련

빅데이터, IoT 등 신산업 분야의 전문 기술인력 수요 증가 등에 선도적으로 대응하고자 고학력 실업자 등을 대상으로 하는 융합형 고급훈련과정이다.

훈련대상은 실업자 등 직업능력개발실시규정에 따른 계좌 발급가능자 중 기본적인 학습능력을 갖추고 취업의지가 높은 구직자 중 훈련기관이 자율적으로 선발한다.

훈련기관 및 훈련과정은 스마트제조, IoT, 빅데이터, 정보보안, 바이오 등 4차 산업혁명 관련 분야에서 역량을 갖춘 민간기관을 공모하여 선도훈련과정을 선정한다(2019년 1차 14개 기관 18개 훈련과정(629명 선정)).

훈련비 전액(훈련기관에서 직접 지급)을 지원하며 단위기간(1개월) 소정훈련일수의 80% 이상 출석한 사람에게는 월 최대 116,000원의 훈련장려금이 지급된다(국가기간·전략산업직종훈련과 동일).

훈련기간은 3~10개월(350시간 이상)이며, NCS Level 5 이상의 고급 훈련수준이다. 복합문제 해결역량(complex problem solving skills)을 갖추기 위해 총 훈련시간의 25% 이상이 프로젝트 실습으로 편성된다.

훈련과정별 20~30명 정원으로 편성되며, 테스트를 통한 탈락제도 운영 등 효과적인 훈련을 위한 품질관리도 실시된다.

희망 훈련기관으로부터 훈련생으로 선발된 경우 훈련기관 소재지 관할 고용노동부 고용센터를 방문하여 계좌발급신청을 한다. 4차 산업혁명 선도인력 양성훈련에 대한 상세한 과정은 고용노동부 직업훈련포털

HRD-Net(www.hrd.go.kr)에서 검색할 수 있다.

※ 지원절차: 훈련생 선발(훈련기관) → 계좌발급 → 훈련수강 → 훈련장려금 지원

▶ 4차 산업혁명 미래유망분야 고졸인력양성

미래유망분야의 인력수요가 증가할 것으로 전망됨에 따라, 4차 산업혁명 분야에 전문성을 갖춘 고졸인력 양성의 필요성에 의한 사업이다. 특성화고 8개 학과를 선정하여 신산업 분야로 교육·훈련 프로그램 개편 및 특성화고·훈련기관 공동육성체계 구축을 지원하여 미래유망분야 고졸인력 양성 모델을 마련하기 위함이다. 교육과정 개편 컨설팅, 훈련프로그램비, 교원연수, 인프라구축 등을 지원한다.

<특성화고 선정현황>

특성화 분야	선정 특성화고 및 학과
사물인터넷	삼일공업고 사물인터넷과
	서울문화고 사물인터넷과
빅데이터	한봄고 빅데이터학과
스마트 제조	경기기계공업고 스마트설비과
	미래산업과학고 컴퓨터특허과
	한봄고 스마트제어과
바이오화공	서울공업고 바이오화공과
3D 프린터·드론·코딩	미래산업과학고 메이커창작과

▶ 직업훈련생계비 대부

<직업훈련생계비 대부절차>

■ 비정규직 근로자

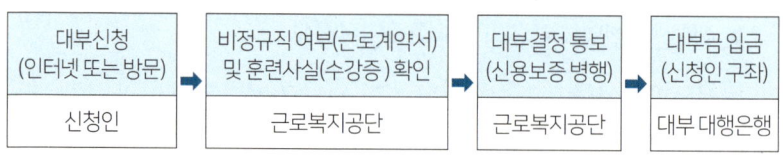

■ 전직 실업자

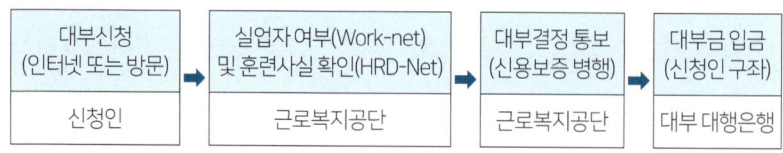

* 출처: 고용노동부(2019년 직업능력개발사업현황)

취약계층(비정규직, 전직실업자)이 직업훈련에 전념하여 더 나은 일자리로 이동할 수 있도록 지원하는 사업이다. 고용노동부에서 지원하는 3주 이상 직업훈련에 참여하고 있는 비정규직노동자 및 전직실업자로서 다음 소득요건을 충족하는 자(실업급여 수급중인 자는 제외)여야 한다.

① 부부합산 연간 소득금액이 4인 가구 중위소득('19년 기준 5,540만 원) 이하
② 특별고용지원업종 및 고용위기지역은 부부합산 연간 소득금액 8,000만 원 이하

월 단위 200만 원(1인당 1,000만 원 내) 한도이며, 상환조건은 연 1.0% 금리(1년 거치 3년 분할 상환, 2년 거치 4년 분할 상환, 3년 거치 5년 분할 상환 중 선

택)이다.

※ 특별고용지원업종 및 고용위기지역의 경우에는 1인당 2,000만원 한도

(2) 공공훈련

▶ 다기능기술자 양성훈련

고등학교 졸업(예정)자 또는 동등 학력 소지자 중 고등학교 내신(학생부)성적, 대학수학능력시험, 면접 등으로 선발한다. 훈련기간은 2년 과정(주간 및 야간, 일부 대학은 주간만 운영)으로 졸업 시 '산업학사'학위를 수여한다.

◆ 훈련생 특전

① 졸업 시 '산업학사' 학위수여(전문대졸과 동등 학력)

② 국가기술자격 산업기사 응시자격 부여

③ 희망자 전원 기숙사 제공(일부 대학 제외)

④ 재학 중 군입영 연기 등

※ 상담 문의처: 한국폴리텍대학 학사부(☎ 032-650-6642)
※ 한국폴리텍대학 홈페이지: www.kopo.ac.kr

▶ 전문기술(기능사)양성훈련

만 15세 이상 실업자 또는 일반고 3학년 진급예정자로서 수료 후 취

업을 원하는 비진학 예정자 중 면접에 의해서 선발한다. 훈련기간은 10월~1년 과정(주간), 단기과정(주간)이다.

◆ 훈련생 특전

① 기숙사 무료제공 및 훈련비, 식비 등 전액 국가지원

② 국가기술자격(기능사) 필기시험 면제 및 취업알선

③ 훈련수당 20만원과 교통비 5만원(통학생에 한함) 등

※ 상담 문의처: 한국폴리텍대학 학사부(☎ 032-650-6642)
※ 한국폴리텍대학 홈페이지: www.kopo.ac.kr

3. 국비지원직업훈련

1) 직업훈련포털(HRD-Net)

HRD-Net(www.hrd.go.kr)은 고용노동부에서 주관하고 한국고용정보원에서 운영하는 우리나라의 대표적인 직업능력개발 정보망이다. HRD-Net은 크게 두 가지 기능을 갖는다.

하나는 홈페이지 및 모바일 서비스를 통해 다양한 직업능력개발 정보와 학습콘텐츠를 제공하는 것이다. 직업능력개발 훈련기관(훈련기관 평가정보 포함) 및 훈련과정 정보, 훈련·자격·일자리를 연계한 통합정보, 고용노동부 지원 훈련내용 정보 등이 제공된다. 관련 정보는 대상자별(구직자(실업자), 재직근로자, 기업 등), 지역별, 훈련시작일 등 다양한 방법으로 검색할 수 있다. 구직자의 취업능력 제고와 근로자의 능력개발 향상을 위해 e-Learning 등 무료 학습콘텐츠를 제공한다.

또 다른 기능은 고용노동부 고용센터, 지방자치단체, 훈련기관에서 훈련과정·훈련생·훈련비용 등 직업능력개발 관련 행정업무를 온라인을 통해 효율적으로 수행할 수 있도록 지원하는 것이다.

HRD-Net의 서비스를 대상자별로 살펴보면 훈련희망자는 HRD-Net에서 희망하는 직업훈련과정과 훈련기관을 검색하고 온라인 문의를 할 수 있다. 훈련생은 고용노동부 지원 훈련과정을 수강한 후 훈련기관·훈련과정·훈련결과·출결이력·비용(장려금)지원 등의 이력을 조회할 수 있고, 실업자 및 재직자 계좌카드를 신청하고 발급내역 및 사용이력을 조회할 수 있다.

훈련기관은 HRD-Net에서 설시하고자 하는 훈련과정을 인정받기 위한 신청, 훈련실시 비용 신청 등 민원신청 건에 대한 결과 내역 조회, 훈련기관에서 실시 및 실시 예정인 훈련과정에 대해 개인이나 기업에서 문의한 내용의 조회 및 답변 등을 할 수 있다.

기업은 HRD-Net를 통해 소속근로자가 수강한 고용노동부 사업주 지원훈련과정 이력 조회, 소속근로자가 수강한 사업주훈련에 대한 훈련비용 신청, 신청한 사업주훈련비용 건에 대한 결과내역 확인 등을 할 수 있다.

2) 각 부처별 기관에서 시행하는 직업훈련 및 고용지원서비스

고용노동부 외에도 여러 정부 부처에서 직업훈련 및 고용지원서비스를 하고 있다. 중소벤처기업부는 창업넷(www.k-startup.go.kr)을 통해 각종 창업교육과정을 운영하는 것 외에 창업에 필요한 시설 및 공간, 멘토링 및 컨설팅, 사업화 프로그램, 각종 정책자금, R&D, 판로·해외진출 등에 대한 정보와 서비스를 제공한다.

중소기업인력개발원의 **K-BIZ 중소기업중앙회**(www.sbhrdc.re.kr)는 중소기업 인재양성의 메카를 비전으로 현장중심 맞춤교육확대, 성과창출 기여형인재양성, 중소기업 인식개선 선도기관, 글로벌센터의 교육허브 기능강화, 자립형 미래성장기반 구축 등의 미션을 목표로 운영되고 있다. 주요사업은 교육사업과 연수교육시설 임대 사업이고, 교육사업으로는 KBIZ AMP(중소기업 최고경영자과정), 차세대 CEO교육, 협동조합 직무교육과정, 기업별 맞춤형 교육과정 등이 있다.

경기도와 여성가족부가 함께하는 **온라인경력센터 꿈날개**(www.dream.go.kr)는 최초로 경기도가 제공하는 여성특화 경력개발 포털서비스다. 시·공간적 제약 없는 상시 학습체제의 구축, 여성의 눈높이에 맞춘 세심한 교육과정, 취업가능성진단과 전문 취업상담사와 함께하는 취업상담 서비스, 학습지원센터(Help-Desk)운영진의 맞춤형 학습상담이 함께하는 온라인취업지원서비스로 경력개발형 교육운영모델을 기반으로 여성의 취업 및 창업지원을 위한 여성인적자원개발의 e-HRD Hub의 역할을 한다. 온라인 무료교육, 스마트 꿈날개 모바일 러닝, 취/창업 역량 진단서비스, 취업상담 서비스, 직장적응상담 서비스 등을 제공한다.

여성가족부와 고용노동부 주관으로 전국 158개소(2019년 12월 기준)를 운영 중인 **새일센터**(saeil.mogef.go.kr)는 취업이 어려운 경력단절여성 등에 대하여 맞춤형 취업지원서비스를 제공하는 「여성새로일하기센터(새일센터)」를 지원하는 목적으로 혼인/임신/출산/육아 등으로 경력이 단절된 여성에게 취업상담, 직업교육훈련, 인턴십 및 사후관리 등 종합적인 취업지원 서비스를 제공한다.

K-Startup(창업넷)
www.k-startup.go.kr

K-BIZ 중소기업중앙회
www.sbhrdc.re.kr

꿈날개(온라인경력개발센터)
www.dream.go.kr

여성새로일하기센터(새일)
www.saeil.mogef.go.kr

국토교통부는 건설기술교육원, 한국건설기술인협회, 전문건설공제조합 기술교육원 등을 통해 건설근로자 및 실업자에게 교육훈련을 실시하고 있다.

국방부는 육군취업지원센터(www.armyjob.mil.kr)와 공군본부 홈페이지의 **공군취업정보광장**(www.airforce.mil.kr)을 통해 제대군인에 대한 전직지원교육, 취업 및 창업 정보 등을 제공하고 있다.

국가보훈처는 **제대군인지원센터**(www.vnet.go.kr)를 통해 제대군인을 대상으로 교육훈련을 실시하고 있다.

3) 서울특별시 기술교육원

서울특별시 기술교육원은 서울특별시가 운영하는 대한민국의 직업전문학교이다. 강동구의 동부, 용산구의 중부, 노원구의 북부, 경기도 군포시의 서부 등 4개의 기술교육원이 있다. 시립이지만 일부 기술교육원의 운영은 위탁하고 있다. 각 기술교육원은 학교법인 경복대학교, 명지대학교 산학협력단, 한국능력개발원 등에서 수탁하여 관리하고 있다.

본래 서울특별시립으로 운영되던 4개 직업전문학교가 2012년 통합하여 현재의 이름으로 변경되었다. 서울특별시 기술교육원이라는 단일 명칭으로 운영되고 있지만, 사실상 각 교육원은 별도의 조직을 두고 있다. 이원화 캠퍼스라기보다 분교 체제에 가깝다.

서울종합직업전문학교, 한남직업전문학교, 엘림직업전문학교, 상계 직업전문학교에서 2012년 서울 동부기술교육원(www.dbedu.or.kr), 서울중부기술교육원(www.jbedu.or.kr), 서울남부기술교육원(www.nbedu.or.kr), 서울북부기술교육원(www.bukedu.or.kr)으로 명칭이 통합되었다.

4개의 서울시 기술교육원에 개설된 학과와 정규과정(6개월, 1년 과정)

및 단기과정(2~4개월: 과정에 따라 기간이 다르다)이 상이하지만, 공통사항은 모집공고일 현재 서울시에 주민등록을 두고 있는 만 15세 이상 서울시민 또는 서울시에 외국인 등록된 자로 영주권 취득자 또는 배우자가 내국인 자 및 그 자녀가 교육훈련대상이다. 정규과정은 주간반(09:00~16:30)과 야간반(18:30~21:40)으로 나뉘어져 있다. 훈련생 선발은 1차 서류전형과 2차 개별면접(전형)을 거쳐 적격자 최종선발을 한다.

선발 시 우선선발기준은 아래와 같다.

① 국민기초생활 보장법 제2조에 따른 수급권자 및 차상위계층

② 국가유공자 등 예우 및 지원에 관한 법률 제 29조에 따른 취업지원대상자

③ 5.18민주유공자 예우에 관한 법률 제4조에 따른 5.18민주유공자와 그 유족 또는 가족

④ 사회복지사업법 제2조에 따른 사회복지시설의 거주자

⑤ 한부모가족지원법 제5조에 따른 지원대상자 등

일반선발기준은 비진학, 미취업 청년 및 실업자 등 직업훈련을 필요로 하는 서울시민이다. 훈련참여생들의 특전으로 국가자격기능검정료, 교재비, 수강료, 실습비 모두 무료이고 중식(주간반)이 제공 된다.

그 이외 고용노동부에서 진행하는 국비지원(국가기간전략산업직종, 지역산업맞춤형인력양성)과정도 위탁 진행한다.

PART 5

국가직업정보 활용하기

1. 직업정보서

우리는 지금 지식정보 시대를 넘어 초연결사회로의 이행을 경험하고 있다. 네이버가 무한히 확대되고 연결되는 정보의 홍수 속에서 정보의 가치를 바탕으로 옥석을 가리는 것은 유한한 자원인 시간을 효율적으로 사용하기 위한 불가피한 노력이다. 여기서는 주요 직업 정보원으로 대표적인 직업정보서와 직업정보 네트워크 시스템을 소개한다. 최근 들어 정보 전달 방식이 책자에서 인터넷 네트워크로 무게 중심을 옮기고 있는데, 이러한 흐름을 반영해 직업정보서의 내용은 직업정보 네트워크 시스템을 통해 시간과 공간의 제약을 받지 않고 편리하게 검색할 수 있다.

1) 한국직업사전[22]

『한국직업사전』에 수록된 우리나라 직업 수의 변화를 살펴보면, 최초로 발간된 1969년의 직업 수는 3,260개에서 가장 최근에 발간된 2019년에는 16,891개로 약 5배 정도 증가한 것으로 나타났다. 이러한 『한국직업사전』에 새롭게 등재된 직업을 통해 기술의 발달과 사회 수요의 변화를 파악하기 위한 단서를 얻을 수 있다.

한국고용직업분류 대분류	본직업	관련직업	유사명칭	합계
0. 경영·사무·금융·보험직	909	931	533	2,373
1. 연구직 및 공학 기술직	1,213	1,326	673	3,212
2. 교육·법률·사회복지·경찰·소방직 및 군인	205	776	122	1,103
3. 보건·의료직	138	78	90	306
4. 예술·디자인·방송·스포츠직	378	507	299	1,184
5. 미용·여행·숙박·음식·경비·청소직	175	133	156	464
6. 영업·판매·운전·운송직	244	589	185	1,018
7. 건설·채굴직	205	288	461	954
8. 설치·정비·생산직	2,498	1,966	1,482	5,946
9. 농림어업직	110	154	67	331
총계	6,075	6,748	4,068	16,891

* 2020년에 발간된 통합본 제5판 한국직업사전의 직업 수 현황

---

22) 한국고용정보원(2020) 『한국직업사전 통합본 제5판』 내용 요약 정리.

(1) 발간 목적

『한국직업사전』은 급속한 과학기술 발전과 산업구조 변화 등에 따라 변동하는 직업세계를 체계적으로 조사·분석하여 표준화된 직업명과 기초직업정보를 제공할 목적으로 발간된다.

『한국직업사전』은 청소년과 구직자, 이·전직 희망자에게는 직업선택을 위해, 직업 및 진로상담원에게는 진로선택 및 취업상담자료로, 직업훈련담당자에게는 직업훈련과정 개발을 위해, 연구자에게는 직업분류체계 개발과 기타 직업연구를 위해, 그리고 노동정책 수립자에게는 노동정책 수립을 위한 기초자료로 사용될 수 있다.

(2) 발간 연혁

- 1969년 우리나라 최초의 『한국직업사전』(인력개발연구소) 발간

  - 인사관리, 실업교육, 직업지도, 직업훈련, 직업안정, 기능검정, 통계조사를 위한 기쥰으로 활용될 목적으로 인력개발연구소가 경제기획원, 과학기술처, 노동청의 감수를 받아 발간
  - 경제기획원 조사통계국 제정 「한국표준직업분류」와 국제노동기구 제정 「국제표준직업분류」의 소분류를 기준으로 수록 직업을 분류
  - 3,260여 개 직업명 수록

- 1986년 『한국직업사전』 통합본 1판(노동부 국립중앙직업안정소) 발간

- 인력배분의 효율화, 과학적 직업지도 및 직업훈련, 과학적 안전관리, 노동력의 조직화 등 인력관리 각 분야에서 다각도로 활용하고, 1970~80년대의 경제발전과 산업화에 따른 직업세계의 변화를 실질적으로 반영하고자 현장직무분석을 통하여 발간
- 10,600여 개 직업명 수록(본직업명 6,500여 개, 관련직업명 2,400여 개, 유사직업명 1,700여 개)

- 1995년 『한국직업사전』 통합본 2판(노동부 중앙고용정보관리소) 발간

- '87~'94년간 조사·정리한 24개 산업분야의 표준직업명세에 대하여 직업내용과 직업명세 사항을 전면 재검토 및 통합하고, 1980년대 후반 이후의 과학발달과 산업구조변화에 따른 직업내용 변화와 신규·생성직업을 보완
- 보다 정확하고 유용한 정보가 될 수 있도록 직무내용뿐만 아니라 기능정도, 교육정도, 습숙기간, 육체적 활동, 환경조건, 자격·면허 등 직업명세사항을 추가
- 12,000여 개 직업명 수록(본직업명 6,000여 개, 관련직업명 3,500여 개, 유사직업명 2,500여 개)

- 2003년 『한국직업사전』 통합본 3판(중앙고용정보원) 발간

  - '97~'02년간 조사한 각 산업별 직업을 재분류하고 산업분류 개정으로 조사에서 누락되었던 도·소매업, 자동차제조업 등에 대한 추가 직무조사를 실시하여 국내의 전체 산업 및 직업에 대한 정보 수록
  - 기존 부가직업정보(산업분류, 정규교육, 숙련기간, 직무기능, 작업강도, 작업장소, 조사연도) 외에 OES코드 부여
  - 「한국표준직업분류」 세분류를 기준으로 코드명 통합
  - 9,426개 직업명 수록(본직업명 4,630개, 관련직업명 3,350개, 유사직업명 1,446개)
  - ※ 통합본 3판의 직업수가 통합본 2판보다 감소한 이유는 통합본 2판에 수록된 직업이 지나치게 세분화 되었다는 판단에 따라 직업을 통합한 결과임

- 2011년 『한국직업사전』 통합본 4판(한국고용정보원) 발간

  - '04~'11년간 산업별로 조사한 직업들에 대한 직무내용을 재검토 및 통합하고, 산업별 직무조사 과정에서 누락된 직업이나 새로운 기술과 서비스의 등장으로 새롭게 등장한 직업에 대한 추가 조사를 실시하여 국내의 전체 직업을 총 망라
  - 직업분류기준으로서 이전 연도까지 사용되어 왔던 「한국표준직업분류」를 대신하여 「한국고용직업분류(KECO)」를 사용함으로써 우리나라의 노동시장 현실을 제대로 반영하고 일-훈련-자격 체계의 일관성을 도모

- 기존 부가직업정보(산업분류, 정규교육, 숙련기간, 직무기능, 작업강도, 작업장소, 조사연도)외에 「한국표준직업분류(제6차)」 코드 및 「한국표준산업분류(제9차)」 코드를 부여
- 11,655개 직업명 수록(본직업명 5,385개, 관련직업명 3,913개, 유사직업명 2,357개)

■ 2019년 『한국직업사전』 통합본 5판(한국고용정보원) 발간

- '12~'18년간 직종별로 조사한 직업들에 대한 직무내용을 재검토 및 통합하고, 산업별 직무조사 과정에서 누락된 직업이나 새로운 기술과 서비스의 등장으로 새롭게 등장한 직업에 대한 추가 조사를 실시하여 국내의 전체 직업을 총 망라
- 16,891개 직업명 수록(본직업명 6,075개, 관련직업명 6,748개, 유사직업명 4,068개)

(3) 발간 과정

● 한국고용직업분류체계에 근거하여 매년 직종별 조사계획을 수립하여 조사를 실시하고 연도별 「직종별 직업사전」을 발간함

● 2019년도에는 그간 조사결과를 토대로 직업 간 통합 및 삭제 등의 작업을 수행

연도	조사분야
2012	『2013 직종별 직업사전』 관리직, 교육 및 자연·사회과학 연구 관련직, 문화·예술·디자인·방송 관련직, 미용·숙박·여행·오락·스포츠 관련직, 음식서비스 관련직 등 5개 직종
2013	『2014 직종별 직업사전』 경영·회계·사무 관련직, 금융·보험 관련직, 운전 및 운송 관련직, 영업 및 판매 관련직 등 4개 직종
2014	『2015 직종별 직업사전』 건설 관련직, 전기전자 관련직, 정보통신 관련직 등 3개 직종
2015	『2016 직종별 직업사전』 기계 관련직, 재료 관련직 등 2개 직종
2016	『2017 직종별 직업사전』 화학 관련직, 섬유 및 의복 관련직, 식품가공 관련직 등 3개 직종
2017	『2018 직종별 직업사전』 법률·경찰·소방·교도 관련직, 보건·의료 관련직, 사회복지 및 종교 관련직, 정비 및 청소 관련직, 환경·인쇄·목재·가구·공예 및 생산단순직, 농림어업 관련직, 군인 등 7개 직종
2018/2019	『한국직업사전』 통합본 5판 발간을 위한 추가 보완조사

(4) 활용안내

『한국직업사전』에 수록된 직업들은 직무분석을 바탕으로 조사된 정보들로서, 수많은 일을 조직화된 방식으로 고찰하기 위하여 유사한 직무를 기준으로 분류한 것이다. 『한국직업사전』에 수록된 정보는 전국적인 사업체에서 유사한 직무가 어떻게 수행되는가에 대한 포괄적인 조사·분석·연구의 결과이다.

『한국직업사전』에서 제공하는 직업정보는 ① 직업코드, ② 본 직업명칭, ③ 직무개요, ④ 수행직무, ⑤ 부가직업정보(정규교육, 숙련기간, 직무기능, 직업강도, 육체활동, 작업장소, 작업환경, 유사명칭, 관련 직업, 자격·면허, 한국표준산업분류 또는 한국표준산업분류 코드, 조사연도)의 크게 5가지 항목으로 구성된다.

<『한국직업사전』 직업정보 예시>

| 2401 | 범죄심리분석관 |

| 직무개요 |
심리적 외상, 정신적 충격 등 망각으로 사건 내용을 기억하지 못하는 목격자, 피해자 등을 대상으로 최면을 통해서 심리적 환경을 재구성하여 범죄해결에 필요한 증거, 단서 등을 밝힌다.

| 수행직무 |
분석 의뢰된 내용에 대해 사건경위, 사건 대상자의 상태 등을 파악하고 사건 의뢰자와 협의한다. 최면대상자와의 면담을 통해서 사건 경위 등에 대해서 다시 파악한다. 최면에 대해서 대상자에게 설명하고 최면을 건다. 최면과정을 비디오테이프 등으로 녹음·녹화한다. 최면대상자의 최면 능력, 최면 방법, 최면 결과, 담당자의 소견 등이 포함된 결과보고서를 작성한다. 최면과 관련하여 법정에서 증언을 한다. 경찰, 검찰 등 최면 관련 담당자들을 대상으로 강의를 하기도 한다.

| 부가직업정보 |

- 정 규 교 육   16년 초과(대학원 이상)
- 숙 련 기 간   4년 초과~10년 이하
- 직 무 기 능   자료(분석) / 사람(말하기-신호) / 사물(관련없음)
- 작 업 강 도   가벼운 작업
- 육 체 활 동
- 작 업 장 소   실내
- 작 업 환 경
- 유 사 명 칭   범죄심리분석사, 범죄심리분석요원, 프로파일러
- 관 련 직 업   범죄심리학자
- 자 격 면 허
- 표준산업분류   0844 사법 및 공공질서 행정
- 표준직업분류   4111 경찰관 및 수사관
- 조 사 연 도   2017년

*출처: 한국직업사전 통합본 제 5판

2) 한국직업전망

『한국직업전망』은 1999년부터 격년으로 발간되며, 가장 최근에 발간된 『2019 한국직업전망』에는 우리나라를 대표하는 17개(① 경영·회계·사무, ② 금융·보험, ③ 교육 및 연구, ④ 법률·경찰·소방, ⑤ 보건의료, ⑥ 사회복지, ⑦ 문화예술, ⑧ 디자인 및 방송, ⑨ 운전 및 운송, ⑩ 영업 및 판매, ⑪ 경비·미용 및 개인서비스, ⑫ 건설, ⑬ 기계·재료, ⑭ 전기·전자·정보통신, ⑮ 음식서비스 및 식품가공, ⑯ 화학·섬유·환경 및 공예, ⑰ 농림어업) 분야 200개 직업에 대한 상세 정보를 수록하고 있다. 『2019 한국직업전망』은 하는 일, 근무환경 등 일반적인 직업정보 외에 향후 10년간(2018~2027년)의 일자리 전망과 이유를 제공함으로써 이용자들이 미래의 직업세계 변화에 대한 이해도를 높이도록 작성되었다.

『2019 한국직업전망』의 수록 직업선정은 한국고용직업분류(KECO)에 기초해 종사자 수가 일정규모(3만 명) 이상인 경우를 원칙으로 하며, 그 밖에 청소년 및 구직자의 관심이 높거나 직업정보를 제공할 가치가 있다고 판단되는 직업을 추가 선정하였다. 한국고용직업분류의 세분류 직업 중 승진을 통해 진입하게 되는 관리직은 제외하였고, 직무가 유사한 직업들은 하나로 통합하거나 소분류 수준에서 통합하였다. 예를 들어 건설 관련직 중 '강구조물 가공원 및 건립원'과 '경량철골공'은 철골공으로 통합하였고, 한식·중식·일식·양식으로 나뉘는 주방장 및 조리사의 경우도 '주방장 및 조리사'로 통합하였다.

『한국직업전망』을 발간하기 위해 한국고용정보원의 인력수급 전망에서 도출된 정량적 고용전망 결과를 기반으로 하되, 직업전문가 및 재직자의 정성적 전망을 반영해서 최종적으로 종합적인 전망 결과를 도출한 것이 특징이다.

3) 미래의 직업세계(해외 직업편)[23]

한국직업능력개발원이 발간한 『미래의 직업세계』는 2003년 처음 발간된 이후 학생들이 유용하고 즐겁게 활용할 수 있는 좋은 직업전망서로서 역할을 해왔다. 미래에 청년들이 우리나라뿐 아니라 세계로 진출하여 활동할 것으로 예상되므로, 국내 직업뿐만 아니라 선진국의 직업에도 관심을 가져야 한다는 취지에서 미국, 영국, 일본, 캐나다, 호주 등 주요 선진국에 존재하는 50개의 직업이 소개되어 있다(한국직업능력개발원, 2015).

해외 직업을 선정한 기준은 첫째, 우리나라에는 없지만 선진국에 있는 유망한 직업, 둘째, 우리나라에 일부 직업인이 있다고 하더라도 선진국에서 유망한 직업, 셋째, 우리나라에는 없는 선진국의 흥미로운 직업, 넷째, 우리나라에 유사한 직업이 있지만 선진국의 직업 실태를 이해하

---

23) 고용정보원(2015) 『2015 미래의 직업세계 - 해외 직업편』 내용 요약 정리.

는 데 도움을 주는 직업이다.

청소년에게 선진국의 직업은 낯설 수 있기 때문에 다양한 직업을 소개하기 위해서 주제별로 '직업의 세계'라는 메뉴를 만들어 이해를 돕고 있다. 예를 들어 '동물랭글러'라는 생소한 직업을 소개하기 전에 먼저 '영화 관련 직업의 세계'에서 영화를 만드는 다양한 직업인에 관한 정보를 제시하고 있다.

이 직업정보서는 선별된 50개의 해외직업 각각에 대하여 ① 출현배경, ② 하는 일, ③ 해외현황, ④ 준비방법, ⑤ 흥미 및 적성, ⑥ 국내 현황 및 전망, ⑦ 관련 단체 및 기관 등에 관한 정보를 제공하고 있다.

구성항목	내 용
출현배경	해외의 직업이 그 나라에서 생성되게 된 경제적, 사회적, 기술적 이유
하는 일	해당 직업의 직업인이 현장에서 실제로 수행하는 일
해외현황	주요 선진국에서 해당 직업인의 실태, 종사자 수나 보수 등
준비방법	해당 직업인이 되기 위해서 공부해야 하는 교육이나 훈련 내용, 그리고 해당 직업인이 되기 위해서 취득해야 하는 자격증 등
흥미 및 적성	해당 직업인이 되기 위해 필요한 인성이나 자질, 성격, 그리고 해당 직업을 잘 수행하는 데 필요한 능력 등
국내 현황 및 전망	해당 직업이 국내에 도입이 되었는지의 여부, 혹은 해당직업과 유사한 우리나라의 직업실태 등에 관한 정보, 그리고 향후 해당직업의 국내에서의 일자리 전망
관련 단체 및 기관	해당 직업에 관한 정보를 더 상세히 알기 위해서 접근 가능한 단체나 기관의 홈페이지 정보

2. 직업정보 네트워크 시스템

1) 워크넷(www.work.go.kr)

워크넷은 1998년 서비스를 개시하였으며, 고용노동부와 한국고용정보원이 운영하는 믿고 신뢰할 수 있는 구직·구인정보와 직업·진로정보를 제공하는 대한민국 취업정보 사이트이다.

민간취업포털과 지자체 일자리 정보를 워크넷 한 곳에서 쉽게 빠르게 검색할 수 있도록 통합일자리 서비스를 제공하고 있다. 아울러 정부 3.0 공공데이터 개방과 관련하여 Open API 제공과 지역워크넷, 정부지원 일자리, 시간선택제, 강소기업 등 다양한 서비스를 마련하였고, 모바일 서비스를 제공하여 PC 외에도 스마트폰, 태블릿 PC 등을 이용하여 언제 어디서나 워크넷 서비스를 이용할 수 있다.

◆ 워크넷에서 제공하는 직업정보

① **직업정보 찾기**에서는 우리나라의 대표적인 830여개의 직업에 대한 정보를 소개한다. 하위메뉴로는 코너로 분류별 찾기, 지식별 찾기, 업무수행능력별 찾기, 통합 찾기(지식, 능력, 흥미), 신직업·창직 찾기, 대

상별 찾기, 이색직업별 찾기, 테마별 찾기 등이 있다. 한국고용정보원 미래직업연구팀이 매년 실시하는 재직자 조사 결과를 바탕으로, 각 직업이 어떤 일을 하는지, 그 일을 하기 위해서는 어떤 교육, 훈련, 자격이 필요한지, 각 직업은 어떤 특성을 지니는지 소개한다.

② **한국직업전망**에서는 우리나라 대표직업 약 200여 개에 대한 향후 10년간 일자리 전망을 담고 있다. 일자리 전망 외에 하는 일, 근무환경, 성별·연령·학력분포, 평균임금, 되는 길(교육 및 훈련, 관련학과, 관련자격), 적성 및 흥미, 경력개발, 관련정보(관련 직업, 분류코드, 관련 정보처) 등의 정보도 확인할 수 있다.

③ **한국직업사전**에는, 우리나라의 직업 총람으로서(직업 수 12,145개, 직업명수 16,442개, 2018년말 기준), 체계적 직무분석을 통해 수행하는 작업과정(수행직무)과 각종 부가직업정보(정규교육, 숙련기간, 작업강도, 자격면허 등)와 직업/산업분류 코드를 제공한다.

④ **직업 동영상**에서는, 직업군별(전 산업분야에 걸친 다양한 직업들을 선정, 해당직업의 생생한 현장모습 및 인터뷰를 담고 있다), 신직업, 국제기구(청소년 및 취업을 앞둔 대학생들이 최근 관심 있어 하는 국제기구 종사자 직업인에 대한 동영상을 제작하여 취업정보제공과 학교에서의 직업진로 탐색 및 직업선택을 하기 위한 내용이 담겨 있다), 기업직무소개(기업에서의 직무 소개 동영상을 제공한다.) 등 4개의 파트로 나뉘어 직업에 대한 다양한 정보를 영상으로 보여준다.

⑤ **직업인 인터뷰**에는, 다양한 분야에서 자신만의 입지를 다지고 널

리 이름을 알린 직업인들의 이야기가 담겨있다.

2) 커리어넷(www.career.go.kr)

한국직업능력개발원이 운영하고 있는 커리어넷은 시간과 공간의 제약을 넘어 개인의 삶의 질 향상과 국가의 경쟁력 강화의 중요한 연결고리인 국민의 진로개발을 지원하기 위한 채널을 지향한다. 커리어넷에서는 직업정보와 학과정보를 포함하여 각종 진로심리검사와 진로상담, 진로동영상, 진로교육자료 등을 제공한다.

커리어넷에서 제공하는 직업정보는 500여 개의 직업에 대한 유용한 정보를 수록한 직업정보와 미래의 변화에 대한 직업정보인 미래직업과 해외에서 각광받는 직업정보인 해외직업과 진로·직업전문가들의 인터뷰를 담은 직업인 인터뷰와 직업카드뉴스 등으로 직업에 대한 정보를 소개하고 있다.

◆ 커리어넷에서 제공하는 직업정보

① **직업정보**에서는 500여 개의 직업을 35개의 직군으로 분류하여 해당 직업들의 주요 직무와 연봉, 일자리전망, 발전가능성, 고용평등에 대한 정보를 알려준다. 4가지 조건(평균연봉, 일자리전망, 발전가능성, 고용평등)

중 특정조건을 선택하여 검색하거나 11개의 적성유형(신체·운동, 손재능, 공간지각, 음악, 창의, 언어, 수리·논리, 자기성찰, 대인관계, 자연친화, 예술시각) 중 특정 적성유형과 관련된 직업 정보를 검색할 수 있다.

② **미래의 직업정보**에서는 미래의 변화에 대하여 충분한 정보를 갖추도록 미래직업에 관한 정보를 제공한다.

③ **해외직업정보**에서는 우리나라에는 없는 직업이거나 있더라도 생소한 직업이지만, 해외에선 각광받고 있는 직업에 대한 정보를 제공한다.

④ **주제별 직업정보**에서는 테마(강아지, 인터넷, 게임, 결혼식, 비행기, 자동차, 호텔, 놀이공원, 축구장, 영화, 옷, 아파트, 책)별 관련된 직업정보와 분야(녹색산업, 생명공학산업, 보건의료산업, 전자산업, 환경산업, 문화산업)별 관련된 직업정보를 제공한다.

⑤ **직업인 인터뷰**와 **직업분류별 진로동영상**에서는 여러 분야의 진로·직업 전문가와 사회 각 분야에서 주도적인 역할을 하고 있는 분들의 인터뷰와 동영상을 통해 다양한 직업세계와 신로선택 방법을 제공한다.

⑥ **직업카드뉴스**에서는 각 직업에 대한 정보 또는 해당 직업에 종사하고 있는 직업인에 대해 이미지화 시킨 카드 형식으로 간결하면서도 확실한 방법으로 직업정보를 제공한다.

3. 자격증(국가&민간) 정보

1) 자격제도 관리·운영의 기본 방향[24]

자격제도는 관리·운영에 따라 NCS에 부합해야 하고, 자격체계에 부합해야 하며, 교육훈련과정과 연계되어야 한다. 그리고 산업계 수요를 반영해야 하며, 평생학습·능력중심사회 정착에 기여해야 하고, 자격 간의 호환성과 국제적 통용성이 확보되어야 한다.

◆ 자격기본법 제2조 – 용어의 정의

① '자격'이란 직무수행에 필요한 지식·기술·소양 등의 습득 정도가 일정한 기준과 절차에 따라 평가 또는 인정된 것을 말한다.

② '국가직무능력표준'이란 산업현장에서 직무를 수행하기 위하여 요구되는 지식·기술·소양 등의 내용을 국가가 산업부문별·수준별로 체계화한 것을 말한다.

③ '자격체계'란 국가직무능력표준을 바탕으로 학교교육·직업훈련 및 자격이 상호 연계될 수 있도록 한 자격의 수준체계를 말한다.

---
24) 『자격기본법』 제1장 제3조 "자격제도 관리·운영의 기본방향" 내용 요약 정리.

④ '국가자격'이란 법령에 따라 국가가 신설하여 관리·운영하는 자격을 말한다.

⑤ '민간자격'이란 국가 외의 자가 신설하여 관리·운영하는 자격을 말한다.

자격은 산업계의 수요를 반영해서 관리·운영되거나 신설 또는 폐지되어야 한다. 자격취득 응시자가 극히 적은 종목은 폐지의 사유가 될 수 있고, 반면에 향후 산업계의 인력수요 증가가 예상되는 미래유망 분야의 경우에는 현재의 인력수요가 적더라도 선제적으로 자격 신설이 가능할 것이다.

자격 검정 내용은 실제 산업현장에서 직무를 수행하기 위해 요구되는 지식·기술·소양 등에 대한 것이어야 하고, 이를 통해 자격취득자는 산업현장에서 곧바로 직무수행이 가능해야 한다. 자격을 교육훈련과정과 연계해 인력 양성이 가능하도록 해야 한다.

또한 자격 간의 호환성과 국제적 통용성이 가능하도록 자격의 명칭과 내용, 등급, 검정 등이 구성되고 실시되어야 한다. 이와 같이 자격제도는 근로자의 산업체 수요와 실제 직무수행이 가능하도록 관리·운영되어야 한다.

2) 자격체계[25]

자격은 국가자격과 민간자격으로 크게 구분된다. 국가자격은 법령에 따라 국가가 신설하여 관리·운영하는 자격으로서, 국가기술자격과 국가전문자격으로 구분된다. 국가기술자격은 국가가 '국가기술자격법'에 근거해서 부여하는 자격으로, 산업과 관련이 있는 기술·기능 및 서비스 분야의 자격을 말한다. 국가전문자격은 정부 부처, 즉 보건복지부, 환경부, 고용노동부, 법무부 등에서 개별 법률에 따라 주관하는 자격이다.

민간자격은 국가 외의 자가 신설하여 관리·운영하는 자격을 말한다. 민간자격은 공인민간자격과 등록민간자격으로 세분된다. 공인민간자격은 자격의 관리·운영 수준이 국가자격과 같거나 비슷한 민간자격 중에서 주무부장관이 민간자격에 대한 신뢰를 확보하고 사회적 통용성을 높이기 위해 심의회의 심의를 거쳐 법인이 관리하는 민간자격을 공인한 것이다. 등록민간자격은 해당 주무부장관에게 등록한 민간자격 중 공인민간자격을 제외한 민간자격이다. 등록민간자격은 일정 요건만 충족하면 관계부처에 등록이 가능하고, 공인민간자격은 등록민간자격 중 일정요건을 충족하고 정부심의를 통과해야 한다.

---

25) 『자격기본법』 제1장 제3조 "자격체제" 내용 요약 정리.

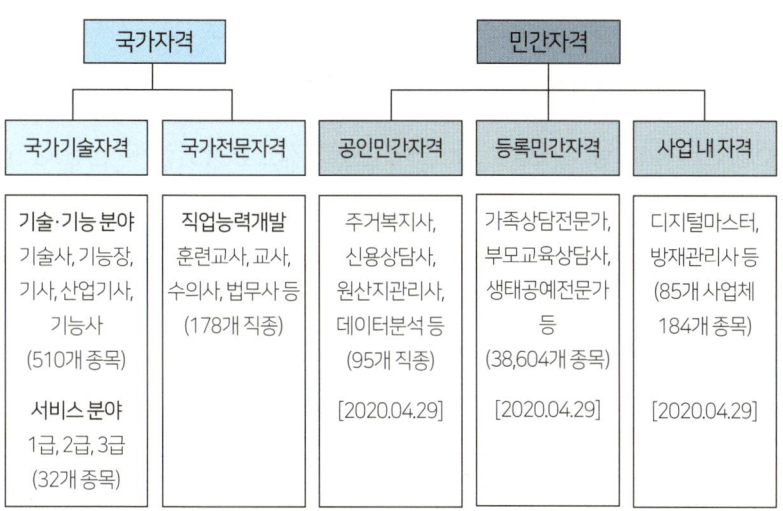

3) 국가기술자격[26]

(1) 종목 현황

국가기술자격은 총 542종목이 운영되고 있다(2020년 4월 기준). 기술·기능 분야에 510개 종목이 있으며, 등급별로는 건축구조기술사, 기계기술사 등 기술사 84개 종목, 건축일반시공기능장, 기계가공기능장 등 기능장 28개 종목, 건축기사, 기계설계기사 등 기사 117개 종목, 건출설비산업기사, 재료조직평가산업기사 등 산업기사 120개 종목, 철근기

---

26) 고용노동부(2019) 『직업능력개발 사업현황』 중 관련내용 발췌.

능사, 제강기능사 등 기능사 161개 종목이 있다.

서비스 분야에는 32개 종목이 운영된다. 등급별로 보면, 사회조사분석사1급, 컨벤션기획사1급 등 1급 10개 종목, 소비자전문상담사2급, 컨벤션기획사2급 등 2급 10개 종목, 전산회계운용사3급, 비서3급 등 3급 3종목이 있고, 단일등급으로 국제의료관광코디네이터, 전자상거래운용사 등 9개 종목이 있다.

<국가기술자격 종목현황>

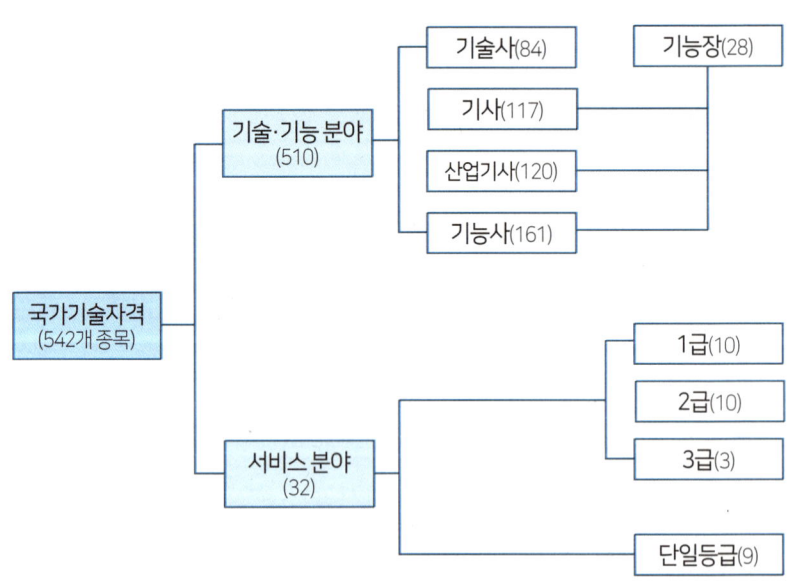

*2020년 4월 기준

(2) 검정 기준 및 검정 방법

자격등급	검정기준	검정 방법	
		필기	면접/실기
기술사	응시하고자 하는 종목에 관한 고도의 전문지식과 실무경험에 입각한 계획, 연구, 설계, 분석, 조사, 시험, 시공, 감리, 평가, 진단, 사업관리, 기술관리 등의 기술업무를 수행할 수 있는 능력의 유무	단답형 또는 주관식 논문형 (100점 만점에 60점 이상)	구술형 면접시험 (100점 만점에 60점 이상)
기능장	응시하고자 하는 종목에 관한 최상급 숙련기능을 가지고 산업현장에서 작업관리, 소속 기능 인력의 지도 및 감독, 현장훈련, 경영계층과 생산계층을 유기적으로 연계시켜 주는 현장관리 등의 업무를 수행할 수 있는 능력의 유무	객관식 4지 택일형 (60문항) (100점 만점에 60점 이상)	작업형 실기시험 (100점 만점에 60점 이상)
기사	응시하고자 하는 종목에 관한 공학적 기술이론 지식을 가지고 설계, 시공, 분석 등의 기술업무를 수행할 수 있는 능력의 유무	객관식 4지 택일형 (20문항) (과목당 40점 이상, 전 과목 평균 60점 이상)	
산업기사	응시하고자 하는 종목에 관한 기술기초이론지식 또는 숙련기능을 바탕으로 복합적인 기능업무를 수행할 수 있는 능력의 유무		
기능사	응시하고자 하는 종목에 관한 숙련기능을 가지고 제작, 제조, 운전, 보수, 정비, 채취, 검사 또는 작업관리 및 이에 관련된 업무를 수행할 수 있는 능력의 유무	객관식 4지 택일형 (60문항) (100점 만점에 60점 이상)	

국가기술자격의 검정은 객관식이나 주관식 필기시험 또는 필기시험 없이 실기시험, 구술형 면접시험 등을 통해 실시된다. 근래 과정평가형 국가기술자격이 시행됨으로써 기존 국가기술자격은 '검정형 국가기술자격'이라고 칭해 구분한다. 과정평가형 국가기술자격은 NCS 기반의

일정 요건을 충족하는 교육·훈련과정을 충실히 이수하고 내부·외부 평가를 거쳐 일정 합격기준을 충족하는 사람에게 국가기술자격을 부여하는 제도이다(국가기술자격법 제10조).

(3) 등급 및 응시요건

검정형 국가기술자격(기술·기능 분야)의 응시요건은 아래의 표와 같다. 그러나 과정평가형 국가기술자격에는 별도로 요구되는 응시요건이 없다.

<검정형 국가기술자격(기술·기능 분야)의 응시요건>

등급	응시요건		
	기술자격 소지자	관련학과 졸업자	순수 경력자
기술사	● 동일 및 유사 직무분야 - 기술사 - 기사 + 4년 - 산업기사 + 5년 - 기능사 + 7년 ● 동일종목의 외국자격취득자	● 대졸 + 6년 ● 3년제 전문대졸 + 7년 ● 2년제 전문대졸 + 8년 ● 기사(산업기사) 수준의 훈련과정 이수자 + 6년(8년)	9년

기능장	● 동일 및 유사 직무분야
	- 기능장
	- 산업기사 + 5년
	- 기능사 + 7년
	● 동일종목의 외국자격취득자
		● 해당직무분야 산업기사 또는
		  기능사자격 취득 후
		  기능대학 기능장과정
		  이수자(예정자)
			9년

기사	● 동일 및 유사 직무분야 - 기사 - 산업기사 + 1년 - 기능사 + 3년 ● 동일종목의 외국자격취득자	● 대졸(졸업예정자) ● 3년제 전문대졸 + 1년 ● 2년제 전문대졸 + 2년 ● 기사 수준의 훈련과정 이수자 ● 산업기사 수준의 훈련과정 이수 + 2년	4년

산업기사	● 동일 및 유사 직무분야
	  - 산업기사
	  - 기능사 + 1년
	● 동일종목의 외국자격취득자
	● 기능경기대회 입상
		● 전문대졸(졸업예정자)
		● 산업기사 수준의
		  훈련과정 이수자
			2년

기능사	● 제한 없음		
서비스	● 대학졸업자, 해당종목의 2급 자격취득 후 해당 실무경력을 가진 자 등 종목에 따라 다름		

※ 이수예정자 : 훈련과정의 2분의 1을 초과하여 교육훈련을 받고 있는 사람
※ 졸업예정자 : 필기시험일 현재 「초·중등교육법」 및 「고등교육법」에 따라 정해진 학년 중 최종학년에 재학 중인 사람(단, 학점인정 등에 관한 법률에 의거 106학점은 4년제, 81학점은 3년제 전문대학, 41학점은 2년제 전문대학 졸업예정자로 봄)
※ 비관련학과 관련 응시자격 폐지(2013.1.1.부터)

2015년에 15개 종목으로 시작한 과정평가형 국가기술자격은 2016년도 15개, 2017년도 31개, 2018년도 50개, 2019년도 32개, 2020년도 16개 종목이 추가되어 2020년 현재 총 159개 종목이 과정평가형 국가기술자격을 시행하고 있다. 검정형 국가기술자격에서 검정형과 과정평가형이 함께 병행되고 있고, 점차 과정평가형 국가기술자격이 확대되고 있다.

(4) 과정평가형 국가기술자격

과정평가형 국가기술자격은 NCS기반의 일정 요건을 충족하는 교육·훈련과정을 충실히 이수한 후 내·외부 평가를 거쳐 일정 합격기준을

충족(출석률 75% 이상이면서 내부평가(교육·훈련기관) 및 외부평가(한국산업인력공단) 결과 평균점수가 80점 이상인 경우)하는 사람에게 국가기술자격을 부여하는 제도(국가기술자격법 제10조)이다.

<과정평가형 자격제도 운영 절차>

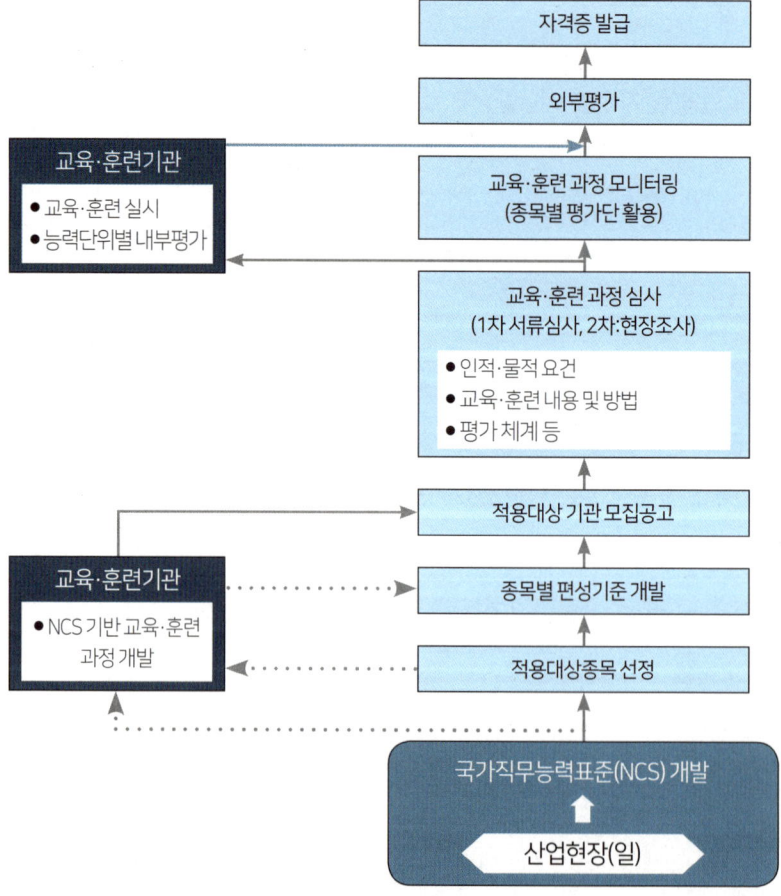

*출처: 고용노동부(2019년 직업능력개발사업현황)

과정평가형 국가기술자격이 도입된 배경은 산업현장의 '일'을 중심으로 직업교육·훈련과 자격이 유기적으로 연계될 수 있는 방안의 하나로 '과정평가형 자격제도'가 도입되었다. 과정평가형 자격제도는 직업교육·훈련과 자격을 산업현장의 수요를 반영한 국가직무능력표준(NCS)을 기반으로 개편·운영하고, '일-교육·훈련-자격'을 연계하여 직업교육·훈련을 정상화하기 위한 제도이다. 과정평가형 국가기술자격은 따로 응시제한이 없다.

<과정평가형 국가기술자격 합격기준>

내부평가	외부평가
• 이수기준 충족자 - 출석율 75% 이상 + 교육참여 • NCS능력단위별로 평가된 결과를 각각 100점 만점으로 환산 • 회차별 40점 미만 취득자를 미이수자로 결정	• 외부평가는 전체 교육 훈련시간 종료 후 2회 평가 • 1차 평가와 2차 평가를 각각 100점 만점으로 환산
• 내부 및 외부 평가 결과를 1:1의 비율로 합산하여 80점 이상의 교육훈련생을 합격자로 결정	

* 출처: 고용노동부(2019년 직업능력개발사업현황)

4) 국가전문자격

국가전문자격은 정부부처, 즉 보건복지부, 환경부, 고용노동부, 법무부 등에서 개별 법률에 따라 주관하는 자격으로, 개별 부처의 필요에 의해 신설 및 운영된다. 검정시험 집행이나 시험문제 출제 등의 실무 업무는 별도의 기관에서 수행한다.

예를 들어 보건복지부 소관 자격 중 의사, 간호사 등은 한국보건의료인국가시험원에서 검정을 시행하며, 사회복지사는 한국사회복지사협회에서 검정을 시행한다. 국토교통부 소관의 건축사는 대한건축사협회에서 시행한다. 고용노동부 소관의 공인노무사는 한국산업인력공단에서 시행한다.

국가전문자격은 정부 부처별로 총 178개 직종이 운영되고 있다(2020년 5월 기준). 국가전문자격은 주로 전문서비스 분야(의료, 법률 등)의 자격으로, 통상 면허적 성격을 갖는다. 면허성 자격은 개별 법률에 따라 사업이나 업무를 하려면 관련 자격을 반드시 취득해야 하는 자격이다.

5) 등록민간자격과 공인민간자격

민간자격은 국가가 아닌 개인·법인·단체가 신설하여 관리·운영하는 자격을 말한다. 다시 말하면, 국가가 아닌 법인이나 단체 또는 개인은 국민의 생명·건강·안전 및 국방에 직결되는 분야, 선량한 풍속을 해하거나 사회질서에 반하는 행위와 관련된 분야, 여타 법령에서 금지하는 행위와 관련된 분야 등을 제외하고는 민간자격을 관리·운영할 수 있다.

민간자격 등록제도는 민간자격 관리자(국가 외에 법인, 단체, 개인)가 민간자격을 신설하여 관리·운영하기 위하여 일정한 등록절차에 따라 등록관리기관에 등록하는 것을 말한다.

민간자격 등록제도의 목적은 국가 외에 신설·관리·운영이 제한되는 분야를 적극적으로 관리해 민간자격의 금지 분야 진입을 사전에 통제하고, 결격사유가 있는 민간자격과 민간자격기관의 무분별한 신설 및 폐해를 사전에 방지하기 위함이다. 그리고 민간자격 종목 및 민간자격 관리·운영기관에 대한 현황을 파악해 체계적으로 관리·등록함으로써 국민에게 정확한 민간자격 정보를 제공하기 위함이다.

민간자격등록 절차를 보면, 민간자격관리자가 한국직업능력개발원에 등록신청을 하면, 한국직업능력개발원은 자격관리자 결격사유에 해당하는지를 확인한 후, 관계중앙행정기관에 금지 분야 해당 여부 및 민간자격 명칭사용 여부 등을 확인하여 이상이 없으면 등록증을 민간자격관리자에게 발급한다. 이렇게 등록된 민간자격을 등록민간자격이라고 한다.

공인민간자격은 자격의 관리·운영 수준이 국가자격과 같거나 비슷한 등록민간자격 중에서 주무부장관이 민간자격에 대한 신뢰를 확보하고 사회적 통용성을 높이기 위해 자격정책심의회의 심의를 거쳐 법인이 관리하는 민간자격을 공인한 것이다.

국가공인의 기준은 자격제도 운영의 기본방향에 적합한 민간자격의 관리·운영 능력을 갖출 것(법인), 신청일 현재 1년 이상 시행된 것으로 3회 이상의 자격검정실적이 있을 것, 관련 국가자격이 있는 경우에는 해당 민간자격의 검정기준, 검정과목 및 응시자격 등 검정수준이 관련 국가자격과 동일하거나 이에 상당하는 수준일 것 등이다.

공인민간자격등록 절차는 민간자격관리자가 한국직업능력개발원에 공인신청을 하면, 한국직업능력개발원은 민간자격의 관리·운영 능력, 자격검정실적 등이 국가공인 기준에 적합한지를 조사하고, 교육훈련기관 등으로부터 의견을 수렴하여 주무부처에 조사결과를 제출한다. 주무부처는 조사결과를 바탕으로 자격정책심의회를 통해 심의를 하고, 민간자격관리자에게 공인 여부를 통보하고 공고를 낸다.

등록민간자격의 경우 총 9,578개 운영기관에서 병원코디네이터, 바리스타, 탄소배출거래중개사 등 38,604개 종목을 운영·관리하고 있다. 공인민간자격의 경우 59개 운영기관에서 인터넷정보관리사, 신용관리사 등 95개 직종을 공인받아 운영하고 있다(2020년 5월 기준).

6) 사업 내 자격

사업 내 자격은 사업주가 단독 또는 공동으로 근로자의 직업능력개발을 위해 운영하는 자격으로, 관련 직종에 대해 일정한 검정기준에 따라 근로자의 직업능력을 평가하고 그 결과에 따라 부여한다. 사업 내 자격의 목적은 각 기업의 특수한 직무를 수행할 인력의 확보를 위해 현장에 적합한 인력을 자체적으로 양성함으로써 생산성 및 품질 향상을 도모하는 것이다.

85개 기업에서 전자조립사, 방재관리사, 이륜차정비기술자격 등 184개의 사업 내 자격 종목을 운영하고 있다(2020년 5월 기준).

7) 자격정보 웹사이트

(1) Q-Net

Q-Net은 한국산업인력공단이 운영하는 자격정보시스템으로, 국가자격 관련 운영·관리 및 검정에 관한 정보 및 자격 검색 서비스를 제공한다.

▶ 국가기술자격 종목 542개와 국가전문자격 178개 직종에 대한 검색 서비스를 제공한다(2020년 5월 기준).

▶ 자격 검정과 관련하여 자격시험 원서접수, 합격자 및 답안발표, 각종 시험일정, 필기 및 실기시험 안내 등에 관한 서비스를 제공한다.

▶ 자격 관리와 관련하여 자격증 발급 신청, 확인서 발급, 확인서 및 자격증 진위 확인 등의 서비스를 제공한다.

▶ 국가기술자격제도, 과정평가형 자격, 관련 법령, 자격검정 통계자료, 출제기준이나 기출문제, 외국의 자격제도 등의 정보를 제공한다.

(2) 민간자격정보서비스

민간자격정보서비스(www.pqi.or.kr)는 한국직업능력개발원에서 운영하는 민간자격정보 온라인시스템으로 다음과 같은 서비스를 제공한다.

▶ 등록민간자격 종목 41,051개(운영기관 10,289개)와 공인민간자격 직종 95개(운영기관 59개)에 대한 검색 서비스를 제공한다(2020년 10월 기준).

▶ 민간자격등록 신청을 위한 서비스를 제공한다.

▶ 민간자격제도와 등록제도, 국가공인제도에 관한 정보 외에 민간자격현황 정보를 제공한다.

PART 6

미래직업정보

1. 직업별 인력수요 전망[27]

1) 중장기 인력수급 전망(2018~2028)

종합 및 대분류 전문가 관련 종사자(1.1%), 서비스 종사자(1.0%), 사무 종사자(0.6%), 노무 종사자(0.5%) 등에서 취업자 수 증가 속도가 빠를 것으로 전망했다. 반면에 농림어업 숙련 종사자는 매년 1.5%씩 빠르게 일자리 감소가 예상되며 그 외 장치, 기계조작 및 조립 종사자(-0.1%), 판

---

27) 2018~2028 중장기 인력수급 전망: 한국고용정보원 자료.

매 종사자(0.2%), 기능원 및 관련 기능 종사자(0.0%) 등은 인력수요가 정체 혹은 감소할 것으로 전망했다.

실측 기간 중 연평균 취업자 수 감소율(-1.9%)을 기록한 관리자 직군의 경우 전망 기간에도 취업자 수 증가는 기대하기 어려울 것으로 예상되지만, 전망 기간에는 행정·경영지원 및 마케팅 관리직과 전문서비스 관리직을 중심으로 고용 증가를 예상했다.

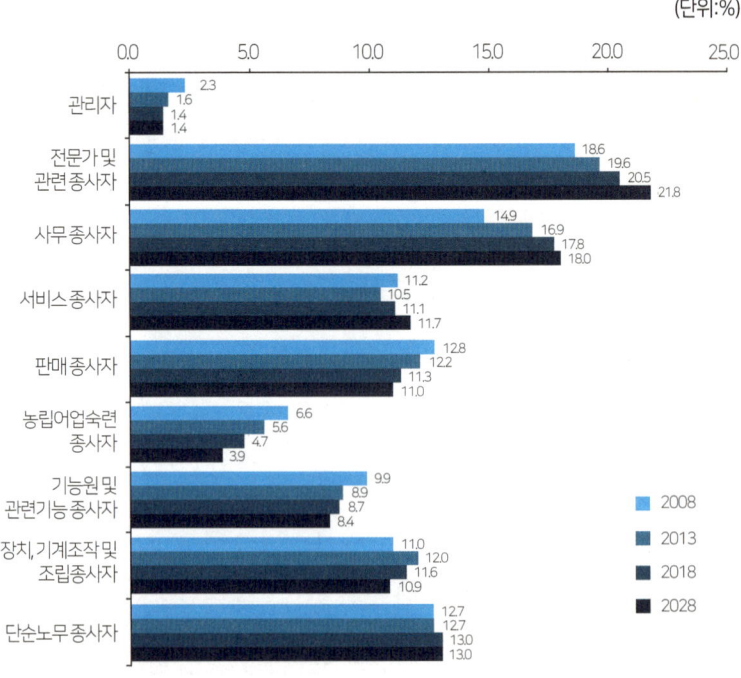

*자료: 통계청, 경제활동인구조사; 한국은행, 경제통계시스템.

■ 전문가 및 관련 종사자는 실측 기간 연평균 2.0% 증가해 523,000명의 고용을 창출해 향후 긍정적일 것으로 기대(연평균 1.1%, 고용량 626,000명↑)했다. 향후 보건업 및 사회복지서비스업과 전문·과학 및 기술서비스업 분야의 전문가 직군을 중심으로 일자리가 지속 증가할 것으로 전망했다.

■ 중간 수준 직능의 사무 종사자는 실측 기간(2013~2018년) 중 비교적 높은 연평균 취업자 증가율(2.2%)과 고용 증가(491,000명)를 기록했고, 이러한 긍정적인 신호는 전망 기간에도 이어질 것이나 향후 일자리 증가세는 연평균 0.6%(고용 증가 305,000명)로 크게 둔화될 것으로 전망했다.

■ 서비스 종사자는 실측 기간 중 2.3%의 가장 높은 취업자 증가율(고용증가 323,000명)을 기록해 향후 1.0%(고용 증가 320,000명)의 증가율을 기록할 것으로 전망했다. 인구 고령화에 따라 돌봄 및 헬스케어, 개인 생활서비스 관련 직종에서 일자리 창출이 활발할 것으로 기대했다.

■ 판매 종사자는 2014년을 정점으로 고용이 정체 혹은 감소 추세로 전망했고, 기간 상반기(2018~2023년) 0.4% 증가, 하반기(2023~2028년) 0.0% 감소로 일자리 창출은 둔화될 것으로 전망했다. 판매직은 연관 업종인 도매 및 상품중개업, 보험 및 연금업의 성장 둔화 영향으로 일자리 전망은 긍정적이지 않는 것으로 전망했다.

■ 농림어업 숙련 종사자는 실측 기간 중 매년 2.3%씩 일자리가 빠르게 감소했는데 향후 일자리 전망 역시 -1.5%의 연평균 감소율을 전

망(고용감소 181,000명)했다. 다만, 2017년을 기점으로 2018년 들어 전년 대비 5.7% 증가했고, 2019년 1, 2분기 역시 전년 동기 대비 각각 10.5%, 2.7% 증가하는 추세를 유지할 것으로 전망했다.

■ 기능원 및 관련 기능 종사자는 실측 기간 중 연평균 0.8%의 증가율을 기록했으나 전망 기간에는 정체 혹은 감소할 것으로 전망했다. 자동화 기계의 발전에 따라 점차 기능 직무 영역이 축소되고 있으며, 최근 종사자 비중이 높은 건설업, 수리업의 일자리 둔화와 연관된다고 보았다.

■ 장치·기계조작 및 조립 종사자는 실측 기간 중 연평균 증가율이 0.4%로 2016년을 기점으로 최근까지 감소해 전망 기간 역시 고용 둔화(-42,000명)를 예상했다. 고용 비중이 높은 제조업과 운수업의 고용 정체 현상이 반영되고 있고, 기계화 및 자동화에 따른 영향력이 가장 클 것으로 예상했다.

■ 단순노무 종사자는 다양한 업종에서 꾸준하게 고용이 증가해 최근 실측 기간 중 매년 1.6%씩 증가해 일자리 262,000명을 창출했다. 반면에 전망 기간에는 연평균 0.5%로 고용 증가 속도가 크게 둔화될 것으로 전망했다.

직업 중분류 취업자 증감 및 증가율 상·하위 10개 직종은 인구 고령화와 기술 발전에 따라 의료보건, 정보통신·과학, 헬스케어, 문화·예술 관련 전문직 및 서비스직에서 고용 증가 속도가 빠를 것으로 전망했다.

이에 비해 인구 고령화에 따른 농림업 및 교육업, 그리고 사양 산업으로 분류되는 섬유·의복·목재·인쇄 관련직에서 감소 속도가 빠를 것으로 전망했다.

2) 중장기 인력공급 전망

생산가능인구는 2018년 44,182,000명에서 2028년에는 46,091,000명으로 1,909,000명 증가할 것으로 전망된다. 경제활동인구는 2018년 27,895,000명에서 2028년에는 29,134,000명으로 1,238,000명 증가가 전망되고, 경제활동참가율은 전망 기간 63.1%에서 63.2로 0.1%p 상승할 것으로 전망된다.

취업자 수 전망 결과를 보면 2018년 26,822,000명에서 2028년에는 28,104,000명으로 1,281,000명 증가로 전망된다. 고용률은 2018년 60.7%에서 2028년에는 61.0%로 0.3%p 상승할 것으로 전망되고, 실업률은 2018년 3.8%에서 2028년에는 3.5%로 0.3%p 하락할 것으로 전망된다.

경제활동인구와 취업자 수는 전망 기간 후반기에 급격하게 증가세 둔화로 전망되고 경제활동인구는 전망 기간 중반부에 정체 상태를 보이다 26년 이후 감소세로 전환되어 2023년에서 2028년까지 113,000명 증가하며 참가율은 0.8%p 하락할 것으로 전망된다. 취업자 수는 경제활동인구 추이에 영향을 받아 전망 기간 하반기에 증가세가 크게 둔화되며, 2027년경부터 감소세로 전환할 것으로 전망된다.

◆ 중장기 인력수급 전망결과

① 전망 기간 동안 저출산, 고령화가 지속되면서 인구증가폭이 크게 둔화되고 인구구조가 크게 변화하면서 인력공급 제약 효과가 본격적으로 나타날 것으로 전망된다.

② 베이비붐 세대의 본격적인 고령화로 경제활동인구 증가세는 크게 둔화되다가 전망 기간 후반기에 감소세로 전환될 것이며, 경제활동 참가율도 상승세가 유지되다가 하락할 것으로 전망된다.

③ 고학력화의 진전으로 경제활동인구에서 고학력자 비중이 저학력자 비중을 넘어설 것으로 예측되면서 노동시장 구조에 큰 영향을 미칠 것으로 판단된다.

④ 청·중년층의 인구는 크게 감소하지만 이들 연령대의 일자리 수요는 지속되면서 경제활동참가율은 상승할 것으로 전망된다.

⑤ 여성의 고학력화는 경력단절 효과를 완화하고 노동시장 진출을 확대하면서 경제활동참가율을 높일 것으로 전망된다.

중장기 산업별 인력수요 전망 결과를 보면 인력공급 제약 효과에 따라 취업자 수 증가폭이 급격하게 둔화되다가 전망 기간 후반기에는 감소세로 전환될 것으로 보인다. 산업구조의 서비스화는 더욱 진전되어 서비스업에서 취업자 증가는 지속될 것이며, 제조업은 세계경제의 불확실성 심화 및 경제성장 둔화 영향에 따라 증가세가 크게 둔화될 것으로 전망된다. 고령화와 같은 인구요인에 따라 서비스업 중 보건업 및 사회복지서비스업 등 공공서비스 부문에서 인력수요가 증가할 것이나 학령인구 감소의 영향을 받는 교육서비스업은 고용 감소가 전망된다. 기술혁신이 급격하게 진행될 가능성이 높아지면서 이와 관련된 ICT 제조업 및 서비스 분야에서 지속적인 인력수요가 발생할 것으로 전망된다.

중장기 직업별 인력수요 전망 결과는 고숙련 직업군에서 인력수요가 크게 발생하고, 저숙련 직업군 중 단순노무직에서도 인력수요가 어느 정도 발생할 것으로 예상된다. 고학력화 및 기술혁신의 영향으로 전문직 및 사무직의 인력수요는 크게 증가할 것으로 예상되나 제조업의 고용 부진으로 기능직과 조립직 같은 생산직은 고용 감소가 예상된다.

◆ 학력별 인력수급 전망결과

① 학령인구의 감소는 전문대 이상 고등교육 졸업생의 지속적인 감소로 나타날 것이며, 학력 수준이 높을수록 졸업생 감소 시점이 늦추어지지만 2020년 이후 전문대 이상 학력 수준 모두에서 졸업생 감소세가 점차 확대될 것으로 예상된다.

② 대학교에서 구인인력수요가 다수 발생할 것이며 공학계열, 인문·사회계열, 의약계열, 예체능계열에서 구인인력수요가 인력공급을 초과할 것으로 전망된다.

③ 전공계열별로 보면 대학교의 경우 공학계열에서 인력공급에 비해 구인인력수요가 큰 것으로 나타나고 있어 노동력이 부족할 것으로 예상되며, 자연계열을 제외하면 예체능계열, 사회계열, 의약계열에서도 어느 정도 인력 부족 현상이 나타날 것으로 전망된다.

◆「중장기 인력수급 전망 2018~2028」시사점

① 저출산, 고령화에 따른 중장기 인력공급 구조의 변화는 전체 노동시장에 미치는 수준이나 강도 면에서 유례가 없을 것으로 예측되며 인력양성정책의 방향과 수준 향상에 획기적인 대응이 요구된다. 저출산에 따른 인구증가 둔화는 소비와 수요의 위축으로 생산에 악영향을 미칠 수 있으며, 고령화에 따른 복지지출의 급격한 증가는 장기적으로 국가재정 건전성을 약화시킬 수 있으므로 이에 관한 근본적해결책으로 출산율 제고 정책을 장기적 계획하에 지속적으로 추진할 필요가 있다.

② 베이비붐 세대의 고령화에 따른 노동시장 충격에 대한 대비가 필요하다. 베이비붐 세대의 정년퇴직 및 은퇴가 본격적으로 이루어지면서 급격한 경제활동인구의 증가세 둔화가 예상됨에 따라 노동력 부족

및 숙련 단절 대응이 필요하다. 베이비붐 세대의 고령화에 대응해 연령대에 적합한 일자리 창출 등 적극적 노동시장 정책이 필요하다.

③ 고용률 제고 노력과 함께 노동력 부족에 대응해 여성 비경제활동인구의 적극적인 노동시장 유입 정책이 필요하다. 특히 양질의 시간제 근로 활성화, 일·가정 양립 정책 정착, 여성 친화적인 근로 조건으로 개선, 고학력 여성 인력의 인력수요 육성 정책강화가 필요하다.

④ 노동력 부족에 대응한 외국인의 고용정책 재고가 필요하다. 노동력 부족이 현실화되면서 외국인의 적극적 활용은 인력수급 문제를 완화할 수 있으며, 특히 중간 숙련도의 노동력 부족 문제를 해소하는 데 기여할 수 있으므로 외국인 고용정책의 검토가 필요하다. 장기적으로 양질의 노동력 부족 문제가 현실화될 가능성이 높기 때문에 양질의 외국인 고용 유입 정책도 적극적으로 추진할 필요가 있다.

⑤ 전문가 직군 등 고숙련 일자리가 지속적으로 창출될 것으로 예측됨에 따라 고급 숙련 인력 양성 정책에 초점을 맞춘 정책이 지속적으로 요구된다. 중장기 인력수급 전망도 숙련 수준별 전망에 초점을 맞추는 노력이 필요하며, 중장기 인력수급 전망은 교육 및 직업 훈련 수요 전망과 연계해 활용 및 강화가 필요하다.

⑥ 학령인구의 급격한 감소로 교육환경 및 제도의 근본적 개선이 필요하다. 대학 입학자원 감소와 노동수요 부족 및 수급 불일치 문제의 확대로 지속적인 대학 구조개혁의 필요성이 증대된다. 핵심 인적자원이

감소하는 조건하에서 교육의 질 개선을 통한 노동력 질 제고 노력의 필요성이 제기되고, 고학력자 인력 부족에 대응해 여성, 외국인 등 고학력 노동력의 적극적 활용 정책이 필요하다.

2. 디지털 기술 융합 시대 8대 혁신성장 분야 직업전망[28]

1) 스마트팜(ICT기술을 접목한 지능화 농업)

스마트팜이란 사물인터넷, 빅데이터 등의 ICT를 활용해 농업생산시설의 생육환경을 원격 또는 자동으로 제어할 수 있는 농장을 말한다. 최첨단 정보통신기술(ICT)이 농업과 만난 스마트팜은 축적된 데이터로 농작물의 생육환경을 정밀 관리하는 데서 나아가 소요 에너지를 최소화하는 3세대 진화가 진행 중이다. 전문재배사, 소프트웨어개발, 사물인터넷서비스 기업 진출이 이뤄지면서 스마트팜을 지원하는 새로운 직업이 미래 유망 직종으로 주목받고 있다.

◆ 스마트팜 관련 대표 직업

① **스마트팜 컨설턴트** : 농가특성을 고려한 최적의 스마트팜 시스템 설계 및 구축을 진행하며 스마트팜 시스템의 효율적 운영을 위한 조언과 지도를 한다.

② **스마트팜 구축가** : 맞춤형 스마트팜 설계와 활용 가능한 매뉴얼을

---

28) 고용정보원(2019)『2020 청년층 혁신성장 직업전망』의 내용 정리.

제공해주며 필요한 장비와 소프트웨어 연구 및 개발을 한다.

◆ 스마트팜 관련 직업전망

① 스마트팜 컨설턴트와 스마트팜 구축가에게 필요한 적성 및 흥미는 농업이 장기적인 사업 분야인 만큼 꾸준함과 성실함 그리고 지속적인 자기개발이 필요하다. 농촌에 뿌리를 둔 산업이므로 지역 활동과 원만한 인간관계를 위한 친화력이 필요하다.

② 스마트팜 컨설턴트와 스마트팜 구축가로 진입하기 위한 특별한 학력, 전공, 나이에는 제한이 없지만 ICT에 대한 기본적인 이해와 SNS 마케팅 능력이 도움이 된다. 농작물에 대한 이해와 농사법에 대한 숙지가 중요하다. 스마트팜과 관련한 별도의 대학 학과는 없으나 농업과 기계, 전기 등 융합전공을 통해 학습이 가능하다. 농촌진흥청의 관련 분야에서 인재양성 교육과정을 적극 활용할 필요가 있다.

③ 스마트팜 컨설턴트와 스마트팜 구축가의 앞으로의 전망을 살펴보면 국내 스마트팜은 아직 초기 단계지만 정부와 지역에서 추진하는 관련 사업이 활발하게 진행되고 있어 스마트팜 진입기회의 전망은 밝다고 볼 수 있다.

◆ 스마트팜 관련 학과

스마트팜 컨설턴트 및 스마트팜 구축가 관련 학과를 살펴보면 강원대 미래농업융합학부와 도시농업학과, 공주대 교육대학원 농업교육전공, 대구대 도시농업학과, 서울대 대학원 농업교육과, 서울여대 스마트농업공학전공, 전남대 산업대학교 농업개발학과, 경북대 농업생명융합대학원 농업공학전공 등이 있다.

2) 바이오헬스(생명연구를 통한 건강한 삶 추구)

바이오헬스산업이란 생명공학, 의·약학 지식에 기초해 인체에 사용하는 제품을 생산하거나 서비스를 제공하는 산업으로 의약품, 의료기기 제조업과 의료·건강관리 서비스업을 포함한다. 전 세계적인 인구 고령화와 건강 관련 수요 증가로 바이오헬스 분야의 시장 규모는 폭발적인 성장을 예고하고 있다. 특히, 개인별 맞춤치료, 원격 진료 등 생애주기 전반에 걸친 종합 헬스케어 서비스로 나아가면서 새로운 유망 직종도 생겨나고 있다.

◆ 바이오헬스 관련 대표 직업

① **생명과학 연구원** : 생물학, 의약, 식품, 농업 등 생명과학 분야의 연구를 통해 다양하고 복잡한 생명현상을 탐구한다.

② **스마트 헬스케어 전문가** : 액세서리나 웨어러블기기를 통해 스스로 건강관리를 할 수 있는 헬스케어 서비스를 기획하거나 운영하며 건강관리 애플리케이션을 개발한다.

◆ 바이오헬스 관련 직업전망

① 생명과학 연구원에게 필요한 적성과 흥미는 생물학과 자연과학 전반에 대한 호기심이 있어야 하고, 장기연구를 위한 계획성과 성실함이 필요하며, 팀 프로젝트 수행을 위한 원만한 대인관계 능력이 필요하다. 스마트 헬스케어 전문가는 의료지식은 물론 IT와 컴퓨터에 대한 기본지식이 있어야 하며 관련 전문가들과 협업을 위한 의사소통 능력이 필요하고 빅데이터 분석능력이 필요하다.

② 생명과학 연구원이 되기 위해서는 자연과학 및 의·약학계열 등 관련학과의 석사학위 이상의 학력이 필요하고 학생시절의 다양한 연구 참여 경력이나 관련 기관의 연구보조원 등의 경험이 입직에 도움이 된다. 스마트 헬스케어 전문가가 되기 위해서는 정보통신공학, 생명공학, 의학, 약학, 의공학, 통계학 등의 전공지식을 쌓은 후 관련자격을 취득하는 것이 유리하다.

③ 생명과학 연구원과 스마트 헬스케어 전문가의 앞으로의 전망을 살펴보면, 바이오헬스 산업의 일자리 규모는 2017년 829,000명에서 2018년 870,000만 명으로 4.9%가 증가하였고, 국내 스마트 헬스케어

시장규모는 2014년 3.5조 원에서 2020년 14조 원으로 연평균 20% 성장 중이다. 우리나라는 바이오의약품 등에서 국제 경쟁력을 갖추고 산업 육성 중에 있어 관련 직종 일자리는 지속적으로 확대될 전망이다.

◆ 바이오헬스 관련 학과

생명과학 연구원과 관련된 학과로는 가천대 바이오메디컬전공, 강원대 BT특성화학부 바이오산업공학부, 건양대 나노바이오화학과, 과학기술연합대학원대학교 바이오-메디컬융합, 동의대 대학원 스마트바이오헬스학과, 서울과학기술대 일반대학원 바이오 IT소재융합협동과정 등이 있다.

스마트 헬스케어 전문가와 관련된 학과로는 성균관대 글로벌바이오메디컬공학과, 세명대 바이오헬스마케팅학과, 안동대 일반대학원 바이오ICT 융합공학과, 치의과학대학 바이오공학과, 한국외국어대 바이오메디컬공학전공 등이 있다.

3) 스마트시티 (도시혁신의 새로운 모델)

스마트시티란 건설·정보통신기술 등의 융·복합을 통해 건설된 도시기반 시설을 바탕으로 다양한 도시서비스를 제공하는 지속 가능한 도시를 말한다. 첨단 정보통신기술(ICT)을 통해 교통혼잡, 에너지부족 등과 같은 각종 도시문제를 효과적으로 해결하고자 하는 스마트시티가 부상하고 있다. 이와 관련해 빅데이터, 인공지능(AI) 등 지능형 인프라, 자율주행 포함 차·드론 등의 이동체, 가상현실, 신재생에너지 등 교통, 에너지, 환경 분야 일자리가 새롭게 대두되고 있다.

◆ 스마트시티 관련 대표 직업

① **도시계획가** : 도시 기능의 효율성 향상을 위한 도시설계 방향제시 및 부동산 개발과 도시재생사업 등을 관리하고 컨설팅을 한다.

② **교통전문가** : 도로교통의 효율성 제고를 위한 첨단교통 체계연구 및 도로설계와 교통경제, 행정 등을 연구한다.

③ **컴퓨터보안전문가** : 개인, 공동체, 지방자치단체, 경찰 등에서 사용하는 다양한 데이터를 관리하고, 개인용 PC 프로그램 소스코드분석과 시스템 접근에 대한 권한 등 보안취약점을 분석하며 최적의 시스템 설계와 제시를 한다.

◆ 스마트시티 관련 직업전망

① 도시계획가 및 교통전문가에게 필요한 적성 및 흥미로는 도시 전반에 걸친 다양한 분야에 대한 전문성이 필요하고, 다양성 수용력 및 융합에 대한 능력이 필요하다. 도시와 교통 분야의 미래상을 제시할 수 있는 창의력과 다양한 이해당사자와 일하기 위한 의사소통 및 협상능력

이 필요하다. 컴퓨터보안전문가에게 필요한 적성 및 흥미는 컴퓨터 보안시스템 점검을 위한 분석적 사고와 혁신적이고 탐구적인 성격을 요구한다. 의사소통 능력과 미디어 관련 지식을 갖추는 것이 필요하다.

② 도시계획자와 교통전문가는 도시공학과 교통공학 전공이 일반적이다. 에너지와 데이터 분석 및 통계, 비용편익 또는 투자자본수익률 분석과 관련된 자격증이 입직에 도움이 된다. 컴퓨터보안전문가는 컴퓨터 및 정보보호와 관련된 전공이 유리하고 정보보호 관련 동아리 활동 경력이나 각종 보안관련 대회에서 수상한 경력이 입직에 도움이 된다.

③ 도시계획가 및 교통전문가와 컴퓨터보안전문가의 앞으로의 전망을 살펴보면 스마트시티 시장규모가 2014년에 0.4조에서 2020년 1.1조로 0.7% 상승하였고, 도시 및 교통설계전문가 고용 전망은 2016년 56,000명에서 2026년 62,000명으로 6천 명 성장을 전망했다. 세계적으로 새 도시혁신모델로 스마트시티를 채택하고 있어 관련 시장 규모는 확대될 것으로 예상하며 도시 및 교통설계전문가에 대한 고용증가가 전망된다.

◆ 스마트시티 관련 학과

도시계획자 및 교통전문가와 관련된 학과는 강남대 도시공학과, 경상대 도시공학과, 서울대 스마트도시공학전공, 서울시립대 대학원 스마트시티학과, 서울시립대 국제도시과학대학원, 영산대 스마트시티 공학부, 연세대 도시공학과, 중앙대 도시공학과, 한세대 대학원 스마트시티안전융합학과, 한밭대 도시공학과, 홍익대 건설도시공학부 등이 있다.

4) 에너지신산업(차세대 에너지 혁신)

에너지산업이란 화석연료를 이용한 에너지 공급 중심에서 벗어나 에너지의 이용 효율을 높이고, 에너지를 삶의 질 제고를 위해 활용하는 새로운 비즈니스 모델이다. 2000년대 들어 급성장한 에너지산업은 기후변화 대응, 에너지 안보, 수요관리 등 에너지 분야의 주요 현안을 해결하기 위한 문제해결형 산업이다. 지능형 전력망 스마트그리드, 에너지를 저장하는 ESS 등이 주요 분야로 떠오르며 전 세계 에너지산업의 패러다임이 바뀌고 있다.

◆ 에너지신산업 관련 대표 직업

① 에너지공학기술자 : 태양광과 풍력 등 신재생에너지를 연구하고 개발하며 에너지 비용 절감 및 에너지효용제고를 위한 연구, 조사, 분석 등의 일을 한다.

② **신재생에너지전문가** : 태양광, 풍력, 바이오 등 환경친화적 에너지 기술을 연구하고 시스템 및 모듈, 에너지 최적화를 위한 제어시스템 등을 개발한다.

◆ 에너지신산업 관련 직업전망

① 에너지공학기술자와 신재생에너지전문가에게 요구되는 적성과 흥미는 새로운 연구에 대한 호기심 및 연구기획 능력이 필요하고 지속적인 연구와 개발 추진이 가능한 추진력이 요구된다. 데이터 분석을 위한 논리적인 사고 능력과 연구를 위한 협업과 조직 내 조화를 위한 사회성이 필요하다.

② 에너지공학기술자와 신재생에너지전문가가 되기 위해서는 에너지(자원)공학과, 화학공학과, 기계공학 등을 전공하는 것이 좋다. 연구원은 일반적으로 석사 이상의 학위를 필요로 한다. 최근 산업 범위가 넓어지면서 신재생에너지 공급인증서 거래나 컨설팅 같은 공학 이외 다양한 전공자의 참여도 증가하는 추세이다.

③ 에너지공학기술자와 신재생에너지전문가의 앞으로의 전망을 살펴보면, 재생에너지 보급성과는 2,939MW의 목표치에서 2019년 상반기에 5,031MW로 약 1.7배 초과하였다. 국내 재생에너지 발전비율 목표는 2016년 7.0%에서 2020년엔 10.5%로 늘렸고 2030년의 목표치는 20%로 목표치가 계속 늘어나고 있다. 정부는 에너지산업을 에너

지 분야 성장동력으로 육성 중에 있으며 신재생에너지생산 확대정책을 통해 2030년 국내 재생에너지 발전비율의 목표를 20%까지 상향하고 있다.

◆ 에너지신산업 관련 학과

에너지공학기술자와 신재생에너지전문가의 관련학과로는 건국대 미래에너지공학과, 경북대 일반대학원 수소 및 신재생에너지학과, 경상대 융합과학기술대학원 그린에너지공학전공, 목포대 스마트에너지시스템학과, 서울대 에너지자원공학과, 서울과학기술대 에너지환경대학원 신에너지공학과, 숙명여대 일반대학원 기후환경에너지학, 영남대 일반대학원 그린에너지융합공학과, 연세대 대학원 기후변화에너지융합기술협동과정, 이화여대 기후에너지스템공학전공, 전남대 미래에너지공학융합전공, 창원대 그린에너지대학원 수소 및 바이오에너지전공, 한림대 대학원 기후에너지협동과정, 한양대 공학대학원 에너지자원공학과 등이 있다.

5) 드론(무인비행으로 세상을 바꾸는)

드론이란 사람이 탑승하지 않고 무선전파의 유도에 따라 비행하는 비행기 혹은 헬리콥터 모양의 비행물체를 말한다. 군사용으로 개발된 무인 항공기 드론은 최근 의학, 재난, 예술, 취미 등 상업용으로 활용범위를 넓히며 급격히 발전하고 있다. 특히 드론은 여러 산업 분야와 융합이 가능해 다양한 기능으로 발전이 가능한 하드웨어뿐 아니라 소프트웨어 개발을 통해 비약적 변신이 기대되는 분야이다.

◆ 드론 관련 대표 직업

① **드론전문가** : 다양한 분야의 임무를 지원하도록 3D모델링, 지상통제장치 등 응용장치의 대한 연구와 개발을 하고 드론 조종 및 드론 관련 교육 등을 실시한다.

② **드론콘텐츠전문가** : 사진, 영상, VR제작 등 다양한 콘텐츠 주제를 드론에 활용할 수 있도록 콘텐츠 발굴 및 기획을 한다.

◆ 드론 관련 직업전망

① 드론전문가와 드론콘텐츠전문가에게 요구되는 적성과 흥미는 끊임없이 배우겠다는 의지와 학습역량과 다양하게 융합할 수 있는 창의력이 요구된다. 콘텐츠 제작에 필요한 기술 및 다양한 정보를 모아 분석하고 콘텐츠로 만드는 역량이 필요하다.

② 드론전문가와 드론콘텐츠전문가가 되기 위해서는 특별한 학력, 전공, 나이에 제한이 없다. 항공관련 지식이 필요하므로 관련 전공을 통해 업무의 이해도를 높이는 것이 유리하다. 최근 드론산업 인기에 힘입

어 관련학과나 교육과정이 신설된 대학이 증가하고 있다.

③ 드론전문가와 드론콘텐츠전문가의 앞으로의 전망은 드론 사용사 업체수가 2016년 1,030개, 2017년 1,501개, 2018년 2,195개, 2019년 2,861개로 계속 증가하고 있는 추세이다. 드론 조종자격 취득자 수도 2016년 1,326명, 2017년 4,254명, 2018년 15,671명, 2019년 27,840명으로 급격하게 늘어나고 있는 추세이다. 정부는 새로운 시장 창출로 2028년까지 약 21조 원의 경제적 파급효과와 17만 명의 일자리 창출 효과를 기대하고 있다.

◆ 드론 관련 학과

드론전문가와 드론콘텐츠전문가와 관련된 학과로는 강원도립대 ICT드론과, 포항대 국방드론항공과, 인제대 드론 IoT시뮬레이션학부, 배재대 드론·로봇공학과, 부산과학기술대 드론공간정복과, 창원문성대 드론공간정보과, 서해대 드론과, 영상대 드론교통공학과, 마산대 드론로봇공학과, 한국영상대 드론영상정보과, 초당대 드론학과, 충북도립대 컴퓨터드론과 등이 있다.

6) 미래자동차 (자동차의 스마트한 진화)

미래자동차란 자동차와 ICT의 융합에 따라 안전성과 편의성이 향상된 차로 '친환경화', '지능화'로 표현된다. 미래자동차로 대변되는 스마트자동차는 정보통신기술(ICT)과 자동차가 융합해 친환경·지능화되면서 기존의 자동차가 가진 경계를 허물고 스마트폰처럼 동작하는 일종의 디바이스(Device)로 진화하고 있다. 최근에는 이동 중에도 다양한 콘텐츠를 소비하고 문화를 즐길 수 있는 공간으로 변모 중이다.

◆ 미래자동차 관련 대표 직업

① **신소재개발연구원** : 차량배터리의 핵심소재와 각종 전자부품의 소재 및 디스플레이와 관련된 소재 등을 개발한다.

② **무인자동차 엔지니어** : 운전자 개입 없이 차량 스스로 도로환경을 인식해 주행할 수 있는 무인 자동차를 설계하고 제작한다.

◆ 미래자동차 관련 직업전망

① 신소재개발연구원에게 요구되는 적성과 흥미는 소재분석을 위한 화학, 물리, 수학과 같은 기초과학 과목에 대한 흥미가 있어야 한다. 새로운 과학기술을 빠르게 받아들이고 인지할 수 있는 능력이 필요하다.

무인자동차엔지니어는 자동차 운행에 필요한 다양한 정보를 유사한 유형으로 묶어 처리하는 통합적인 사고력 및 시야가 있어야 하고 자동차 운행 환경에 대한 관심과 이해도가 필요하다.

② 신소재개발연구원과 무인자동차엔지니어가 되기 위해서는 물리학, 컴퓨터공학, 자동차공학, 기계공학, 전기·전자공학 등을 전공하는 것이 유리하다. 무인자동차는 첨단 센서와 소프트웨어 기술이 토대이므로 인공지능, 빅데이터 분석과 관련된 학과로의 진학도 추천할 만하다.

③ 신소재개발연구원과 무인자동차엔지니어의 앞으로의 전망을 살펴보면 전기차는 2017년 25,108대에서 2019년 9월에는 80,902대로 급속하게 증가하였고 전기충전소는 2017년 2,145곳에서 2019년 9월에는 5,390으로 크게 증가하였다. 자율주행 데이터도 전국도로 누적 83만km주행(지구둘레 20배) 분량의 데이터가 축적되어 있다. 친환경·지능화하고 있는 미래자동차산업의 발전은 무궁무진할 것으로 기대된다.

◇ 미래자동차 관련 학과

신소재개발연구원과 무인자동차엔지니어와 관련된 학과로는 가천대 기계·자동차공학과, 강원대 일반대학원 기계자동차공학과, 경북대 일반대학원 미래자동차·IT융합학과, 국민대 기계자동차학부, 군산대 기계융합시스템공학부(미래형자동차공학전공), 부경대 기계자동차공학과,

서울과학기술대 기계·자동차공학과, 안동과학대 미래자동차공학과, 울산대 기계자동차공학전공, 전남대 기계·자동차공학부, 조선대 대학원 기계시스템·미래자동차공학부, 창원문성대 스마트기계자동차공학부, 한양대 미래자동차공학부, 호남대 미래자동차공학부 등이 있다.

7) 스마트공장(제조산업에 ICT를 더하다)

스마트공장이란 제품의 기획부터 판매까지 모든 생산과정을 정보통신기술(ICT)로 통합해 최소 비용과 시간으로 고객맞춤형 제품을 생산하는 사람 중심의 첨단 지능형 공장이다. 스마트공장은 공장자동화와 정보화가 결합한 개념이다. 최근 스마트공장화 추세에 맞춰 다양한 분야에서 로봇산업의 성장이 예견되는데 스마트공장 발전에 가장 중요한 역할을 할 것으로 기대되는 직업으로는 컴퓨터시스템설계 및 분석가, 시스템소프트웨어개발자를 꼽고 있다.

◆ 스마트공장 관련 대표 직업

① **컴퓨터 설계 및 분석가** : 이용자 환경분석을 통한 시스템 설계, 시스템 구축 및 사용까지의 모든 업무를 총괄한다.

② **시스템소프트웨어개발자** : 시스템소프트웨어 개발과 공급을 담당

하고 소프트웨어의 유지, 보수 등과 관련된 활동을 기획하고 지휘 및 조정작업을 한다.

◆ 스마트공장 관련 직업전망

① 컴퓨터시스템설계 및 분석가와 시스템소프트웨어개발자에게 요구되는 적성과 흥미는 기술설계, 기술분석, 전산능력이 요구되고 컴퓨터와 전자공학, 통신공학과 기술 등 컴퓨터시스템과 관련된 배경지식이 필요하다. 논리적으로 문제를 해결하고 차분하고 꼼꼼하게 탐구하는 성격이 요구된다.

② 컴퓨터시스템설계 및 분석가와 시스템소프트웨어개발자가 되기 위해서는 컴퓨터나 정보통신 관련 전공이 일반적이지만 수학 등 자연과학 전공자도 다수 있다. 기업의 생산성 향상을 위해 컴퓨터시스템을 도입하는 경우가 많으므로 경영학, 경영정보학, 산업공학 등을 전공한 후에 진출하는 것도 가능하다.

③ 컴퓨터시스템설계 및 분석가와 시스템소프트웨어개발자의 앞으로의 전망을 살펴보면, 국내 스마트공장의 보급 규모는 2019년 8월 현재 1만 2,000여 개소로 급성장하고 있고 최근 소프트웨어개발전문가, 기타 공학기술자 등의 성장세는 10% 이상 유지하고 있는 중이다.

◆ 스마트공장 관련 학과

컴퓨터시스템설계 및 분석가와 시스템소프트웨어개발자와 관련된 학과로는 강남대 IoT전자공학과, 경북대 산업대학원 산업공학과 컴퓨터공학전공, 단국대 응용컴퓨터공학과, 동국대 IT학부 컴퓨터공학전동, 서울대 대학원 전기·컴퓨터공학부, 성균관대 일반대학원 구조 및 시스템설계공학협동과정, 세종대 광전자공학과, 전남대 전기·전자통신·컴퓨터공학부, 충북대 산업대학원 전기전산공학과, 한양대 공학대학원 전기·전자·컴퓨터공학과, 홍익대 대학원 전자전산공학과 등이 있다.

8) 핀테크(금융과 IT, 모바일 기술의 만남)

핀테크란 복잡한 인증 절차를 거치지 않고, 모바일로 간편하게 결제하고, 인공지능 로봇이 자산을 관리해 주는 금융서비스이다. 핀테크란 '금융'을 의미하는 '파이낸스(Finance)'와 '기술'을 의미하는 '테크놀로지(Technology)'의 합성어로, 모바일 이용이 증가하고 전자상거래시장의 급성장, 비현금 지급수단 이용이 확대되면서 관련 산업이 급성장하고 있다. 인터넷 전문은행, 바이오 인식기술, 블록체인 기술, 인공지능 등 첨단기술과 결합하여 이와 관련한 일자리 창출도 증가할 것으로 전망된다.

◆ 핀테크 관련 대표 직업

① **소프트웨어 개발자** : 소프트웨어의 성능 및 디자인을 결정하고 사용자의 요구를 분석하며 기존 소프트웨어의 오류를 수정한다. 새로운 하드웨어와의 호환성 향상 및 성능을 개선하는 작업을 한다.

② **정보보안전문가** : 컴퓨터 파일의 훼손이나 비인가 사용 등으로부터 정보를 보호하기 위한 방화벽을 설치한다. 정보를 암호화해 정보화하는 과정에서의 위험 분석 등을 한다.

◆ 핀테크 관련 직업전망

① 소프트웨어개발자와 정보보안전문가에게 요구되는 적성과 흥미로는 끊임없이 변화하는 신기술 습득을 위한 자기개발 등 적극적인 자세가 필요하다. 분석적 사고와 혁신, 책임감, 진취성이 요구되며, 발생한 문제를 점검하고 해결하는 꼼꼼함과 원활한 의사소통능력이 필요하다.

② 소프트웨어개발자와 정보보안전문가가 되기 위해서는 컴퓨터공학과, 전산(공학)과, 정보보호 관련 등 IT전공이 일반적이다. 비전공자는 사설 교육기관에서 프로그래밍 언어를 습득한 후 진출이 가능하다. 정보보호 관련 동아리 활동 경력, 각종 보안 관련대회 수상경력 등도 도움이 된다.

③ 소프트웨어개발자와 정보보안전문가의 앞으로의 전망을 살펴보면 국내 핀테크 관련 기업의 증가세가 뚜렷하고(2014년 70개에서 2017년 223개 업체로 급증) 국내 핀테크 기업의 분야별 비율은 지급·결제와 P2P 금융이 대다수를 차지하고 있다.

◆ 핀테크 관련 학과

소프트웨어개발자와 정보보안전문가에 관련된 학과로는 국민대 경영대학원 디지털금융·핀테크MBA전공, 계명대 글로벌창업대학원 핀테크비즈니스학과, 동국대 대학원 핀테크블록체인학과, 부산대 일반대학원 핀테크공학과, 서강대 정보통신대학원 핀테크 전공, 숭실대 정보과학대학원 핀테크융합학과 등이 있다.

3. 유망 직업정보[29]

한국고용정보원에서 발간한 '2019 한국직업전망'을 살펴보면, 향후 10년간 일자리 전망(취업자 수)에서 고용이 증가하는 직업은 19개 직업, 다소 증가하는 직업은 69개 직업, 유지되는 직업은 82개 직업, 다소 감소하는 직업은 28개, 감소하는 직업은 2개 직업 등 총 200개의 직업에 대한 전망을 제시했다.

제시된 200개의 직업을 표로 정리하면 아래와 같다.

<'2019 한국직업전망'의 직업별 일자리 전망 결과>

전망	직업명				
증가 (19)	간병인	간호사	간호조무사	네트워크시스템 개발자	물리 및 작업치료사
	변리사	변호사	사회복지사	생명과학연구원	산업안전 및 위험관리원
	수의사	에너지공학 기술자	의사	치과의사	컴퓨터 보안전문가
	한식목공	한의사	항공기 객실승무원	항공기조종사	

---

29) 고용정보원(2019) 『2019 한국직업전망』 내용 중 요약 정리.

다소 증가 (69)	감독 및 연출자	경영 및 진단전문가 (경영컨설턴트)	경찰관	경호원	관제사
	광고 및 홍보전문가	기자	냉난방관련 설비조작원	노무사	대중가수 및 성악가
	데이터베이스 개발자	도시 및 교통설 계전문가	만화가 및 애니 메이터	미용사	방사선사
	방송 및 통신장비 설치 수리원	배우 및 모델	법률관련 사무원	보육교사	보험 및 금융상품 개발자
	사서 및 기록물관리사	사회과학 연구원	사회단체 활동가	상담전문가 및 청소년지도사	상품기획 전문가
	석유화학물 가공장치 조작원	세무사	소방관	손해사정사	스포츠 및 레크리에이션 강사
	시스템 소프트웨어 개발자	식품공학기술자 및 연구원	안경사	애완동물 미용사	약사 및 한약사
	여행서비스 관련종사자	연예인 및 스포츠매니저	영양사	운송장비 정비원	웹 및 멀티미디어 기획자
	웹 및 멀티미디어 디자이너	응급구조사	응용소프트웨어 개발자	보건의료정보 관리사	인문과학 연구원
	임상병리사	임상심리사	자동차 및 자동차부부품 조립원	작가	전기 및 전자설비 조작원
	전기공학 기술자	전자공학 기술자	정보시스템 운영자	제조공정부품 조립원	지리정보 전문가
	직업상담사 및 취업알선원	치과기공사	치과위생사	컴퓨터시스템 설계 및 분석가	컴퓨터하드웨어 기술자 및 연구원

다소 증가 (69)	큐레이터 및 문화재보존원	택배원	판사 및 검사	피부미용사 및 체형관리사	행사기획사
	화학공학 기술자	환경공학 기술자	환경관련장치 조작원	회계사	
유지 (82)	기업고위임원 (CEO)	간판제작 및 설치원	감정평가 전문가	건설기계 운전원	건축가 (건축사)
	건축공학 기술자	경기감독 및 코치	경비원	경영지원 사무원	공예원
	관세사	국악인 및 전통예능원	금속가공장치 조작원	금융 및 보험관련사무원	금형 및 공작기계 조작원
	기계공학 기술자	기계장비설치 및 정비원	농림어업 기술자	대학교수	도배공 및 유리부착원
	메이크업 아티스트 및 분장사	무역사무원	무용가 및 안무가	물품이동장비 조작원(크레인 및 지게차운전원)	미술가
	미장공 및 방수공	배관공	버스운전원	번역가	법무사
	보험관련 영업원	부동산중개인 (부동산중개사)	비금속광물 가공장치조작원	비서	상품중개인 및 경매사
	상품판매원	생산관련 사무원	소년보호관 및 교도관	시각디자이너	식품가공관련 기능종사자
	식품제조기계 조작원	아나운서 및 리포터	안내 및 접수사무원	영업원	영화·연극 및 방송제작장비 기사
	용접원	운동선수	운송사무원	유치원교사	음악가
	인테리어 디자이너	임업종사자	자동차정비원	자산운용가	장례지도사
	재료공학 기술자	전공	전기 및 전자기기설치 수리원	제과제빵사	제품디자이너
	조경기술자	조사전문가	주방장 및 조리사	중등학교 교사	철골공

유지 (82)	철도 및 전동차기관사	청소원 및 가사도우미	청원경찰	초등학교 교사	출판물전문가	
	토목공학 기술자	통신공학기술자 및 연구원	통신장비 및 방송 송출장비 기사	통역사	투자 및 신용분석가	
	특수학교 교사	패션디자이너	학원강사 및 학습지교사	선장, 항해사 및 도선사	홍보도우미 및 판촉원	
	화물차 및 특수차운전원	회계 및 경리사무원				
다소 감소 (28)	건축목공	결혼상담원 및 웨딩플래너	계산원 및 매표원	귀금속 및 보석세공원	낙농 및 사육관련종사자	
	단순노무 종사자	단열공	단조원	도장원 및 도금원	바텐더	
	비파괴검사원	사진가	섬유공학기술자	세탁원	악기제조원 및 조율사	
	의복제조원 및 수선원	이용사	작물재배종사자	조적공 및 석공	주조원	
	증권 및 외환딜러	철근공	철도 및 전동차기관사	측량가	캐드원	
	콘크리트 공	텔레마케터	판금원 및 제관원			
유지 (82)	어업종사자	인쇄 및 사진현상관련 조작원				

앞으로 고용이 증가할 것으로 예상되는 직업 19개와 다소 증가할 것으로 예상되는 직업 69개 중 41개의 직업을 선택하여 요약했다. 모든 자료는 고용정보원에서 발간한 '2019 한국직업전망'의 내용으로 정리했다.

1) 고용의 증가가 예상되는 직업

간병인	간호사	간호조무사	네트워크 시스템개발자	물리 및 작업치료사
변리사	변호사	사회복지사	생명과학 연구원	산업안전 및 위험관리원
수의사	에너지공학 기술자	의사	치과의사	컴퓨터 보안전문가
한식목공	한의사	항공기 객실승무원	항공기조종사	

◘ 간병인

환자의 보호자가 직장생활이나 사회생활 때문에 환자를 돌보기 어려운 가족을 대신해 환자를 돌보는 서비스를 제공한다. 주로 병원, 요양소, 산후조리원 및 각종 사회복지시설에서 일하며 장기입원치료나 요양이 필요한 환자, 거동이 불편한 환자를 돌본다.

◘ 간호사

병원에서 의사의 진료를 보조하고 의사의 처방이나 규정된 간호기술에 따라 환자를 치료하며, 의사 부재 시 비상조치를 취한다. 또한 가정이나 지역사회를 대상으로 건강의 회복, 질병의 예방, 건강의 유지와 증진을 돕는다.

◘ 간호조무사

수행하는 업무는 근무처에 따라 조금씩 다르다. 일반적으로 의료기관에서 각종 의료검사 및 투약 업무를 보조하며, 환자를 대상으로 주사를 놔주고, 내원환자를 안내한다. 의사의 지시에 따라 수술을 준비하고, 환자의 상태를 꼼꼼히 확인하여 기록하며, 환자의 운동이나 활동을 돕는다.

◘ 네트워크시스템 개발자

소프트웨어, 하드웨어 및 네트워크 장비에 관한 지식을 이용하여 LAN(Local Area Network: 구내정보통신망), WAN(Wide Area Network: 광역통신망), 인터넷, 인트라넷 등과 같은 네트워크를 개발·계획하고 설계 및 시험 등의 업무를 담당한다.

◘ 물리 및 작업치료사

의사의 지시 및 치료 계획에 따라 환자의 상태와 신체기능에 맞는 직접적이고 다양한 치료서비스를 제공하며, 그 결과를 기록하여 담당의사에게 보고한다.

◘ 변리사

특허를 받으려는 의뢰인의 아이디어, 기술 설계도, 제품 등을 검토하고 특허청에 특허권을 청구한다. 또한 특허나 저작권 침해 분쟁이 발생하면 이와 관련된 법률적 심판에 참여하여 전문가로서 특정 특허의 침해 여부를 객관적으로 판단하는 등 분쟁과 관련한 감정 업무를 수행한다.

◘ 변호사

법 관련 업무를 처리해야 하는 당사자, 관계인의 위임 또는 국가·지방자치단체, 기타 공공기관의 위촉을 받아 소송에 관한 행위 및 행정처분의 청구에 관한 대리행위, 일반 법률자문 및 일반 법률사무를 주된 업무로 한다.

◘ 사회복지사

개인적, 가정적, 사회적으로 어려움을 겪는 사람이 스스로 문제를 해결하여 자신이 원하는 삶을 찾고, 안정된 생활을 할 수 있도록 돕는다.

◘ 생명과학연구원

생물학, 의약, 식품, 농업 등 생명과학 분야에서 이론을 연구하고 응용하는 방법을 탐구하는 사람을 말한다. 생명과학연구원은 가르치는 일보다는 연구하는 것을 주 임무로 한다. 생명과학 및 생명공학 분야에서 오랜 경험을 축적하여 전문성이 높고, 이를 바탕으로 연구를 수행하며 새로운 지식을 창출하고, 인간에게 유익한 기술을 발달시키는 역할을 담당한다.

◘ 산업안전 및 위험관리원

각 산업현장에서 발생하는 재해를 예방하기 위한 대책을 수립하고 불안전한 상태와 근로자의 불안전한 행동 및 작업환경 등에 대해 점검하고 개선한다.

◘ 수의사

동물의 질병과 상해를 예방·진단·치료한다. 개나 고양이 등의 반려동물은 물론 소나 돼지 등의 가축, 호랑이나 사자 등의 동물, 그리고 어류, 양서류 파충류, 조류, 꿀벌 등에 이르기까지 다양한 대상의 질병을 진단하고 치료한다.

◘ 에너지공학 기술자

태양광, 풍력 등 신재생에너지를 연구하고 개발하며, 에너지 비용을 줄이거나 에너지효율을 높이기 위한 방법을 고안하여 관련 시스템을 개발·관리하며 에너지효율과 관련된 업무를 기획하고 평가한다.

◘ 의사

전문적인 의료지식 및 기술을 활용하여 질병 및 장애가 있는 사람과 상해를 입은 사람들이 건강을 회복할 수 있도록 치료한다. 환자의 증상에 따른 다양한 검사와 진단을 통해 치료방법 및 치료순서를 결정하고, 약물처방이나 외과적인 수술을 시행한다.

◘ 치과의사

일반적으로 치아나 턱, 잇몸 등의 질병을 진단하고 치료한다.

◘ 컴퓨터 보안전문가

조직의 정보시스템이나 네트워크를 보호하기 위한 보안 업무를 실행하여 내·외부의 위협으로부터 정보자산을 보호한다. 이를 위하여 정책수립에서부터 시스템, 네트워크, 데이터베이스, 애플리케이션 등 관련 시스템을 점검하고 다각적인 해결책을 제시하는 역할을 한다.

◘ 한식목공

목재, 석재, 흙, 벽돌, 기와, 강회 등의 재료를 사용하여 전통건축기법으로 한옥, 궁궐 등의 전통건축물을 신축 또는 보수하는 일을 한다.

◘ 한의사

한의학을 기반으로 환자의 질병과 장애를 진찰하여 원인을 파악하고, 다양한 한의학 치료법을 이용하여 인체의 건강을 유지하도록 돕는다. 한의사는 환자의 얼굴색이나 피부 윤기, 혀 등을 눈으로 관찰하고, 환자의 말이나 호흡, 기침 등의 소리를 듣거나 질병발생 과정 중 증상을 묻고 맥을 짚어보거나 신체를 눌러본다. 또는 혈액검사기 등 현대화된 진단기기를 사용하는 등 다양한 진찰방법을 사용하여 환자를 진찰한 후 치료방법을 결정한다.

◘ 항공기 객실승무원

항공기에 탑승한 승객이 목적지까지 안전하고 쾌적하게 이동할 수 있도록 기내에서 각종 서비스를 제공한다.

◘ 항공기 조종사

항공기(여객기, 화물수송기 등)가 정해진 시간에 목적지까지 안전하게 도착할 수 있도록 조종한다.

2) 고용의 다소증가가 예상되는 직업

감독 및 연출자	경영 및 진단전문가 (경영컨설턴트)	경찰관	경호원	관제사
광고 및 홍보전문가	기자	냉난방 관련 설비조작원	노무사	대중가수 및 성악가
데이터베이스 개발자	도시 및 교통설계전문가	만화가 및 애니메이터	미용사	방사선사

방송 및 통신장비 설치 수리원	배우 및 모델	법률 관련 사무원	보육교사	보험 및 금융상품 개발자
사서 및 기록물 관리사	사회과학 연구원	사회단체 활동가	상담전문가 및 청소년지도사	상품기획 전문가
석유화학물 가공장치 조작원	세무사	소방관	손해사정사	스포츠 및 레크리에이션 강사
시스템 소프트웨어 개발자	식품공학기술자 및 연구원	안경사	애완동물 미용사	약사 및 한약사
여행서비스 관련종사자	연예인 및 스포츠매니저	영양사	운송장비 정비원	웹 및 멀티미디어 기획자
웹 및 멀티미디어 디자이너	응급구조사	응용소프트웨어 개발자	보건의료정보 관리사	인문과학 연구원
임상병리사	임상심리사	자동차 및 자동차부분품 조립원	작가	전기 및 전자설비 조작원
전기공학 기술자	전자공학 기술자	정보시스템 운영자	제조공정부품 조립원	지리정보 전문가
직업상담사 및 취업알선원	치과기공사	치과위생사	컴퓨터시스템 설계 및 분석가	컴퓨터 하드웨어기술자 및 연구원
큐레이터 및 문화재보존원	택배원	판사 및 검사	피부미용사 및 체형관리사	행사기획사
화학공학 기술자	환경공학 기술자	환경관련장치 조작원	회계사	

◘ **감독 및 연출자**

연극, 영화, 라디오 및 TV 프로그램, 광고 등의 제작을 총괄적으로 감독하고 연출한다. 통상 방송에서는 프로듀서(PD), 영화에서는 감독, 연극에서는 연출자 등으로 불린다.

◘ **경영 및 진단전문가**(경영컨설턴트)

기업체의 경영 전반에 대한 문제점을 분석하고 해결책을 모색하며, 이에 관한 상담과 자문 업무를 수행한다. 업무는 경영전략, 인사 및 조직 관리, 재무 및 회계, 마케팅, 고객관리, 제품개발, 생산 및 품질 관리, 정보 및 전산시스템, 물류, 설비, 환경 등 기업경영에 관한 모든 분야와 연관되어 있으며, 산업분야에 따라 전문화되어 있다.

◘ **관제사**

비행기의 이·착륙을 돕는 항공교통관제사와 선박의 입·출항을 총괄하는 해상교통관제사, 철도의 안전운행을 돕는 철도교통관제사로 나뉜다. 항공교통관제사는 항공기가 하늘을 안전하고 원활하게 다닐 수 있도록 하며, 해상교통관제사는 바다에서 배들이 안전하게 다니도록 안내해주는 역할을 수행한다. 철도교통관제사는 철도 및 지하철 등의 운행을 안내하고 통제한다.

◘ **기자**

각종 사건사고, 스포츠, 정치, 문화소식, 생활정보, 그리고 세계 각국에서 일어나는 일 등을 기사화하여 방송, 신문, 인터넷 등의 매체를 통해 신속하게 제공한다. 활동하는 분야에 따라 방송기자, 신문기자, 잡지기자 등으로 불린다.

◘ **냉난방 관련 설비조작원**

냉난방 시스템 혹은 공조시스템을 건물 혹은 공장 내에 설치·유지·보수하고, 진단·수리하는 일을 한다.

◘ **노무사**

노동법률, 인사 및 노무관리 분야에 대한 전문지식에 기반하여 기업의 인사노무관리를 합리적으로 운영 및 개선하고 사업장에서 노동관계 업무가 원활하게 운영될 수 있도록 지원한다. 이를 위해 노동관계 분야 전반에 대한 사항을 분석하여 개선방안을 제시하며, 근로자의 채용에서부터 퇴직에 이르기까지의 모든 법률문제를 담당한다.

◘ **데이터베이스 개발자**

데이터베이스(DB)는 일정한 사용 목적을 위해 상호 관련이 있는 데이터를 체계적으로 모아놓은 것으로, 컴퓨터의 기억장치에 대량의 데이터를 축적해 두고 그중에서 필요한 데이터를 검색, 제공하는 서비스를 데이터베이스 서비스라고 한다.

◘ 만화가 및 애니메이터

흥미로운 이야기를 구성하기 위해 주제를 잡고, 등장인물과 상황을 설정하여 만화를 그리며, 등장인물의 동작, 분위기 및 색상을 결정하여 만화나 만화영화의 그림을 그린다.

◘ 방사선사

전문적인 방사선 지식과 방사선 장비를 이용해 환자의 질병에 대한 진단과 방사선 치료 업무를 한다.

◘ 법률 관련 사무원

법률사무소에서 일하면서 사건 의뢰인이 법률전문가(변호사, 법무사, 변리사 등)와 만나기 전에 의뢰인과 상담하거나 의뢰된 사건과 관련해 정보를 수집하고 자료를 작성한다. 또한 법원, 검찰 등에서 사법행정업무를 수행하거나 기업체의 법무팀에서 기업과 관련한 법률문제를 전문적으로 다루는 일을 한다. 법률관련사무원의 역할은 근무지에 따라 다르다.

◘ 보육교사

보육시설에서 보호자의 위탁을 받은 만 5세 미만의 취학 전 아동을 건강하고 안전하게 보호하고 양육하며, 적합한 교육을 제공한다.

◘ **보험 및 금융상품개발자**

보험 및 금융상품을 파악하고, 사회트렌드, 고객니즈, 금리변동이나 영업비용 등 제반 운영비용과 회사이익 등을 고려하여 보험 및 금융 상품을 개발하는 일을 수행한다.

◘ **사서 및 기록물관리사**

도서관에서 이용자의 편의를 위해 서적, 정기간행물, 시청각자료 등을 수집하고 일정기준에 의거하여 분류, 정리, 보관하는 업무를 수행한다.

◘ **상담전문가 및 청소년지도사**

성격, 적성, 지능, 진로 및 신체적·정서적 증상 등으로 일상생활에서 어려움을 겪거나 갈등에 놓인 사람이 자신의 문제를 해결할 수 있도록 돕는다.

◘ **상품기획전문가**

소비의 구매 패턴과 소비 유형을 파악하여 시장성 있는 상품을 개발하고 개발한 상품을 생산하는 제조업체와 매매 조건, 수수료 등을 협의하고 계약을 체결한다.

◘ **석유 화학물 가공장치 조작원**

일반적으로 석유, 가스 등으로부터 석유화학 기초 화합물을 생산하거나, 이들 석유화학 기초 화합물을 이용하여 플라스틱, 고무 등의 화학물을 가공하는 일을 한다.

◘ 세무사

조세에 관한 전문가로서 납세고객의 위임을 받아 조세에 대해 상담하고 의뢰인을 대리하여 회계장부를 비롯해 각종 납세관련 서류를 작성하는 등 세무 업무를 대리한다.

◘ 손해사정사

보험사고로 생긴 손해에 대하여 그 원인과 손해의 정도를 조사한 후 관련 법규 및 보험약관에 따라 손해액과 보험금을 계산하여 정하는 손해사정 업무를 수행한다.

◘ 시스템소프트웨어 개발자

시스템소프트웨어의 개발과 공급, 소프트웨어의 유지·보수 등과 관련된 활동을 기획·지휘 및 조정한다. 즉, 컴퓨터시스템의 일부로서 공급되는 소프트웨어이자 컴퓨터를 사용하기 위해 가장 근본적으로 필요한 소프트웨어로, 응용프로그램을 개발하거나 사용할 수 있도록 해준다.

◘ 안경사

국민의 눈 보건 향상을 위하여 정확한 시력검안을 통해 소비자의 얼굴에 적합한 안경이나 콘택트렌즈를 제작하고 판매한다. 이들의 주요 업무는 시력보정용 안경의 조제 및 판매이다.

◘ 애완동물미용사

애완동물미용사는 개나 고양이 등의 애완동물을 목욕시키고, 클리퍼나 가위 등을 사용하여 털을 깎거나 다듬어주며, 귀청소, 발톱정리를 해주는 등 동물의 미용과 청결을 담당한다.

◘ 여행서비스 관련 종사자

여행서비스 관련 종사자는 새로운 여행지를 상품화하는 여행상품기획가와 내국인 및 외국인의 국내외 여행이 원활히 진행되도록 여행상품 전반에 걸친 업무를 지원하는 여행사무원, 여행에 필요한 각종 편의를 제공하며 쾌적한 여행을 할 수 있도록 안내하는 여행안내원(관광통역안내사, 국내여행안내사) 및 국외여행인솔자로 구분할 수 있다.

◘ 연예인 및 스포츠매니저

연예인매니저는 가수, 탤런트, 영화배우, 개그맨 등 연예인의 스케줄을 조절하고, 이미지를 관리 하는 일을 한다. 스포츠매니저는 운동선수의 트레이드 협상이나 입단계약을 비롯해 선수생활 전반을 책임지고 지원한다.

◘ 웹 및 멀티미디어 기획자

웹 기획 및 개발자는 웹사이트를 기획하고 개발하는 사람으로 웹기획자, 웹프로그래머 등이 포함되며, 멀티미디어 기획 및 개발자에는 애니메이션기획자(애니메이션감독·디렉터), 게임기획자 등이 포함된다.

◘ 응급구조사

교통사고, 화재발생 등 인명과 관련된 위급한 상황이 발생했을 때 사고현장에 출동하여 응급조치를 취하고, 환자를 신속히 병원으로 이송하여 생명을 구한다.

◘ 응용소프트웨어개발자

워드프로세서(한글, MS워드 등), 회계관리프로그램, 통계처리프로그램, 이미지 편집 툴(포토샵, 일러스트레이터 등) 등 학교, 가정, 회사 등에서 더욱 빠르고 효율적으로 일을 처리할 수 있도록 돕는 응용소프트웨어를 개발한다.

◘ 보건의료정보관리사

보건의료정보관리사는 질병의 치료 및 건강과 관련된 정보를 수집·보관·유지하며, 정보가 법적 요건에 맞추어 적정하게 이용될 수 있도록 관리한다.

◘ **작가**

소설, 시, 수필, 동화 등의 문학작품이나 방송 프로그램의 대본, 영화, 연극, 애니메이션 등의 시나리오를 창작한다. 생산되는 창작물에 따라 문학작가, 방송작가, 시나리오 작가 등으로 불린다.

◘ **전기 및 전자설비조작원**

전기를 공급하고 유지하는 데 필요한 직·간접 설비를 운영하고 관리한다.

◘ **전기공학기술자**

고품질 전기의 생산과 수송, 소비에 필요한 설비, 장비, 부품 등을 연구·개발·설치·운용하며, 각종 전기설비를 설계하고 시공·감리·유지·보수한다.

◘ **전자공학기술자**

방송 및 통신 시스템, 위성위치추적시스템(GPS)과 같은 전자 장비를 설계하고 개발한다. 주로 구성요소 제품에서부터 전자기기시스템과 같은 완제품을 생산하는 산업 분야에서 일하면서 전자소재 부품의 개발·생산 및 조립단계부터 최종 전자시스템의 연구·개발 및 생산·검사 등의 업무를 수행한다.

◘ 지리정보전문가

각종 지리정보를 체계적으로 수집하고 구축된 데이터베이스를 관리 및 운영하기 위한 지리정보시스템(GIS)을 분석·설계하는 일을 한다.

◘ 직업상담사 및 취업알선원

직업상담사는 구직자나 미취업자에게 적절한 직업정보를 제공하고, 경력 설계, 직업 선택, 구직활동 등에 대한 전문적인 도움을 준다. 또 직업 전환, 직업 적응, 실업 및 은퇴 등의 과정에서 발생하는 다양한 문제에 대해 적절히 대처할 수 있도록 정보를 제공하고, 전문적인 상담을 수행한다. 취업알선원은 구직자에게 알맞은 일자리 정보를 제공하고, 구인을 희망하는 업체에는 적절한 인력을 공급해 준다.

◘ 치과기공사

구강에서 얻은 모형을 바탕으로 치과보철물 및 장치물을 과학적인 방법과 관련된 기술로 제작하여 구강기능이 원활하도록 돕는다.

◘ 컴퓨터시스템설계 및 분석가

조직의 효율적인 운영을 돕기 위해 현행 컴퓨터 시스템을 분석하여 정보 시스템을 통한 해결책을 설계한다

◘ 큐레이터 및 문화재보존원

큐레이터(Curator)는 박물관이나 미술관 등에서 관람객을 위해 전시를 기획하고, 소장품에 대한 관리와 연구를 주로 담당한다. 문화재보존원은 과학지식과 기술을 응용하여 귀중한 문화재의 원형을 복원하고 보존하는 일을 한다. 국공립 시설에서 근무하는 경우 학예사나 학예연구사, 학예연구원으로 불리기도 한다.

◘ 피부미용사 및 체형관리사

피부미용사는 마사지, 팩, 관련 기기, 화장품 등을 사용하여 고객의 얼굴, 목 등 피부를 아름답고 건강하게 유지·관리해준다. 체형관리사(다이어트프로그래머)는 운동이나 식이요법을 통해 고객의 전체적인 체형이나 신체 특정 부분의 균형을 잡아주고 탄력 있게 유지·관리하도록 도움을 준다.

◘ 행사기획사

전시회, 박람회, 시사회, 엑스포, 컨퍼런스, 세미나, 포럼, 정기총회, 국제회의, 축제, 판촉행사, 시상식, 개막식 등 각종 행사를 기획하고 조직하며 진행한다.

◘ 환경공학기술자

다양한 공학원리를 활용하여 대기환경, 수질환경, 폐기물환경, 토양

환경, 해양환경, 작업장환경, 생태계 등 환경문제를 해결하기 위해 시험·분석·연구·개발·평가 등의 업무를 수행한다.

◘ 회계사

회계에 관한 용역 업무를 계획·관리하고 의뢰인의 위임을 받아 회계서류의 작성, 기업의 법인세보고서 작성, 회계감사 또는 증명을 하며 재무서류의 조정, 재무조사 및 기타 회계 사무에 관한 상담을 수행한다. 이들의 업무는 크게 회계감사 업무, 세무서비스 업무, 경영 컨설팅 업무 등이다.

4. 이색 직업정보[30]

이색직업은 현존하고 있는 직업이지만, 우리들에게 많이 익숙하지 않은 직업을 말한다. 많은 이색직업 중 특색있는 19개의 직업을 선별하여 정리했으며, 자료의 출처는 워크넷의 직업정보에 제시된 이색직업을 참고하였다.

PPL(간접광고) 마케터	가사조사관	공정무역 전문가	국제의료 마케팅전문가	귀농귀촌 플래너
다문화 코디네이터	동물매개 심리사	드론조종사	디지털 포렌식 수사관	모낭분리사
브루마스터	빅데이터 분석가	온라인 평판관리사	유품정리인	정리수납 컨설턴트
조향사	큐그레이더 (커피향미감정 평가사)	페도티스트	프로파일러	

---

30) 워크넷(www.work.go.kr)의 직업정보 중 "이색직업정보" 내용 정리.

◘ **PPL(간접광고)마케터**

텔레비전 드라마나 예능프로그램 속에 제품을 등장시키는 광고기법인 PPL(Product In Placement)을 진행하는 일을 한다. PPL(간접광고)마케터의 업무는 화면에 특정 브랜드가 얼마나 나오느냐에 따라, 기업체의 지원 형태에 따라 조금씩 다르다. 보통은 협찬을 구상하는 기업과 상담을 하고, 협찬을 진행할 프로그램(매체)를 선정한 후 선정된 매체와 협찬 조건을 협의하는 일부터 진행한다. 협찬할 상품이나 광고 등이 정해지면 프로그램 내용에 맞춰 상품이나 광고 등이 자연스럽게 보이도록 연출을 진행한다.

◘ **가사조사관**

가사소송규칙 제8조(가사조사관의 임무)에 따라 재판장, 조정장 또는 조정담당판사의 명을 받아, 가사 사건의 사실 관계를 조사하고, 가정을 비롯해 가정의 주변 환경 문제를 원만하게 조정할 수 있도록 다양한 조치를 취하는 일을 한다.

재판장, 조정장 또는 조정 담당 판사의 명을 받아 조사에 착수한다. 사건 기록 등을 상세히 검토해 조사방향을 설정하고, 실제 당사자들을 면담한다. 쌍방의 주장과 답변 등을 모두 듣고 사안의 실정, 즉 사건의 배후에 있는 진짜 분쟁의 원인이 무엇인지를 조사한다. 필요에 따라 사건과 관계된 사람들의 학력, 경력, 생활상태, 재산 상태와 성격, 건강 및 가정환경 등에 대해 조사하기도 한다.

◘ 공정무역전문가

저개발 국가의 생산자와 그들이 생산한 제품을 구입하는 소비자 사이에서의 교역을 돕는 일 전반을 맡는다. 그리고 공정무역이 사회에 널리 알려지도록 교육, 캠페인 하는 일도 하고 있다. 공정무역 관련 업무는 실제 생산지에 가서 생산자를 만나, 선진국 시장에 진입하기 어려운 점들을 해결하는 일부터 시작한다. 생산자에게 품질향상과 비즈니스에 대한 감수성을 높이는 교육훈련 프로그램 등을 제공하고 이후 역량이 강화된 생산자들과 교역을 시작하고 제품의 수입과 제조, 판매, 유통을 진행한다.

◘ 국제의료마케팅전문가

외국인 환자를 국내에 유치하기 위해 국내 병원의 의료 콘텐츠를 기획하고, 이를 잘 홍보해서 외국인 환자들이 국내 병원을 이용할 수 있도록 하는 일을 담당한다. 병원국제마케터, 해외환자유치전문가 등 다양한 이름으로 불리고 있다.

외국인 환자를 유치하기 위해서는 콘텐츠 기획을 해야 한다. 속한 병원의 의료기술 등을 바탕으로 병원의 의료상품을 개발하고, 이를 알리기 위해 다양한 홍보활동을 펼친다.

◘ 귀농귀촌플래너

귀농·귀촌인을 대상으로 상담과 교육부터 사후 주거·일자리·재무 등에 이르기까지 종합적인 서비스를 제공하는 역할을 담당한다. 즉, 귀농정책, 법률, 상담기법 등을 기반으로 귀농 귀촌 지역 및 재배 품목 결정, 정보 수집, 네트워크 형성 등 귀농을 위한 준비부터 실행까지 현장에서 종합안내자 역할을 수행한다. 이로써 귀농·귀촌인들이 두 번째 인생에 안정적으로 정착할 수 있게 이끄는 '길잡이' 역할을 한다.

◘ 다문화코디네이터

다문화가정의 자녀가 우리나라에서 안정적인 교육을 받을 수 있도록 다양한 분야에서 교육 프로그램을 소개하고 지원하는 일을 한다. 이들은 다문화가정 자녀를 대상으로 입학상담을 해주고, 학생들이 적절한 학교에 배치되도록 도우며, 각 다문화 가정에 맞춤한 교육지원 사업을 연계해주는 등의 다양한 일을 한다.

한국어가 서툰 학생일 경우에는 정규 교육을 받기 전 한국어와 한국문화 등을 가르쳐주는 예비학교 진학을 추천해주거나 다문화학생 특별학급이 설치된 학교 등에 배치되도록 도와준다. 또 학생 개인별 사례를 관리해서 지역사회 등과 연계한 다양한 프로그램을 접할 수 있도록 다리를 놓아주기도 한다.

◘ 동물매개심리사

개, 고양이, 말, 새, 돌고래 등 도우미 동물들을 통해 몸과 마음에 상처가 있는 사람들이 동물과 상호작용을 하며 정신적·신체적·사회적 기능을 회복하고 심신의 재활 등을 할 수 있도록 돕는 일을 한다. 이때 치유의 대상은 우울증이나 대인관계에 어려움을 느끼고 있는 사람부터 장애인, 노인, ADHD 환자까지 매우 다양하다.

동물을 활용한 치유 과정은 '상담을 통한 치료계획 수립 → 진행 → 평가' 순서이다. 치료 후 보호자와의 상담을 통해 치료실 밖에서 클라이언트에게 필요하다고 판단되는 심리적 환경 구성에 대해 컨설팅을 하고, 클라이언트가 반려동물의 분양을 원할 경우, 클라이언트의 특성에 맞는 동물을 선택해 훈련을 지원하며 동물 관리방법에 대한 교육을 한다.

◘ 드론조종사

지상에서 원격조종 등을 통해 드론이라는 이름의 비행체를 조종하는 전문가다. 드론 날개에 연결된 모터를 빠르게 회전시키면 순식간에 날개 위아래 차이가 생기면서 회전과 거의 동시에 기체가 공중에 뜨는 원리로 움직인다. 헬리콥터가 뜨는 것과 같은 원리다. 드론조종사는 지상에서 원격조종을 통해 사전에 프로그램된 경로에 따라 자동 또는 반자동으로 드론을 조종한다. 지상에서 원격으로 인공지능 항법 장치를 통해 비행체, 지상통제장비(GCS: Ground Control Station/System), 통신장비(Data Link) 및 지원 장비(Support Equipments) 등의 표준화된 시스템을 운영, 통제한다.

◘ 디지털포렌식수사관

디지털포렌식(digital forensic)이란 범죄수사에서 과학적 증거수집 및 분석기법의 일종으로 각종 디지털 데이터 및 통화기록, 이메일 접속기록 등의 정보를 수집·분석하여 범행과 관련된 증거를 확보하는 수사기법을 말한다. 컴퓨터법과학(computer forensic science)이라고도 한다. 디지털 포렌식은 그 분석 대상에 따라 디스크 포렌식, 라이브 포렌식(휘발성 데이터 대상), 네트워크 포렌식, 웹 포렌식, 모바일 및 임베디드 포렌식, 소스코드 포렌식, 데이터베이스 포렌식 등으로 나눌 수 있다.

디지털포렌식수사관이 하는 일은 크게 사전 준비, 증거 수집, 증거 포장 및 이송, 조사 분석, 정밀 검토, 보고서 작성 등이다. 먼저 증거수집·복구는 컴퓨터 메모리, 하드디스크드라이브, USB 메모리 등 저장 매체에 남아 있는 데이터를 무결하게 획득한다. 그리고 수집된 데이터에서 수사에 필요한 유용한 정보를 끌어낸다. 일부 데이터는 숨겨져 있을 수 있기 때문에 삭제된 파일을 복구하거나 암호화된 파일을 해독하는 등 보다 과학적인 분석기술이 활용된다. 분석은 복구한 데이터가 피의자의 것이 맞다는 것을 입증하는 것, 혐의사실 입증에 그 데이터가 어떤 증거능력을 가지는지 등을 명확히 제시하는 것 등이다. 확보한 자료는 디지털포렌식수사관의 면밀한 분석을 통해 법정에서 효력을 발휘하는 증거로 재탄생하게 된다. 또 법정에서 디지털 자료가 가지는 증거로서의 효력에 대해 공격이 들어오면 이를 미리 예상하고 대비할 수 있어야 한다.

◘ 모낭분리사

모발이식은 머리카락을 자라게 하는 기본 세포조직인 '모낭세포'를 이식하는 수술이다. 모낭분리사는 이 과정에서 시술자의 모발을 분리하는 의사를 보조하는 일을 한다.

모낭분리사는 모발이식 수술 시 모발의 높은 생착률(조직이 다른 조직에 제대로 붙어서 사는 비율)을 위해 빠르고 정확하게 모낭분리를 수행한다. 의사가 환자의 후두부를 절개해 두피를 모낭분리사에게 넘겨주면, 모낭분리사 여럿이 모낭덩어리를 작은 단위로 분리한다. 의사가 환자의 열린 부위를 봉합할 때 분리를 마친 모낭을 식모기에 장착해 의사가 빠르게 이식을 할 수 있도록 돕는다.

◘ 브루마스터

기존의 대형 맥주회사로부터 맥주를 공급받아 운영하는 맥주점과 달리 하우스맥주 전문점에서는 맥주제조에서 판매에 이르기까지 동일한 매장에서 이루어지는데, 이곳에서 맥주가 만들어지기까지의 제조공정을 관리하는 사람을 브루마스터(Brew Master)라 부른다. 독일에서는 양조 관련 학위를 받은 사람을 브루마스터라 한다.

맥주를 제조한다는 점에서 맥주공장에서의 제조와 크게 다르지 않다. 그러나 맥주공장에서는 수행하는 일이 세분화되어 각각 다른 사람이 일하지만, 이곳 하우스맥주 전문점에서는 브루마스터가 모든 공정을 관리한다.

브루마스터는 맥아, 효모, 홉 등의 맥주재료를 감별하고, 맥아를 담금에 사용될 수 있도록 분쇄기를 조작하여 분쇄한다. 맥즙을 여과하여 끓인 후 효모를 첨가하고, 발효시키는 전반적인 맥주제조 공정을 관리한다. 이에 따라 분쇄기, 여과기, 담금탱크, 저장탱크 등을 조작하고, 맥주 맛을 시음하거나, 당도와 산성도(pH) 등을 측정하여 발효 및 숙성의 진행정도에 따라 온도와 압력을 조절하는 등 전체 제조과정을 혼자서 담당하게 된다.

▣ 빅데이터분석가

대량의 빅데이터를 관리하고, 분석해서 이 결과를 바탕으로 통계모델을 만들어 사람들의 행동패턴이나 시장경제 등을 예측할 만한 정보를 제공한다. 구체적으로는 데이터 수집, 데이터 저장 및 분석, 데이터 시각화 등을 통한 정보 제공 등의 과정을 담당한다고 보면 된다.

이들의 업무는 빅데이터를 어떻게 추출하고, 어디에 활용할 것인지 기획을 하는 일부터 시작한다. 기획을 통해 분석할 빅데이터 자원이 확보되면 품질을 관리해 빅데이터 플랫폼을 개발하고, 실제 빅데이터를 분석하는 작업을 거친다. 대용량의 데이터를 처리하는 플랫폼 개발 및 빅데이터 분석 업무를 할 때는 다양한 알고리즘을 분석하고 이를 시각화하는 일을 해야 한다. 이렇게 나온 분석 자료들은 다양한 분야에서 사용된다.

◘ 온라인평판관리사

개인 또는 기업의 평판을 전반적으로 관리하는 일을 한다. 기업이나 개인과 관련한 정보나 브랜드 등을 보호할 만한 사전대책 등을 세우고, 온라인 등에 올라온 콘텐츠를 정기적으로 모니터링해 악성 평판이 보였을 경우 이를 적극적으로 해결한다. 예를 들어, 어떤 개인이나 기업과 관련한 이름을 검색했을 때 부정적 검색 결과가 나오지 않도록 하기 위해 긍정적인 웹사이트나 소셜미디어 프로필 등을 연동시켜 놓거나 신뢰할 수 있는 웹사이트에 보도 자료를 내고 포털사이트 검색어에서 좋은 평가로 높은 순위를 얻게 한다. 또 누군가가 올린 부정적인 평판 때문에 기업 이미지가 훼손된 경우 법적 조치도 취한다.

◘ 유품정리인

가족의 돌봄 없이 사망한 사람들의 유품, 재산 등이 제대로 정리 및 처리되도록 돕는 일을 한다. 이들은 유품을 물리적으로 정리하는 일부터 고인의 재산 등이 알맞은 상속자에게 제대로 상속되도록 도움을 주는 일까지 고인의 삶에 남은 많은 것들을 정리하는 일을 한다. 아직 이 직업이 정착되지 않은 우리나라에서는 유품정리인이 직접 유품 정리를 하기도 하지만 유품 정리 분야가 자리를 잡은 나라에서는 유품정리인이 유품 정리를 기획만 하고, 실제 정리는 용역업체 직원이 하는 식으로 일을 진행하기도 한다.

◘ 정리수납컨설턴트

가정이나 회사 등을 방문하여 효율적인 생활공간과 작업공간을 구성하기 위해 공간상황을 분석하고, 상담하고, 계획하여 공간 정리수납 작업을 수행한다.

정리수납컨설팅은 '기업의 사무실 및 공장의 부품정리와 주거공간인 가정집 컨설팅'으로 나뉜다. 이외에도 매장, 어린이집 등 정리수납이 필요한 공간은 어디든 서비스가 가능하다. 주요 업무는 공간, 상황분석 → 공간정리 상담 → 공간정리 계획 → 공간정리 작업 → 작업완료 → 확인 순서로 이루어진다. 공간, 상황분석은 의뢰받은 공간의 물건 양과 공간의 크기를 측정하고 기존 수납용품을 확인하여 작업조건을 확인하는 일이다. 공간정리 상담은 의뢰받은 공간정리의 문제점을 진단하고 해결책을 제시하여 고객과 협의하며, 공간정리에 대한 계약을 체결하는 일이다.

◘ 조향사

향수를 '보이지 않는 액세서리'라고도 부르는데, 이런 향을 만드는 사람들이 조향사이다. 향이라고 하면 오직 향수만을 떠올릴 수 있는데, 방향제나 탈취제는 물론 화장품, 샴푸, 치약, 음료, 과자 등에 첨가되어 있는 독특한 향, 그리고 다양한 용도로 이용되는 향을 만들어 내는 이들 또한 조향사이다. 따라서 조향사는 향수를 디자인하는 '퍼퓸디자이너(Perfume designer)'뿐만 아니라 화장품이나 생활용품 등의 제품에 향을 입히는 '퍼퓨머(Perfumer)', 그리고 과자나 음료 등 식품의 향을 만드는 '플래버리스트(Flavorist)'로 구분할 수 있다.

▣ 큐그레이더(커피향미감정평가사)

커피 품질의 등급(grade)을 정하는 일을 한다. 커피의 원재료인 생두의 품질과 맛, 특성을 감별해 좋은 커피콩을 선별하고 평가하는 것이 주요업무다. 주로 커피 수입, 로스팅, 음료판매 부분에 관여한다. 먼저 수입하는 생두의 외관을 보고 1차로 생두를 평가한다. 그리고 생두를 로스팅한 콩과 원두의 상태를 꼼꼼하게 확인한다. 또한 원두를 분쇄한 뒤 냄새를 맡아 커피를 평가하고, 분쇄된 원두 위에 물을 부어 완성된 한 잔의 커피를 음미하며 최종 품질을 평가한다.

▣ 페도티스트

신발, 발 보조기구 그리고 기타 발에 관련된 페도틱 용품을 사용해 발의 통증이나 불편감을 해소한다. 활동분야는 크게 일반 상업, 스포츠, 의료 분야 등으로 나눌 수 있다. 이 중 국내 페도티스트는 의료분야, 즉 병원을 중심으로 활동하는 경우가 많다. 의사가 발의 문제점을 진단하고 처치가 필요하다고 판단하면, 페도티스트는 그에 맞는 신발이나 인솔, 발 보조기구 등을 추천하거나 디자인하고 제작한다. 또한 발 질환 예방을 위해 교육과 상담을 하기도 한다. 아직은 시장규모가 작아 일반 상업 분야나 스포츠 분야에서 일하는 페도티스트는 소수이다.

◘ **프로파일러**

프로파일링이 갖는 사전적 의미가 '윤곽을 그리는 것'과 같이 사건의 윤곽을 그리는 사람이 바로 프로파일러다. 우리나라 말로는 범죄심리분석관이라고도 한다.

프로파일러는 주로 증거가 불충분하여 일반수사만으로는 한계가 있는 이상범죄나 연쇄살인 같은 강력범죄를 해결하기 위해 투입된다. 수사요청을 받은 프로파일러는 사건현장에 출동해 범죄자가 어떻게 범행을 준비했고, 어떻게 범죄를 저질렀는지, 시신은 어떻게 처리했는지 등 일련의 범죄과정을 과학적으로 재구성하고 이를 통해 범행동기와 용의자의 특징 등을 분석하고 그 특징을 토대로 은신처나 도주경로를 예측하기도 한다. 피의자가 검거된 후에는 심리적 약점을 공략해 자백을 받아내고 여죄를 밝히는 심문에도 참여하며, 심문과정에서 한 말과 행동을 상세히 기록하는 일도 한다.

PART 7

직업흥미 및 적성검사 도구

1. 직업선호도 검사[31]

직업상담 현장에서 직업에 대한 선호도를 알아보기 위한 검사로 가장 보편적으로 사용하는 검사도구가 직업선호도 검사이다. 직업선호도 검사는 고용노동부 사이트인 워크넷(www.work.go.kr)에서 제공하는 검사로 대학생을 포함한 성인용과 청소년용 두 가지가 있다. 직업선호도 검사는 개인의 직업흥미, 성격과 심리적 특성을 나타내고 있어 검사 결과로 특정 직업에 대한 선호와 개인의 성격 및 심리적인 부분을

---

31) 고용정보원 『대학생·성인의 자기이해 및 직업탐색을 위한 검사』 내용 요약정리.

파악하여 상담해 줌으로써 스스로 자신의 직업을 잘 선택할 수 있도록 도와준다.

성인용 직업선호도 검사에는 S형과 L형 두 가지가 있다.

1) 직업선호도 검사 S형

직업선호도 검사 S형은 개인이 좋아하는 활동, 자신감을 가지고 있는 분야, 관심 있는 직업 및 학문분야 등을 측정하여 직업탐색 및 선택과 같은 직업의사결정을 하는데 도움을 주기 위해 개발된 검사이다.

(1) 검사의 특징 및 장점

① 직업선호도검사 S형은 전 세계적으로 진로 및 직업상담 장면에서 가장 많이 활용되고 있는 Holland 흥미이론에 기초하여 제작되었다.

② 직업선호도 검사 S형의 검사결과는 누구나 이해할 수 있도록 쉽게 구성되어 있다.

③ 직업탐색 및 직업선택 등의 직업의사결정에 도움을 줄 수 있다.

- 직업선호도검사 S형은 개인이 좋아하는 활동, 자신감을 가지고 있는 분야, 관심 있는 직업 및 학문분야 등을 측정하여 개인의 흥미에 가장 적합한 직업을 안내한다.

④ 적합 직업에 대한 상세한 직업정보를 탐색할 수 있다.

　－ 검사결과 제시되는 흥미유형코드를 토대로 적합한 직업이 제시된다. 또한 결과상에서 제시되는 직업정보는 한국고용정보원에서 제공하는 각종 직업정보와 연계되어 있어 자신에게 적합한 직업에 대한 상세한 직업정보를 탐색할 수 있다.

(2) 검사의 구성 및 내용

Holland 흥미이론을 바탕으로 제작된 흥미검사는 6개 흥미요인을 5개 하위척도로 측정한다.

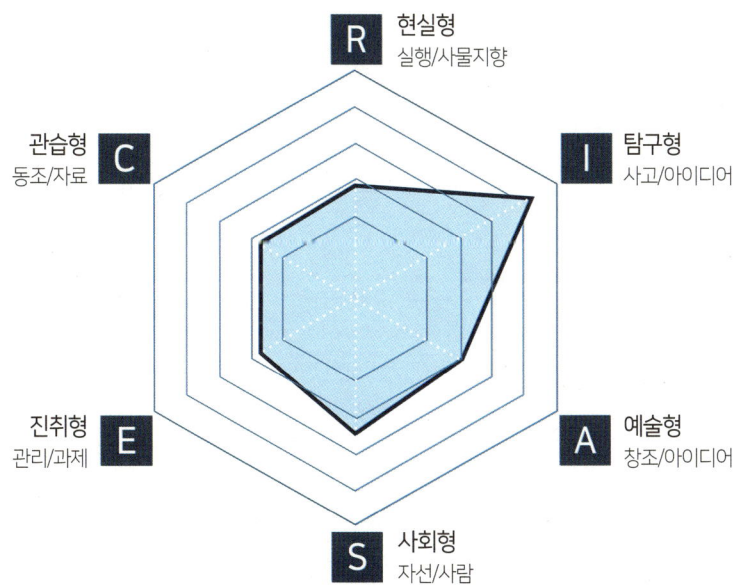

<6개 흥미요인별 특성>

구분	현실형(R)	탐구형(I)	예술형(A)
흥미 특성	분명하고 질서정연하고 체계적인 것을 좋아하고 연장이나 기계를 조작하는 활동 내지 기술	관찰적, 상징적, 체계적이며 물리적, 생물학적, 문화적 현상의 창조적인 탐구를 수반하는 활동	예술적 창조와 표현, 변화와 다양성을 선호하고 틀에 박힌 것을 싫어하며 모호하고, 자유롭고, 상징적인 활동
자기 평가	사교적 재능보다는 손재능 및 기계적 소질이 있다고 평가	대인관계 능력보다는 학술적 재능이 있다고 평가	사무적 재능보다는 혁신적이고 지적인 재능이 있다고 평가
타인 평가	겸손하고 솔직하지만 독단적이고 고집이 센 사람	지적이고 현학적이며 독립적이지만 내성적인 사람	유별나고 혼란스러워 보이며 예민하지만 창조적인 사람
선호 활동	기계나 도구 등의 조작	자연 및 사회현상의 탐구, 이해, 예측 및 통제	문학, 음악, 미술활동
적성	기계적 능력	학구적 능력	예술적 능력
성격	현실적이고 신중한 성격	분석적이고 지적인 성격	경험에 대해 개방적인 성격
가치	눈에 보이는 성취에 대한 물질적 보상	지식의 개발과 습득	아이디어, 정서, 감정의 창조적 표현
회피 활동	타인과의 상호작용	설득 및 영업활동	틀에 박힌 일이나 규칙
대표 직업	기술자, 가동기계 및 항공기 조종사, 정비사, 농부, 엔지니어, 전기·기계기사, 군인, 경찰, 소방관, 운동선수 등	언어학자, 심리학자, 시장조사분석가, 과학자, 생물학자, 화학자, 물리학자, 인류학자, 지질학자, 경영분석가 등	예술가, 작곡가, 음악가, 무대감독, 작가, 배우, 소설가, 미술가, 무용가, 디자이너, 광고, 기획자 등

구분	사회형(S)	진취형(E)	관습형(C)
흥미특성	타인의 문제를 듣고, 이해하고, 도와주고, 치료해주고, 봉사하는 활동	조직의 목적과 경제적 이익을 얻기 위해 타인을 지도, 계획, 통제, 관리하는 일과 그 결과로 얻어지는 명예, 인정, 권위	정해진 원칙과 계획에 따라 자료를 기록, 정리, 조직하는 일을 좋아하고 체계적인 작업 환경에서 사무적, 계산적 능력을 발휘하는 활동
자기평가	기계적 능력보다는 대인관계적 소질이 있다고 평가	과학적 능력보다는 설득력 및 영업능력이 있다고 평가	예술적 재능보다는 비즈니스 실무능력이 있다고 평가
타인평가	이해심 많고 사교적이고 동정적이며 이타적인 사람	열정적이고 외향적이며 모험적이지만 야심이 있는 사람	안정을 추구하고 규율적이지만 유능한 사람
선호활동	상담, 교육, 봉사활동	설득, 지시, 지도활동	규칙을 만들거나 따르는 활동
적성	대인지향적 능력	경영 및 영업능력	사무적 능력
성격	동정심과 참을성이 있는 성격	대담하고 사교적인 성격	현실적이고 성실한 성격
가치	타인의 복지와 사회적 서비스의 제공	경제적 성취와 사회적 지위	금전적 성취와 사회, 사업, 정치영역에서의 권력 획득
회피활동	기계·기술적 활동	과학적, 지적, 추상적 주제	명확하지 않은 모호한 과제
대표직업	사회복지사, 교육자, 간호사, 유치원 교사, 종교지도자, 상담가, 임상치료가, 언어치료사 등	기업 경영인, 정치가, 판사, 영업사원, 상품구매인, 보험회사원, 판매원, 연출가, 변호사 등	공인회계사, 경제분석가, 세무사, 경리사원, 감사원, 안전관리사, 사서, 법무사, 의무기록사, 은행사무원 등

◆ 5개 학위척도 특성

- **활 동** : 어떤 종류의 일이나 활동을 좋아하는지 또는 하고 싶은지를 측정
- **유 능 성** : 자신이 무엇을 잘 할 수 있고, 또 어떤 능력이 있다고 생각하는지 측정
- **직 업** : 여러 가지 직업에 대해 개인이 좋아하고 마음에 들어하는 직업이 무엇인지를 측정
- **선호분야** : 다양한 학문분야에 대한 선호도 측정
- **일반성향** : 흥미와 관련하여 일반적으로 어떤 성향 혹은 태도를 가지고 있는지 측정

(3) 검사의 활용

① 진로 및 직업상담 시 참고자료로 활용할 수 있다.
 - 흥미 분야에 대한 정보를 제공해주고, 이와 관련된 대표 직업 및 정보처를 추가 로 제시해주어 진로 및 직업 상담 시 참고자료로 활용할 수 있다.

② 직업탐색 및 직업선택 등의 직업의사결정에 도움을 줄 수 있다.
 - 직업선호도검사 S형은 개인이 좋아하는 활동, 자신감을 가지고 있는 분야, 관심 있는 직업 및 학문 분야 등을 측정하여, 궁극적으로 개인의 흥

미에 가장 적합한 직업을 안내해 줌으로써 직업의사결정 시 도움을 줄 수 있다.

2) 직업선호도 검사 L형

직업선호도검사 L형은 대학생 및 성인구직자들이 자신의 흥미, 성격, 생활경험과 같은 심리적 특성을 이해하고, 검사결과를 종합적으로 해석하여 직업탐색 및 선택과 같은 직업의사결정을 하는 데 도움을 주기 위해 개발된 검사이다.

(1) 검사의 특징 및 장점

① 직업선호도검사는 흥미검사, 성격검사, 생활사검사의 3가지 하위검사로 이루어져 있다.

- 흥미검사는 선호하는 활동, 관심 있는 분야 등을 평가하여 흥미특성에 적합한 직업을 제공하며, 성격검사는 외향성, 성실성 등과 같은 일반적인 경향성을 파악하여 직업선택 시 성격적 특성에 대한 정보를 제공한다. 마지막으로 생활사검사는 양육환경, 대인관계, 학업성취 등과 같은 과거 또는 현재의 생활특성을 파악하여 직업선택 시 고려될 수 있는 정보를 제공한다.

② 개인의 흥미, 성격, 생활경험과 같은 심리적 특성에 대한 종합적인 이해에 도움을 줄 수 있다.

- 직업선호도검사 L형은 개인의 특성을 한 가지에만 국한하지 않고 다양하게 측정하여 이를 통한 종합적인 정보를 제공해줌으로써 자신에 대한 심층적인 이해에 도움을 줄 수 있다.

③ 직업탐색 및 직업선택 등의 직업의사결정에 도움을 줄 수 있다.
- 직업선호도검사 L형은 개인의 직업선택에 영향을 미칠 수 있는 여러 변인들을 측정하여, 궁극적으로 개인에게 가장 적합한 직업을 안내한다.

④ 적합 직업에 대한 상세한 직업정보를 탐색할 수 있다.
- 직업선호도검사 L형은 흥미유형코드를 토대로 적합한 직업이 제시된다. 또한 결과상에서 제시되는 직업정보는 한국고용정보원에서 제공되는 각종 직업정보와 연계되어 있어 자신에게 적합한 직업에 대한 상세한 직업정보를 탐색할 수 있다.

⑤ 직업선호도검사는 S(Short)형과 L(Long)형의 2가지 종류가 있어 내담자의 사용의도에 따라 선택할 수 있다.
- L형은 내담자가 시간적 여유도 있고, 스스로 보다 상세한 정보를 얻고자 할 때, S형은 내담자가 시간이 부족하거나 꼭 필요한 정보만을 원할 때 선택적으로 실시할 수 있다.

(2) 검사의 구성 및 내용

직업선호도검사 L형은 제1부 흥미검사, 제2부 성격검사, 제3부 생활사검사로 구성되어 있다.

[제1부 흥미검사]

Holland 흥미이론을 바탕으로 제작된 흥미검사는 6개 흥미요인을 5 하위척도로 측정한다.

흥미검사에 대한 자세한 설명은 직업선호도검사 S형에 기재되어 있다.

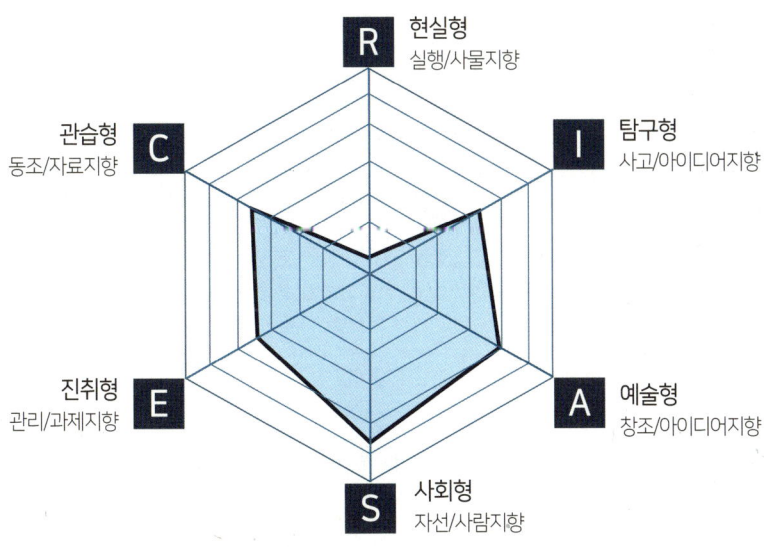

<흥미유형>

현실형 (R)	현실형 점수가 높은 사람은 활동적이며 실물적인 일을 좋아한다.
	• 명확하고 체계적이며 질서정연한 일을 좋아하고, 기존의 가치와 신념체계에 위배되지 않는 선에서 원리 원칙적으로 사고하고 명확한 방법을 사용하여 행동하는 경향이 강하다. • 전기나 기계, 공학계열 분야와 같이 실제적이고 규칙적인 행동양식이 존재하는 분야를 선호하는 편이다. • 사물을 다루고 조작하는 것을 좋아해 손재주가 있다는 평을 듣는 경우가 많으며, 겸손하고 솔직하지만 스스로 사회적인 영향력을 발휘해야 하는 일과 학문적이고 창의적인 일에 서툴다고 여기는 편이다.
탐구형 (I)	탐구형 점수가 높은 사람은 관찰하고 탐구하며 사고하는 일을 좋아한다.
	• 현상을 비판적이고 분석적으로 관찰하고, 체계적이고 창조적으로 탐구하는 것을 좋아하는 반면, 규칙적이고 반복적인 활동이나 리더십을 발휘해야 하는 활동은 별로 좋아하지 않는다. • 인간적 감정이나 사회적 환경보다는 자연현상이나 사회현상에 대한 탐구활동에 대한 관심이 많다. • 독립적이며 개방적인 태도로 정보를 수집하고 자료를 분석하며 현상에 대한 결론을 내리는 과정을 거쳐 문제를 해결하는 방식의 일을 선호한다.
예술형 (A)	예술형 점수가 높은 사람은 창의적이고 변화를 추구하는 일을 좋아한다.
	• 창의적이고 유연한 사고를 즐겨하며 아름다움을 추구하는 경향이 강하다. 틀에 박힌 일이나 같은 패턴의 일, 변화가 없이 틀에 맞추어 해야 하는 일을 별로 좋아하지 않는다. • 같은 사물이나 현상을 보고도 획일적으로 판단하지 않으며 상상력이 풍부하고 독창적인 편이다. • 예술적 감수성이 뛰어나고 능력을 발휘하며 즐기는 반면, 명확하고 규칙적인 활동이나 객관적 사실을 추구하는 활동에는 약한 편이다. • 개방적인 사고체계를 소유하고 있어 변화를 주도하고 추구하며 자신의 직감에 의존하여 문제를 해결하려는 경향도 있다.

사회형 (S)	사회형 점수가 높은 사람은 사람들과 교류하고 협력하는 일을 좋아한다.
	● 타인의 문제를 듣고 공감하고, 도와주고, 치료해주는 것을 선호하며 사람을 상대하는 활동에 능숙하다.
	● 일반적으로 이타적이며 자애롭고 배려심이 깊은 인물로 평가를 받는다.
	● 사물을 지향하기보다는 사람과 사람 사이의 관계에 주목하는 경향이 강하여, 다른 사람들에게 어떤 사실을 가르쳐주고 도와주거나 지원해주는 활동을 좋아한다.
진취형 (E)	진취형 점수가 높은 사람은 목표를 정하고 성취하도록 이끄는 것을 좋아한다.
	● 자신이 기획하고 목표설정한 것을 실행시키는 데 탁월한 능력을 보이는 유형이다.
	● 개인과 조직의 목표를 달성하거나 경제적인 이익을 추구하기 위한 활동을 선호하며, 타인에게 영향력을 발휘하는 일을 하고 싶어 한다.
	● 계획하고 목표설정하며 추진하고 있는 일을 성공적으로 이끌기 위해 다른 사람들을 설득하거나 협상을 하는 등 사회성을 발휘하기도 한다.
관습형 (C)	관습형 점수가 높은 사람은 조직적이고 안정적이며 체계적인 일을 좋아한다.
	● 조직적이고 체계적이며 규칙과 시스템이 잡혀 있는 일을 좋아하고, 규정이나 시스템 등이 없이 불확실하고 애매하며 시시각각 변화하는 일을 피하려는 경향이 강하다.
	● 수립되어 있는 시스템에 적응하여 규칙에 맞게 성실하고 분명하면서도 체계적으로 일을 하는 것을 좋아하여, 서류 작성 및 기록 등과 같은 사무적인 일에 능력을 발휘한다.
	● 문제 상황에서 변화를 추구하거나 비판하기보다는 조심스럽고 체계적으로 해결계획을 세우는 편이다.

[제2부 성격검사]

성격의 측정은 5개의 성격요인별 각각 5~6개의 하위요인으로 측정한다.

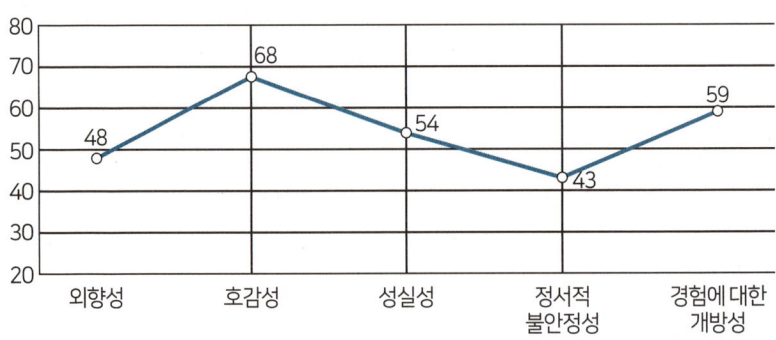

성격요인	외향성	호감성	성실성	정서적 불안정성	경험에 대한 개방성
하위요인	● 온정성 ● 사교성 ● 리더십 ● 적극성 ● 긍정성	● 타인에 대한 믿음 ● 도덕성 ● 타인에 대한 배려 ● 수용성 ● 겸손 ● 휴머니즘	● 유능감 ● 조직화능력 ● 책임감 ● 목표지향성 ● 자기통제력 ● 완벽성	● 불안 ● 분노 ● 우울 ● 자의식 ● 충동성 ● 스트레스 취약성	● 상상력 ● 문화 ● 정서 ● 경험추구 ● 지적호기심

■ 외　향　성 : 타인과의 상호작용을 원하고 타인의 관심을 끌고 자하는 경향

■ 호　감　성 : 타인과 편안하고 조화로운 관계를 유지하려는 경향

- ■ 성　　실　　성 : 사회적 규칙, 규범, 원칙들을 기꺼이 지키려는 경향
- ■ 정서적 불안정성 : 정서적으로 얼마나 안정되어 있고, 자신이 세상을 얼마나 통제할 수 있으며, 세상을 위협적이지 않다고 생각하는 정도
- ■ 경험에 대한 개방성 : 자기 자신을 둘러싼 세계에 대한 관심, 호기심, 다양한 경험에 대한 추구 및 포용력 정도

구분	점수	기준점수
사회적 바람직성	51	65
부주의성	36	63

- ■ **사회적 바람직성** : 자신의 성격을 사회적으로 바람직하게 보이려는 정도를 점수로 나타낸 것으로 사회적 바람직성 점수가 기준점수보다 높은 사람은 성격 검사에서 자신의 성격을 표현하기보다는 타인에게 보기 좋게 보이도록 자신의 성격을 왜곡했을 가능성이 있다.
- ■ 부　주　의　성 : 검사를 받을 때 집중해서 성실하게 응답한 정도를 점수로 나타낸 것으로 부주의성 점수가 기준점수보다 높은 사람은 성격검사의 문항을 건성으로 읽고 성실하게 답하지 않았을 가능성이 있다.

[제3부 생활사검사]

생활사검사는 개인의 과거 및 현재의 생활경험을 묻는 검사로 10개 하위요인으로 구성되어 있다.

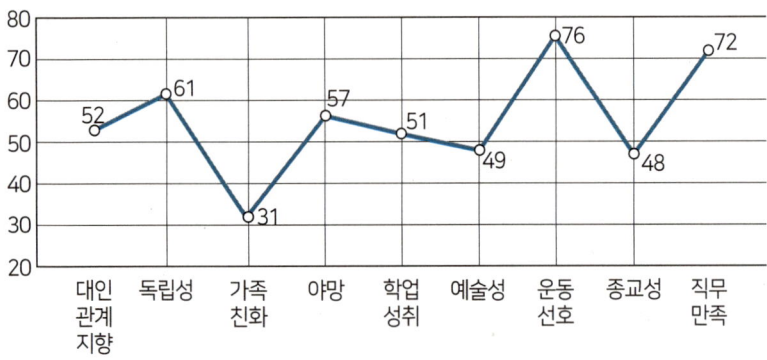

생활사 요인	설 명
대인관계지향	• 사람들과 어울려 지내는 것을 편안하고 즐겁게 여기는 정도
독립심	• 자기문제를 스스로 해결하려는 정도
가족친화	• 성장기 때 가족의 심리적 지지와 관심 정도
야망	• 자신에게 사회적 부와 명예가 얼마나 중요한지 정도
학업성취	• 학창시절의 학업성취 정도
예술성	• 예술적인 자질, 경험 및 관심정도
운동선호	• 운동에 관한 선호와 능력 정도
종교성	• 생활 속에서 종교의 중요성 정도
직무만족	• 과거 또는 현재의 직무에 대한 만족 정도

▶ 검사의 활용

① 진로 및 직업상담 시 참고자료로 활용할 수 있다.

– 흥미분야에 대한 정보를 제공해주고, 이와 관련된 대표 직업 및 정보처를 추가로 제시해주어 진로 및 직업 상담 시 참고자료로 활용할 수 있다.

② 자기 자신의 심리적 특성을 이해하는 데 도움을 줄 수 있다.

③ 직업탐색 및 직업선택 등의 직업의사결정에 도움을 줄 수 있다.

– 직업선호도검사 L형은 개인의 직업선택에 영향을 미칠 수 있는 여러 변인들을 측정하여, 궁극적으로 개인에게 가장 적합한 직업을 안내해 줌으로써 직업의사 결정 시 도움을 줄 수 있다.

2. 성인용 직업적성검사[32]

성인용 직업적성검사는 직업선택 시 중요한 능력과 적성을 토대로 직업을 선택할 수 있도록 도와주기 위한 검사이다. 검사대상은 만 18세 이상이고 검사시간은 80분이며 검사 시 시간제한이 있고, 직업적성을 종합적으로 판단하는 능력검사로 구성되어 있다. 11개의 적성요인(언어력, 수리력, 추리력, 공간지각력, 사물지각력, 상황판단력, 기계능력, 집중력, 색채지각력, 문제해결능력, 사고유창력) 결과와 자신의 적성에 맞는 직업분야를 제시해 준다. 검사는 고용노동부 사이트인 워크넷(www.work.go.kr)에서 무료로 제공한다.

1) 검사의 특징 및 장점

① 우리나라에서 필요한 직업적성요인에 근거하여 개발된 검사이다.
 - 본 검사는 기존에 개발되어 있는 국내의 여러 적성검사들과 다르게 측정하는 적성요인을 선정하기 위하여 304개 직업을 대상으로 직무분석을 실

---

[32] 고용정보원 『대학생·성인의 자기이해 및 직업탐색을 위한 검사』 내용 요약정리.

시하였으며, 이를 근거로 우리나라에서 필요한 11개 적성요인을 선정하여 개발하였다. 따라서 우리나라의 직업들에서 요구하는 고유한 적성요인을 반영한 검사이며, 약 3,600명의 재직자에게 본 검사를 직접 실시하여 규준을 제작하였다.

② 피검사자의 희망직업과의 비교가 가능하다.
- 본 검사는 피검사자가 희망하는 직업에서 요구하는 능력과 피검사자 자신의 능력을 비교할 수 있도록 하여, 자신이 바라는 직업을 선택하기 위해 어떤 적성요인에 대한 관심을 기울이고 노력해야 하는지를 알려준다.

③ 최적합 및 적합 직업에 대한 상세한 설명을 제공한다.
- 본 검사의 결과로 제시되는 직업은 한국고용정보원에서 제공하는 각종 직업정보(know.work.go.kr)와 연계되어 있어, 자신에게 적합한 직업들에 대한 보다 상세한 직업정보를 제공받을 수 있다는 장점이 있다.

2) 검사의 구성

성인용 직업적성검사는 11개 적성요인 16개 하위검사로 구성되어 있다.

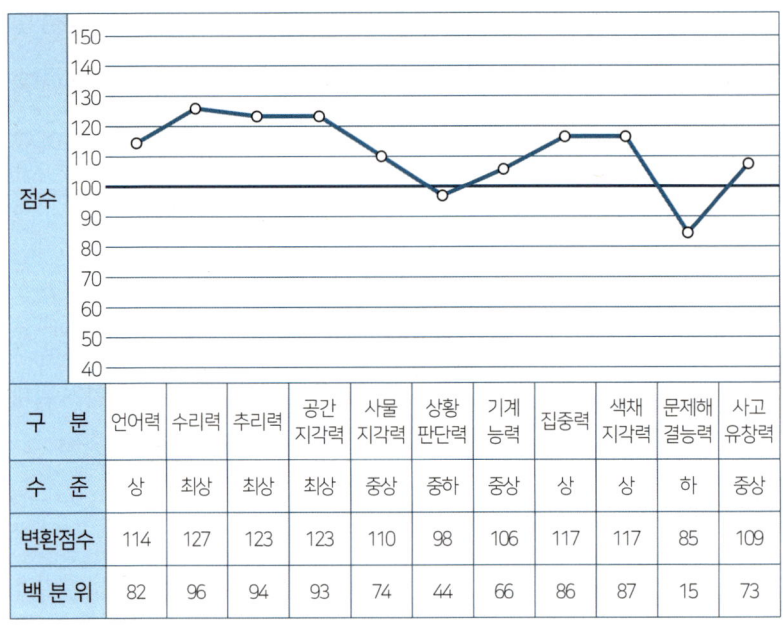

구 분	언어력	수리력	추리력	공간지각력	사물지각력	상황판단력	기계능력	집중력	색채지각력	문제해결능력	사고유창력
수 준	상	최상	최상	최상	중상	중하	중상	상	상	하	중상
변환점수	114	127	123	123	110	98	106	117	117	85	109
백 분 위	82	96	94	93	74	44	66	86	87	15	73

적성 요인	의미	하위검사
언어력	일상생활에서 사용되는 다양한 단어의 의미를 정확히 알고 글로 표현된 문장들의 내용을 올바르게 파악하는 능력	어휘력 검사, 문장 독해력
수리력	사칙연산을 이용하여 수리적 문제들을 풀어내고 일상생활에서 접하는 통계적 자료(표와 그래프)들의 의미를 정확하게 해석하는 능력	계산능력검사, 자료해석력
추리력	주어진 정보를 종합해서 이들간의 관계를 논리적으로 추론해 내는 능력	수열추리 I, 수열추리 II, 도형추리
공간지각력	물체를 회전시키거나 재배열했을 때 변화된 모습을 머릿속에 그릴 수 있으며, 공간 속에서 위치나 방향을 정확히 파악하는 능력	조각맞추기, 그림맞추기

사물지각력	서로 다른 사물들간의 유사점이나 차이점을 빠르고 정확하게 지각하는 능력	지각속도
상황판단력	실생활에서 자주 당면하는 문제나 갈등 상황에서 문제를 해결하기 위한 여러 가지 가능한 방법들 중, 보다 바람직한 대안을 판단하는 능력	상황판단력
기계능력	기계의 작동원리나 사물의 운동 원리를 정확히 이해하는 능력	기계능력
집중력	작업을 방해하는 자극이 존재함에도 불구하고 정신을 한 곳에 집중하여 지속적으로 문제를 해결할 수 있는 능력	집중력
색채지각력	서로 다른 두 가지 색을 혼합하였을 때의 색을 유추할 수 있는 능력	색혼합, 색구분
문제해결능력	문제 및 장애요소를 해결하기 위해 논리적 사고와 올바른 의사결정 과정을 통해 구체적인 행동으로 연계될 수 있는 해결방안을 찾아내는 능력	문제해결능력
사고유창력	주어진 상황에서 짧은 시간 내에 서로 다른 많은 아이디어를 개발해내는 능력	사고유창력

3) 검사의 활용

① 본 검사를 통하여 개인이 미처 인식하지 못한 잠재능력을 발견할 수 있다.

② 검사를 통해 자신의 능력에 적합한 직업을 추천해 줌으로써 대학생, 그리고 취업을 희망하는 개인들과 이직 혹은 전직을 원하는 구직자

들이 자신에게 적합한 직업을 탐색하고 선택하는 데 도움을 줄 수 있다.

③ 개인의 발현된 능력과 잠재적인 능력에 대한 정보를 얻을 수 있으며, 이를 통하여 자신의 진로에 대한 보다 선명한 목표를 설정하고 미래의 진로에 대한 계획을 수립하는 데 도움을 줄 수 있다.

3. AAT 선천적성검사

선천적성(先天適性)이란 우주로부터 먼저 받아 형성된 성질(적성), 태어나면서 몸에 지니고 있는 적성(성질)이다. 즉, '한 인간이 출생 당시 먼저 우주로부터 받아 몸에 지니게 된 적성'을 말하는 것이다.

아기는 모태에서 오직 탯줄을 통하여 산소와 영양분을 공급받는다. 아이가 세상에 태어나는 순간 폐에 가득찬 물이 빠져나가고 심장은 좌심방 우심방을 나누는 구멍이 막히면서 혈액순환을 준비한다. 동시에 탯줄이 잘리며 첫 호흡의 순간 우주에 맴도는 강력한 기가 체내에 포맷되고, 동시에 미숙한 육신은 그 강력한 천체의 영향으로부터 존재할 수 있는 적응력이 형성된다. 당시 우주에 형성되고 있다가 체내에 포맷된 기(음양오행)의 분포는 개인의 출생연월일시에 정보로 남겨지게 되며, 바로 열 개의 천간과 열두 개의 시지로 이루어지는 육십갑자로 연월일시(사주)를 구성한다. 즉, 개인의 출생사주는 음양오행의 분포로서 우주가 한 인간에게 내린 위대한 우주유전자(Soul-DNA)가 되는 것이다. 이 우주유전자에는 열 개의 놀라운 선천지능이 있다.

그렇게 우주에게 받은 자신의 선천적성을 어떻게 알 수 있을까? 그것은 바로 아기가 출생하는 순간 우주의 오행성 기운이 미친 영향을 연월일시에 따라 육십갑자로 표시하는 사주(四柱)에서 찾는다. 사주(四柱)

는 서양에서는 점성학과 천문해석으로 동양에서는 천문지리와 사주명리로 존재해오며 인류의 역사와 함께 해온 불가사의한 학문인 것은 누구나 알고 있는 사실이다. 그 이유는 점성학과 천문학, 오행성을 표기한 사주명리학은 모두 공통적으로 인간과 우주 행성(行星)의 관계를 파악하고 분석하였다는 것이다.

1) 검사의 특징 및 장점

선천적성검사는 개인의 출생 연·월·일·시 정보만으로 검사가 가능하며, 아래와 같은 여러 가지 방향을 제공해 줄 수 있다.

- 뇌지능이 발달되기 이전의 조기적성검사의 실현
- 개인의 인지능력에 영향을 받지 않는 객관적 적성검사 실현
- 자신의 몸에 지니고 있으면서도 모르는 타고난 적성 찾기 실현
- 타고난 선천다중지능 분석 및 해석으로 진로적성 제시
- 양육방법, 교육방법, 학습스타일 검사와 학습코칭 제공
- 타고난 학과적성, 직업적성, 직업체질, 개인직무적합도 검사
- 5년 단위 미래 진로변화 예측
- 심리와 건강, 정서를 위한 색깔, 숫자 등을 제공

2) 선천적성검사의 관련 학문 리서치

(1) 선천적성

선천적성 이론의 핵심으로 출생 당시 인간이 받은 우주의 기운을 음양오행 및 십간십이지의 부호로 환산하여 통계분석을 통한 과학적 시스템을 구축한 학문이다.

(2) 직업심리학

학문융합의 시대를 맞이하여 직업학과 심리학 그리고 명리학이 만나 명리직업상담론을 탄생시켰고, 그 핵심이론이 선천적성검사에 활용되어 적성검사 트라이앵글(triangle) 이론이 완성되었다.

(3) 천문학

서양의 점성술이 발전되어 천문학이 된 것과 마찬가지로, 명리학도 천체의 운행에 따른 우주의 기운을 분석하여 타고난 성격, 흥미, 가치관을 분석한다.

(4) 통계학

서양의 심리학은 인간의 마음의 구조 상태를 설문지의 도구로 통계를 축적하여 사회과학을 이루었다. 우리 정신과 마음의 구조에 배속된 음양오행의 분포를 측정, 통계 처리하는 기술개발로 선천적성검사는 사회과학의 학문적 가치를 실현한다.

(5) 한의학, 사상의학

인체를 음양오행에 따라 배속하고 타고난 계절 및 오행의 분포에 따른 체질을 분석 진찰하여 처방하는 동양의학으로 행복한 인생(Happy life)에 활용한다.

(6) 교육학

교육학의 교육심리, 교육공학, 인간과 사회, 학습심리, 진로행동 등의 이론과 선천다중지능이론을 접목하여 학습방법, 교육방법, 양육방법을 제시한다.

3) 검사의 구성

검사 대상자의 생년월일시를 입력하면 10가지의 타고난 선천지능과 직업체질의 결과가 나타난다.

(1) 10가지 선천지능

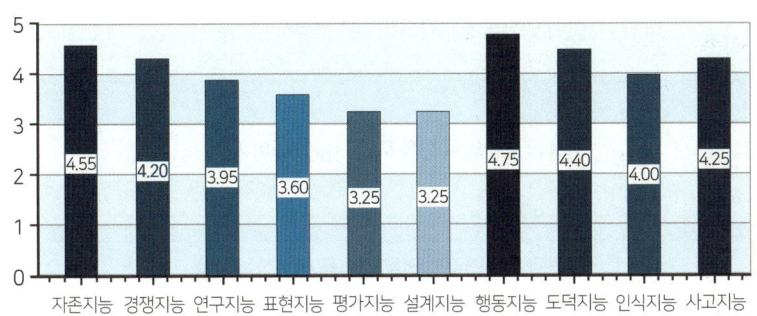

자존지능	경쟁지능	연구지능	표현지능	평가지능	설계지능	행동지능	도덕지능	인식지능	사고지능
4.55	4.20	3.95	3.60	3.25	3.25	4.75	4.40	4.00	4.25

PART 7 직업흥미 및 적성검사 도구 271

지능	직업 체질	지능설명
지존 지능	운동가 스타일	공익적 협동과 신체적 기술을 촉발하는 지능 - 독창적, 협동적, 주관적, 열정적, 직선적, 실험적, 집중력, 자기결정중시, 현실성, 결과지향
경쟁 지능	모험가 스타일	경쟁과 모험의 독창적 자기 기술력 실험 지능 - 주관적, 직선적, 의지적, 자기결정중시, 몰입능력, 경쟁능력, 실험적, 체험과 경험, 결론지향
연구 지능	연구가 스타일	대인관계와 연구의 전문 기술을 활용하는 지능 - 이타적, 감성적, 이해력, 협조적, 기술력, 노하우, 이해능력, 진실에 관점, 미래지향
표현 지능	발명가 스타일	창의성과 모방 및 설득과 비판의 언어표현 지능 - 표현능력, 감각적, 묘사에 능함, 예술성, 직설적, 독창적, 응용력 우수, 변화에 관점, 미적 중시
평가 지능	사업가 스타일	사물의 가치를 평가하고 결과를 내는 지능 - 수리능력, 가치판단력, 유동적, 활동적, 공간지각, 선과 색체구분, 순간포착, 자율성, 결과중시
설계 지능	설계가 스타일	치밀하게 계산된 업무를 설계하고 수행하는 지능 - 논리적, 현실적, 치밀함, 설계능력, 심리적, 가치판단, 구성력, 에너지 축적, 장기적 결과중시
행동 지능	정치가 스타일	과감하게 판단하고 결정하여 실행하는 지능 - 신속한 결정, 기억력, 판단력, 결과중시, 관리능력, 이상에 관점, 조직구성, 에너지의 현실적 활용
도덕 지능	공직자 스타일	원칙과 기준을 세우고 모범적인 사회성 지능 - 공정성, 판단능력, 기억력, 규범적, 도덕적, 보수적, 정교성, 설계능력, 명분, 내면적, 가능성 중시
인식 지능	교육가 스타일	추리와 직관력으로 여러 정보를 인식하는 지능 - 이해력, 암기력, 직관능력, 순발력, 창조적, 주관적, 추리력, 영성적, 초현실적 예술성, 현실성 중시
사고 지능	문학가 스타일	학습의 수용과 생각을 기록하고 정리하는 지능 - 기록능력, 암기력, 수용적, 학습적, 보수적, 내면성, 안정성 추구, 정리정돈, 항상성, 전통성 중시

(2) 타고난 직업체질

출생정보 사주에는 자신의 성공유전자 직업체질이 있다. 그러므로 자신과 잘 맞는 선천적인 직업체질을 찾아야 성공한다. 직업체질에 맞지 않으면 재미가 없고 결국 업무능력이 저하된다. 남들이 부러워하는 직업을 선택한 사람들도 직업체질에 맞지 않으면 직업만족도가 저하된다는 연구결과는 다양한 검사통계에서 확인할 수 있다.

하나의 직업이 한 가지의 일만 할 것이라라고 생각하면 너무나 큰 착각이다. 같은 의사라도 일에 따라 전혀 다른 직업인으로 생활하게 된다. 대학에 몸을 담고 의사를 길러내는 교육자 체질의 의사가 있다. 개원을 하여 돈을 잘 버는 사업가 체질의 의사도 있다. 종합병원 등에 소속되어 안정된 직업인으로 살아가는 의사도 있다. 국가의 의료행정을 맡아 추진하는 공직자스타일의 의사도 있다. 신기술을 개발해내는 연구발명가 체질의 의사도 있다. 이처럼 의사라는 직업도 어떤 타입의 일을 하느냐에 따라 천차만별이다.

또한 선천직업적성이 과학자라 해도 직장에 소속되어 연구하는 직업체질인지, 자신이 스스로 발명품을 개발하여 제조, 사업을 하는 직업체질인지, 프리랜서로 활동하는 것이 적합한 직업체질인지를 구분해야만 직업 만족도가 높아지게 된다.

직업체질은 사회생활의 적응력에 매우 민감하게 적용하므로 상당히 중요한 요인이다.

◆ 직업체질 2가지 분류

<직업유형 검사결과>

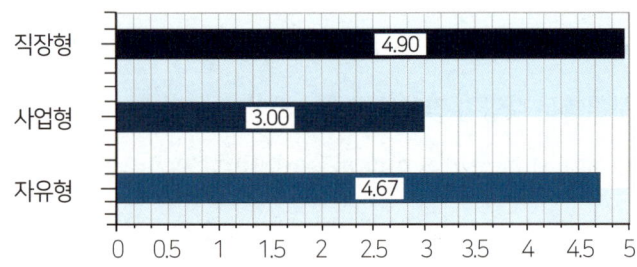

<업무수행기능 검사결과>

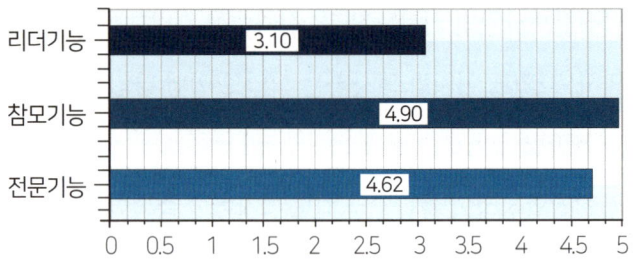

▶ 직업유형

외적으로 보이는 기준에 의하여 직장생활이나 조직활동에 잘 적응하는지 아니면 개인적인 활동과 자립적인 사업을 선호하는지에 대한 구분이다. 그러므로 직업체질 중에서 객관적 직업 환경을 분석하는 것이 직업유형이다.

자유형은 직장형과 사업형의 직업유형이 혼합되어 있는 유형으로 본인의 선택이나 대운에 따라 달라질 수 있는 유형이다.

직업 유형		
	직장형	관공서, 기업체 등 조직단체에 소속되어 직무를 수행하는 직업유형
	사업형	제조, 생산, 가공, 유통업 등의 자립적인 사업을 경영하는 직업유형
	자유형	전문직, 프리랜서, 강사, 중개 등 개인전문성을 활용하는 직업유형

▶ 업무수행기능

개인적인 활동력이 선호하는 기질에 의한 구분으로 조직에 소속되어 활동하거나 직접 사업을 경영하거나 어떠한 영역에서든 리더로서 결정하고 관리하는 업무를 선호하는 리더기능과 리더를 보좌하고 책임완수에 바탕을 둔 기획력이 뛰어난 참모기능 그리고 전문지식을 바탕으로 개인이 기술력과 서비스를 활용하는 전문기능이 있다. 이는 조직활동이나 개인적 활동이라는 객관적으로 구별이 가능한 직업유형과는 달리 개인적으로 선호하는 활동영역이나 주관적 직업 환경이라고 볼 수 있다.

업무 수행 기능		
	리더기능	통솔력을 바탕으로 조직과 단체를 이끌며 관리하는 업무수행력
	참모기능	지략과 사명감을 겸비하고 단체나 리더를 보좌하는 업무수행력
	전문기능	전문지식능력을 갖추고 기술 및 서비스를 활용하는 업무수행력

< 직업유형과 업무수행기능 >

직장형	리더기능	조직력을 갖춘 수직관계의 직장에 적합한 직업유형이며, 주도적이고 분별력 있는 리더십을 바탕으로 조직을 관리하는 업무수행력이 우수하다.
	참모기능	조직력을 갖춘 수직관계의 직장에 적합한 직업유형이며, 사명감을 가지고 조직과 리더를 보좌하여 전체의 이득을 창출하는 업무수행능력이 우수하다.
	전문기능	수직관계의 직장에 잘 적응하는 직업유형이며, 조직력과 전문지식능력을 바탕으로 우수한 기술력과 서비스를 활용하는 업무수행력이 우수하다.
사업형	리더기능	자립적 사업을 직접 경영하는 직업유형에 적합하며, 사업가들의 의견을 규합하고 주도적인 리더십을 발휘하여 다수의 이득을 창출하는 업무수행력이 우수하다.
	참모기능	자립적 사업을 직접 경영하는 직업유형에 적합하며, 주도적인 경영자의 리더십을 벤치마킹하여 안정된 이익을 창출하는 업무수행력이 우수하다.
	전문기능	자립적 사업을 직접 경영하는 직업유형에 적합하며, 독자적인 지식과 기술력을 갖춘 전문 서비스를 사업적 체계를 통해 제공하는 업무수행력이 우수하다.
자유형	리더기능	수직적인 구조에 얽매이지 않는 유동적인 직업유형에 적합하며, 개별적 세력을 규합하며 주도적이고 분별력 있는 리더십을 발휘하는 업무수행력이 우수하다.
	참모기능	수직적인 구조에 얽매이지 않는 유동적인 직업유형에 적합하며, 전문프리랜서의 기술 및 서비스를 벤치마킹하여 안정된 이익을 창출하는 업무수행력이 우수하다.
	전문기능	수직적인 구조에 얽매이지 않는 유동적인 직업유형에 적합하며, 독자적인 지식과 기술력을 바탕으로 우수한 전문서비스를 제공하는 업무수행력이 우수하다.

(3) 직업탐색과 지능의 대표적 기질

▶ 자존지능과 경쟁지능 : 체력을 소모하는 역할
  - 자기효능감이 높은 삶을 추구하며 주체성이 강한 사고방식
  - 신체에너지를 활용하는 직업, 운동, 기자, 프리랜서, 기술자

▶ 인식지능과 사고지능 : 지식을 활용하는 역할
  - 수용하고 배우고 가르치고자 하는 사고방식
  - 교육, 행정, 기록, 자격증 지식을 활용하는 직업

▶ 표현지능과 연구지능 : 공개적으로 활동하는 역할
  - 나 자신을 표현하고 활동을 전개하고 남에게 베푸는 사고방식
  - 연구, 제조, 생산, 서비스, 교육, 발명, 상담, 복지, 예술적 직업

▶ 평가지능과 설계지능 : 수리와 공간, 물적 자원을 활용하는 역할
  - 능력을 보여주고 현실적인 삶을 추구하는 사고방식
  - 수리계산, 회계, 사업, 이공계, 측정, 공간을 활용하는 직업

▶ 행동지능과 도덕지능 : 체제를 활용하는 역할
  - 나 자신과 주변을 관리하고 시스템을 중시하는 사고방식
  - 공무원, 직장, 법정치, 브랜드, 경영자, 안전관리 등의 직업

(4) 직업적성 트라이앵글(triangle)

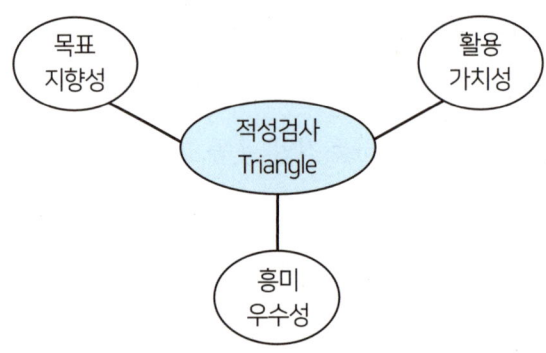

▶ 목표지향성

가치관을 주관하여 직업적성의 목표성을 부여한다. 능력이나 흥미와 무관하지는 않지만 근본적으로 능력과 흥미와는 별개로 자신이 추구하고자 하는 도달점에 해당되는 기질을 발현시키는 성분이다.

▶ 활용가치성

얼마나 활용이 되는가는 지능 자체에 대한 검증이 필요하지만 활용가치성은 자신이 가진 능력과 흥미를 바람직한 방향으로 유도하여 실현시키는 중요한 역할을 한다.

▶ 흥미우수성

다중지능 이론에 의하면 가장 발달한 지능을 활용할 때 가장 높은 성과가 나온다. 이는 '하고 싶고, 잘 할 수 있는 것'에 해당된다. 하고 싶은 것을 잘 할 수 있다면 가장 바람직한 직업적성이 되겠지만 선택을 해야 한다면 잘 할 수 있는 것을 해야 흥미도 생기고 사회적으로 인정도 받게 된다. 남들보다 1cm라도 앞설 때 전문가라고 부르며 그의 능력을 인정한다. 그러므로 흥미우수성은 흥미와 열정적 에너지의 직업성분이다.

(5) 개별 직무적합도 검사

개별 직무적합도(Individual Job-fit test)는 사회생활과 직업 업무를 수행하는 개인의 직무수행능력을 말한다. 개인의 직무능력은 자신의 사회적 활동과 업무적인 능률을 좌우하게 된다. 그러므로 개별 직무적합도는 선천적으로 타고난 개별적인 직무능력에 대한 검사이다. 누구나 하나의 직무능력만을 활용할 수도 있지만, 여러 개의 직무능력이 복합된 업무를 담당할 수도 있다.

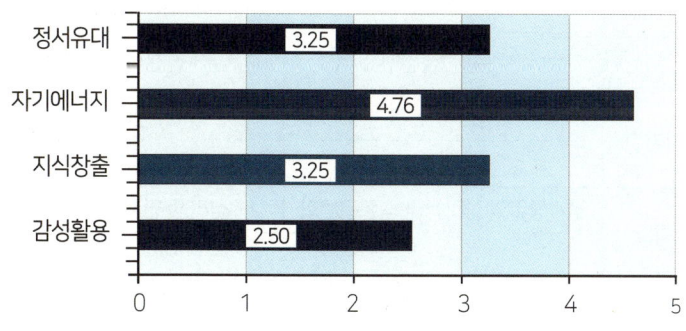

<개별 직무적합도 검사결과>

노력을 요함	보통	우수	최우수
2.0점 이하	2.1 ~ 3.0	3.1 ~ 4.0	4.1 ~ 5.0

개별적 직무	검사결과의 해석 및 활용
감성 활용직무	- 사람들과 대면하여 직접적인 감성교류를 통한 업무를 담당 - 서비스업무, 영업, 강의 등 자신의 감성을 순화시켜 활용
지식 창출직무	- 학문적 이론정립과 이의 활용을 주로 하는 업무를 담당 - 컨설팅, 연구직, 학자 등 지식체계의 새로운 창출을 활용
자기 에너지	- 직접적인 신체에너지 소모가 많은 역동적 업무를 담당 - 운동선수, 운송관련업무, 모델 등 신체에너지를 활용
정서 유대직무	- 인간적인 수용력을 바탕으로 한 친화적인 업무를 담당 - 상담, 교육, 방송 등 친밀감 형성과 인간적 유대관계를 활용

(6) 타 검사와의 비교

선천적성검사는 출생과 함께 타고나는 선천적성을 찾아주는 검사이므로 당사자의 기분 및 감정 상태나 어떠한 환경에 구애받지 않고 과학적인 방법으로 비교적 정확한 검사결과를 제공하게 된다.

	기존 적성검사	선천적성검사
검사방법	설문지·신체	출생연월일시 정보
	가변	불변
신뢰도	검사당일의 심리상태 및 환경변화	심리 및 인지능력과 무관
	신뢰도 없음	객관성보장
조건	반드시 본인 출석	시간제약없음, 대리검사가능
	제약	편리
검사시기	영유아 및 어린이	출생과 동시 실시가능
	불가	가능

제2부

명리와 직업정보

*2부 명리와 직업정보의 내용은 김기승의 교육학 및 직업학 박사학위논문과
여러 저술서에서 인용하여 정리하였음을 밝혀둔다.

PART 8

명리직업상담의 체계

1. 명리와 선천적성

흔히들 하는 말로 세상을 살아가는 데는 타고난 재능을 살리는 것이 최고라고 말한다. 그리고 난놈은 뭔가 다르다고 한다. 그렇다면 난놈은 뭐가 다를까? 처음부터 남들보다 잘하는 뭔가가 있었다는 것이다.

성장 시기에 비록 공부를 잘하여 선생님에게 칭찬받지는 못했던 아이들 중 기가 살아 있고 자신만이 할 수 있는 특기가 있었던 아이들이 사회에 나와 공부와는 상관없는 엉뚱한 분야에 두각을 보이는 경우가 종종 있다. 그런 아이들은 대부분 부모에게만큼은 공부로 평가받지는 않았다는 것이다. 즉 자신의 패기와 자율성이 침해받지 않았던 아이들이다. 이 말은 아이가 다소 엉뚱한 짓을 잘하고 다녔어도 그것을 대견해 하는 이상한 부모가 아이를 성공시킨 셈이라는 것이다.

호랑이를 고양이로, 닭을 매로 키울 수는 없는 법이다. 타고난 저마다의 기질을 살려 각자의 자신의 길을 가야 한다. 그것이 곧 '오직 하나뿐인 자신(only one)'이 되는 길이기도 하다. 지나친 학벌주의나 몇몇 소수의 인기직업이 모두가 이상적인 직업인 듯 줄서서 몰려가던 시대는 지나갔고, 지금은 이상적인 방향을 찾아가야 할 때이다.

타고난 것이 왜 중요할까? 그건 타고난 본연의 것이 자연스러운 것이기 때문이다. 타고난 것에는 성격과 적성도 있고 자신만의 탁월한 재능이 있다. 이런 것들이 모여 삶을 형성하게 된다. 같은 패턴을 보이는 지능이라도 4차 산업혁명 시대에 살고 있는 사회에서는 너무나 다양한 길들이 놓여있으므로 선택의 여지 또한 너무 다양하다. 그러기에 타고난 선천적성을 알고 가는 것과 모르고 가는 것에는 결과적으로 많은 차이가 생겨나게 된다.

태어난 해, 태어난 월, 태어난 날, 그리고 태어난 시각이라는 출생정보가 사주(四柱)이며 이를 분석하는 것이 사주명리학이다. 사주란 '8개의 글자인 팔자(八字)가 마치 네 개의 기둥 모양과 비슷하다.'고 하여 붙여진 용어로 우리 민족과 중국, 일본 등 아시아에서 사람들의 운명을 점치고 미래를 알아보는 학문으로 인식되었다. 사주에는 그 사람의 성격에서부터 직업적성에 이르기까지 개인의 고유한 정보가 담겨 있으므로 이를 분석하면 적성과 재능의 방향 등의 파악도 가능하다.

사주명리학은 음양과 오행을 바탕으로 하며 음양이란 남자와 여자, 슬픔과 기쁨, 차가움과 뜨거움, 큰 것과 작은 것, 빠름과 느림, 오름과 내림 등의 모든 대비되는 개념이다. 오행이란 무엇인가. 각기 다른 오행을 타고난 사람들의 성향을 통해 그 단면을 살펴보자.

◆ 목성(木星)

쭉쭉 자라는 나무의 기운을 지녔다. 따라서 목(木)의 기운을 타고난 사람은 앞만 보고 내달린다. 자기가 최고라고 생각하며 앞장서는 리더와 같은 마인드를 가진 사람이다.

◆ 화성(火星)

활활 타오르는 불의 기운을 지녔다. 따라서 화(火)의 기운을 타고난 사람은 정열적이다. 다 태워도 후회하지 않으며 언제나 주변을 밝혀주는 태양과 같은 존재이다.

◆ 토성(土星)

생명을 키우는 흙의 기운을 지녔다. 따라서 토(土)의 기운을 타고난 사람은 모든 걸 속에 담아둔다. 언제나 자신의 속을 보여주면서도 상대를 편안하게 받아주는 사람이다.

◆ 금성(金星)

단단한 암석의 기운을 지녔다. 따라서 금(金)의 기운을 타고난 사람은 한결같은 모습으로 심지가 굳다. 한번 한다고 결심하면 기필코 해내는 듬직한 사람이다.

◆ 수성(水星)

끝없이 흐르는 물의 기운을 지녔다. 따라서 수(水)의 기운을 타고난 사람은 어디로든 흘러가 적응한다. 한마디로 지혜롭고 수완이 좋은 사람이다.

이와 같이 오행(木·火·土·金·水)은 각기 다른 색, 다른 성격, 다른 행동을 발산하고 있으며 각기 다른 능력과 소질, 적성을 내포하고 있다. 다섯 가지의 오행이 음양을 만나 열 개의 특성이 발현되며 이 열 개의 특성은 인간이 만들어지고 출생하는 존재의 순간에 유전적으로 받은 오행과 합쳐져 결국 유전적인 지능을 탄생시킨다.

오행의 상호작용을 살펴보면 다음과 같다.

예컨대, 수(水)는 목을 생(生 : 보살펴주고 베풀어 주는 작용)해주지만 화(火)를 극(剋 : 해당되는 것을 이기거나 내가 우위에서 조절이 가능한 작용)한다. 수(水)는 토(土)로부터 극을 당하지만 금(金)은 수(水)를 생하여준다. 다음 오행 간의 관계모형에서 화살표 방향은 생해주는 작용을 의미하지만 하나 건너씩은 극을 하는 관계이다.

예를 들어, 火는 土를 생해주지만 金은 극한다. 그러나 火는 水에게는 극을 받으며 木으로부터 생을 받는다. 이렇게 오행은 서로 생과 극을 하고 있으며 이를 상생상극이라고 한다.

이러한 상생상극 작용을 좀 더 세부적으로 나누게 되면 기준이 되는 오행을 포함하여 모두 열 개의 관계가 나오게 되고, 그러한 음양오행에 의한 관계에서 열 개의 십성으로 불리며 이는 바로 선천지능의 탄생이 되는 것이다.

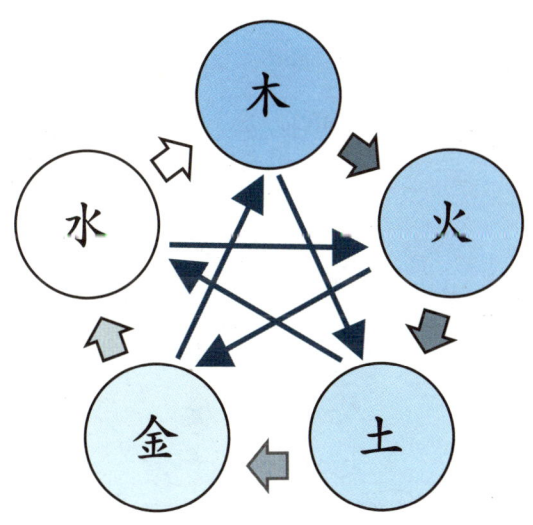

1) 사주 구성의 원리

여기서 사주가 어떻게 구성되는지를 이해하고 가자. 사주명식(四柱命式)은 개개인의 잠재능력을 분석하는 기본적인 틀이다. 사람은 출생하기 전까지는 호흡이나 영양섭취 등 생물적 본능이 오직 모체(母體)를 통하여 이루어진다. 즉 입태(入胎)의 순간부터 출생하기까지의 기간 동안 생성, 변화, 발전의 형태로 태아의 형태를 잡아가게 된다. 그러다가 탄생과 동시에 외기(外氣)를 순간적으로 받아들이는 기체(氣體)의 결합시점이 발생한다. 이때 기체의 결합시점을 나타내는 출생 연월일시를 육십갑자의 부호(符號)로 표시하여 기록한 것이 바로 사주팔자이다.

사주팔자의 구성은 수학공식과 같은 것으로 출생 연월일시에 육십갑자를 적용시켜 순서대로 기록한다.

예 : 2020년 양력 10월 15일 오전 10시 35분 출생(남자)

時 日 月 年
癸 辛 丙 庚
巳 卯 戌 子

甲 癸 壬 辛 庚 己 戊 丁
午 巳 辰 卯 寅 丑 子 亥

이렇게 육십갑자가 세워지고 사주가 구성되며 각 글자에는 음양과 오행이 배속되어 있게 된다. 또 이 글자들은 각자의 독특한 심성이 내포되어 있으면서도 상생과 상극, 회합(결속)과 상충(배타) 등을 거치며 오묘하게 반응해 수없이 많은 인간의 내면적 심성과 물질적 작용을 표면화시킨다.

이처럼 변화무쌍한 개인의 육십갑자를 풀이하면 개인의 성격특성과 흥미, 가치관, 타고난 선천지능, 선천적성 등을 파악할 수 있다. 또한 외부와의 작용으로 인하여 삶의 방향이 변하고, 자신의 능력이나 학업 및 직업관계, 부귀빈천 등의 변화를 예측 판단하는 인생 청사진과 같은 미래 예측이 가능한 것이다.

2) 선천지능 발현의 이해

구분	오행이 음양의 구분으로 열 개의 干支로 표출되는 과정								
오행	木		火		土		金		水	
음양	양	음	양	음	양	음	양	음	양	음
천간	甲	乙	丙	丁	戊	己	庚	辛	壬	癸
지지	寅	卯	午	巳	辰戌	丑未	申	酉	子	亥

오행(木·火·土·金·水)은 음양으로 구분되면서 열 개의 간지로 나누어지며 일간 기준 상생상극에 의하여 십성의 명칭과 선천지능이 부여되고 있다.

인간은 누구나 열 개의 천간 중 하나가 자신을 나타내는 일간(主)이 되며 자신이 타고난 일간을 기준으로 다른 천간과 열두 개의 지지에 대입되어 십성을 형성시키게 된다.

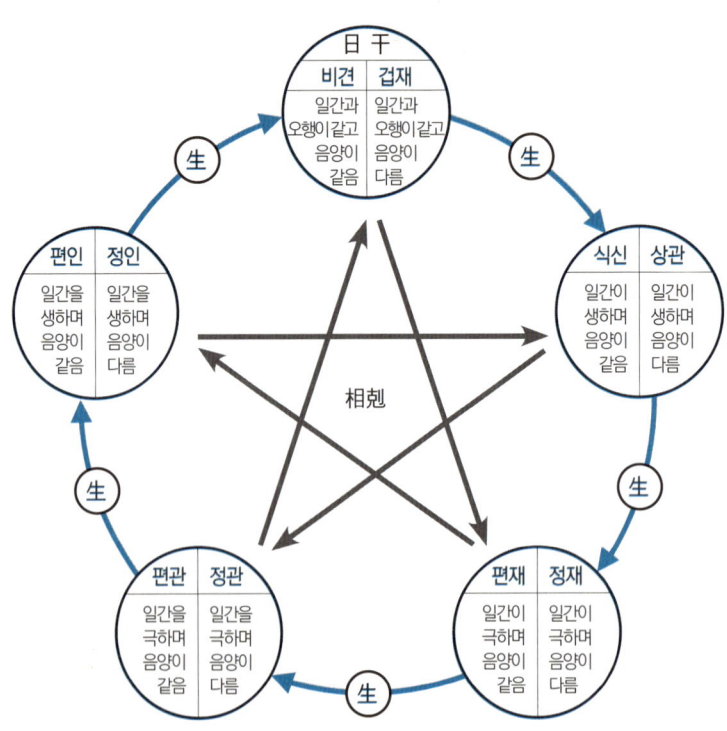

<일간 기준 십성의 형성과정>

사주에 배속된 음과 양, 오행들은 위 상생상극의 표와 같이 일간(본인)을 기준으로 하는 상호간 상생의 작용과 상극의 반작용에 의한 열 개의 십성으로 표출된다. 이들은 각자 독특한 기질과 작용력이 결합돼 개인의 심리와 심성, 성격 등은 물론 독자적인 선천지능을 소유한다.

이와 같은 열 개의 상호작용에 의한 십성 표출과 지능 발현은 다음과 같다.

- 일간과 음양오행이 같은   - 비견(比肩) = 자존지능을 발현
- 일간과 오행이 같고 음양이 다른 - 겁재(劫財) = 경쟁지능을 발현
- 일간이 생하며 음양이 같은   - 식신(食神) = 연구지능을 발현
- 일간이 생하며 음양이 다른   - 상관(傷官) = 표현지능을 발현
- 일간이 극하며 음양이 같은   - 편재(偏財) = 평가지능을 발현
- 일간이 극하며 음양이 다른   - 정재(正財) = 설계지능을 발현
- 일간을 극하며 음양이 같은   - 편관(偏官) = 행동지능을 발현
- 일간을 극하며 음양이 다른   - 정관(正官) = 도덕지능을 발현
- 일간을 생하며 음양이 같은   - 편인(偏印) = 인식지능을 발현
- 일간을 생하며 음양이 다른   - 정인(正印) = 사고지능을 발현

이처럼 음양오행이 만든 열 개의 선천지능은 '나'라는 기준이 개입되

면서 보다 구체적인 지능으로 발현된다.

　예로 든 2020년 남아의 일간(나)은 금(金)이다. 나와 동일한 오행은 자존지능과 경쟁지능이 된다. 음양이 다른 경쟁지능은 나와 같지만 서로 승부근성을 느끼게 하는 경쟁지능을 발현시키는 작용을 한다. 내가 생해주는 연구지능과 표현지능은 스스로가 자연스럽게 뭔가에 몰두하게 되고 특정 분야에 나의 에너지를 쏟거나 베풀게 되는 연구지능으로 발현되거나 음양이 다르다면 순수하지는 않아도 살짝 목적의식이 가미되어 예술적이거나 독창적인 나만의 표현이 되어 변화와 감각적인 지능을 발현시킨다.

　내가 극을 하는 오행은 외부의 사물을 평가하고 치밀하게 설계하여 실현시키는 평가지능과 설계지능을 발현시킨다. 내가 지배하고 싶은 공간과 영역을 의미하며 그로 인해 나의 가치를 높이려는 강력한 욕구를 발현시킨다. 자연스럽게 생해주는 편안한 관계가 아니라 내가 뭔가 얻어내려는 강력한 목표성을 부여하게 되며 음양이 다른 경우에는 더욱 치밀하고 현실적인 결과를 보고자 하는 설계지능을 발현시키게 된다.

　나를 극하는 오행은 행동지능과 도덕지능으로 발현되는데 나를 지배하고 관리하지만 특정한 범주 안에서 나를 관리해주고 안정감을 부여해주기도 한다. 그러므로 음양이 다르게 나를 극하는 오행은 덜 부담

스러운 지배력을 발휘하므로 사회의 질서를 지키는 도덕지능으로 발현되며 음양이 같은 행동지능은 과감하고도 순간적인 결정력을 부여하여 우수한 판단력을 발현시킨다.

마지막으로 나를 생해주는 오행은 어머니와 같이 나를 편안하게 도와주는 사고지능과 인식지능으로 발현된다. 음양이 다른 사고지능은 주변을 정리하고 생각하고 자연스럽게 생해주는 오행이므로 나 자신은 뭔가를 받아들이는 데 편안함을 느끼게 된다. 음양이 같은 인식지능은 종교나 예술적인 감각이 뛰어나고 그러한 분야에 대한 이해력으로 사고지능과 다소 유사한 지능이므로 영성적이면서 추리하는 인식력을 높이는 지능을 발현시킨다.

선천지능에는 강점지능과 약점지능이 존재한다. 또한 지능들 간의 조합으로 선호하는 직업유형이 생긴다. 이러한 조합은 더 나아가서 직업체실의 분석과 신보탐색을 위한 자료가 되어 우수한 선천지능을 발견하고 계발하는 일련의 과정을 거치게 된다. 이러한 일련의 과정들이 마침내는 성공하는 인생으로 가는 중요한 역할을 하게 되는 것이다.

이 같은 개개인의 강점지능과 약점지능 관계를 다중지능 측면으로 심도 있게 연구하고 그 작용을 종합적으로 분석하여 열 개의 선천지능의 기질과 역할을 제시한 것이 아래 표의 내용이다.

<열 개의 생성된 선천지능 분류와 해석>

비견(比肩) - 자존지능	정재(正財) - 설계지능
공익적 협동과 신체적 기술을 촉발하는 지능	치밀하게 계산된 업무를 설계하고 수행하는 지능
독창적, 협동적, 주관적, 열정적, 직선적, 실험적, 집중력, 자기 결정 중시, 현실성, 결과 지향	논리적, 계산력, 현실적, 치밀함, 설계능력, 실리적, 가치 판단, 구성력, 에너지 축적, 장기적 결과 중시
겁재(劫財) - 경쟁지능	편관(偏官) - 행동지능
경쟁과 모험의 독창적 자기 기술력 실험 지능	과감하게 판단하고 결정하여 실행하는 지능
주관적, 직선적, 의지적, 자기 결정 중시, 몰입능력, 경쟁능력, 실험적, 체험과 경험, 결론 지향	신속한 결정, 기억력, 판단력, 결과 중시, 관리능력, 이상에 관점, 조직구성, 에너지의 현실적 활용
식신(食神) - 연구지능	정관(正官) - 도덕지능
대인 관계와 연구의 전문 기술을 활용하는 지능	원칙과 기준을 세우고 모범적인 사회성 지능
이타적, 감성적, 이해력, 유동적, 협조적, 기술력, 노하우, 이행 능력, 진실에 관점, 미래 지향	공정성, 판단능력, 기억력, 규범적, 도덕적, 보수적, 정교성, 설계능력, 명분, 내면적, 가능성 중시
상관(傷官) - 표현지능	편인(偏印) - 인식지능
창의성과 모방 및 설득과 비판의 언어표현 지능	추리와 직관력으로 여러 정보를 인식하는 지능
표현능력, 감각적, 묘사에 능함, 예술성, 직설적, 독창적, 응용력 우수, 변화에 관점, 미적 중시	이해력, 암기력, 직관능력, 순발력, 창조적, 주관적, 추리력, 영성적, 초현실적 예술성, 현실성 중시
편재(偏財) - 평가지능	정인(正印) - 사고지능
사물의 가치를 평가하고 결과를 내는 지능	학습의 수용과 생각을 기록 정리하는 지능
수리능력, 가치판단력, 유동적, 활동적, 공간지각, 선과 색채 구분, 순간포착, 자율성, 결과 중시	기록능력, 암기력, 수용적, 학습적, 보수적, 내면성, 안정성 추구, 정리정돈, 항상성, 전통성 중시

선천지능(Apriority intelligence)은 말 그대로 선천적으로 타고난 지능이지만 노력을 통하여 계발시키고 발전시켜야 한다. 그러나 활용하지 않는다고 해서 금방 사라지지는 않는다. 계발의 여하를 떠나 개인의 선천지능은 뼛속 깊이 저장되어 있는 것이다. 후천적으로 계발된 지능이 활용되지 않을 때 자연히 사라지는 것과는 다르다. 하지만 타고난 지능이라 할지라도 조기에 발견해 적극적으로 발전시키지 않으면 의미가 없다.

3) 다중지능과 선천지능의 상관관계

아래의 표는 가드너의 다중지능과 선천적성검사에서 검사하는 선천지능과의 관계에 대한 상관표이다. 선천지능은 다중지능에서 말하는 열 개의 지능으로 분석될 수 있는 지능으로, 이 표에서는 다중지능과 가상 연관성 있는 지능을 연결지어 구분한 것이다. 다중지능은 각 지능이 독립적이며, 각기 계발되는 과정이 다르고, 지능의 측정이 설문지로는 불가능하다는 특징이 있다. 그러므로 가드너는 특정한 과제를 수행할 때만이 각각의 다중지능을 측정할 수 있다고 하였다. 하지만 선천적성검사에서는 질문지법이 아닌 태어나면서 주어진 생년월일시의 정보로 구성된 사주를 분석하여 각각의 지능을 측정한다.

<선천지능과 다중지능의 비교>

AAT의 선천지능	가드너의 다중지능
비견 - 자존지능 (Self-existence intelligence)	자기이해지능 (Intrapersonal Intelligence)
겁재 - 경쟁지능 (Competition intelligence)	신체운동지능 (Bodily-Kinesthetic Intelligence)
식신 - 연구지능 (Research intelligence)	대인관계지능 (Interpersonal Intelligence)
상관 - 표현지능 (Expression intelligence)	언어지능 - 표현 (Linguistic Intelligence)
편재 - 평가지능 (Estimation intelligence)	공간지능 (Spatial Intelligence)
정재 - 설계지능 (Design intelligence)	수학지능 (Mathematical Intelligence)
편관 - 행동지능 (Action intelligence)	자연탐구지능 (Naturalist Intelligence)
정관 - 도덕지능 (Moral Intelligence)	논리지능 (Logical Intelligence)
편인 - 인식지능 (Cognition intelligence)	실존지능 (Existentialist)
정인 - 사고지능 (Thinking intelligence)	언어지능 - 쓰기 (Linguistic Intelligence)

서양의 교육학자 하워드 가드너 박사의 다중지능 이론은 지금 세계 교육학계가 주목하며 전반적인 활용에 들어가 있다. 그러나 이토록 중요한 다중지능은 성장과정에서 형성되거나 계발해야 하는 숙제를 제시하고 있으며 검사 또한 내검자의 인지능력이 우선되어야만 가능하다는

단점이 있다. 이에 비하여 사주로 분석되는 열 개의 선천적성은 출생 즉시 다중적인 지능 분포를 검사할 수 있으므로 아이의 성장과정에 장점지능과 단점지능을 조화롭게 계발시켜 나갈 수 있다. 한마디로 빠른 시간에 어떠한 시행착오도 없이 검사에 성공하고 아이에 대한 진로 제시가 가능한 검사이다.

4) 선천적성 트라이앵글(Triangle)

열 개의 선천지능은 한 사람의 사주에서 여덟 개의 글자로 부호화하여 나타낸다. 사주에서 여덟 개의 글자는 열 개의 선천지능 중 개인별로 다른 지능으로 구성되며 각기 위치와 강약에 따라 개인별 우수지능을 발현시킨다. 여기서 가장 중요한 역할을 하는 세 개의 선천지능은 ① 목표를 지향하는 지능 '목표성', ② 흥미를 유발하는 지능 '흥미성', ③ 활용을 해야 하는 지능 '활용성'으로 나눌 수 있다.

이렇게 3개의 지능이 주체를 이루며 개인의 타고난 적성을 구성한다. 이것을 통틀어 직업적성 트라이앵글이라고 한다. 이 중에서 본인이 잘하는 것이 바로 우수한 선천지능이다.

흥미성은 우리들이 흔히 말하는 천성에 해당된다. 타고난 것 중에서 가장 확실하게 작용하고 있는 요소로 '그 아이 천성이 그래.' 혹은 '천성대로 살아야지.'에 해당되는 바로 그것이다. 목표성은 내가 원하고 지향하는 것이다. 활용성은 내게 부족하지만 선천지능을 발전시키기 위해 더욱 보강해야 하는 지능을 의미한다.

여기서 흥미를 유발하는 지능은 개인이 가진 지능 중에서 가장 우수한 지능으로 선천적으로 자연스럽게 관심이 가고 지능에 비하여 우수한 능력을 가지게 되는 지능이다. 목표를 지향하는 지능은 선천적으로 자신이 마음속으로 추구하는 인생의 목표와 방향성을 부여하는 지능이다. 활용을 해야 하는 지능은 이러한 흥미성과 목표성을 가지게 되는 지능을 보다 효율적으로 활용하기 위해 보강되면 좋을 지능으로서 개인차에 따라서 이 지능을 보유하기도 하고 없을 수도 있으므로 스스로 노력해서 보완해야 하는 지능이기도 하다.

적성검사 트라이앵글(Triangle)의 시스템은 삼자가 이루는 상생상극 관계가 개입되며 긴밀한 상호작용으로 한 개인의 성격, 가치관, 직업유형과 업무능력을 분류하고 자신만의 직업적성을 표출해낸다.

	적성검사 triangle	
격국	목표지향성	선천적으로 받은 의무적인 직업성분
용신	활용가치성	노력과 결과로 이어지는 직업성분
천성	흥미우수성	흥미와 열정적 에너지의 직업성분

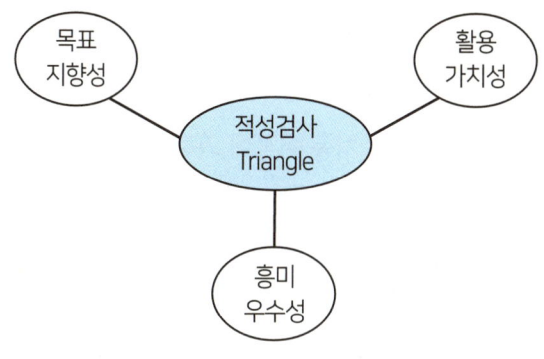

첫째, 격국(목표지향성)은 선천적으로 부여받은 의무적인 직업성분이다.

가치관을 주관하여 직업적성의 목표성을 부여한다. 명식의 구조에 따라 능력이나 흥미와 무관하지는 않지만 근본적으로 능력과 흥미와는 별개로 일간이 추구하고자 하는 도달점에 해당되는 기질을 발현시키는 성분이다.

둘째, 용신(활용가치성)은 활용에 주요한 역할을 담당하며 노력과 결과로 이어지는 직업성분이다.

격국이 하고 싶은 것으로 일간에게 목표성을 부여한다면 용신은 활용성으로 일간이 가진 능력과 흥미를 바람직한 방향으로 유도하여 실현시키는 중요한 역할을 한다.

셋째, 천성(흥미우수성)은 흥미를 유발하는 작용을 담당하며 천성으로 명칭

된 강자이다.

　이는 명식에서 가장 강력하게 자리잡고 있거나 또는 일간에 가장 근접하고 있는 십성이다. 다중지능 이론에 의하면 가장 발달된 지능을 활용할 때에 가장 높은 성과가 나온다. 격국이 '하고 싶은 것'에 해당된다면 천성은 '잘 할 수 있는 것'이 된다. 하고 싶은 것을 잘 할 수 있다면 가장 바람직한 직업적성이 되겠지만 선택을 해야 한다면 잘 할 수 있는 것을 해야 흥미도 생기고 사회적으로 인정도 받게 된다. 남들보다 1cm라도 앞설 때 우리는 전문가라고 부르며 그의 능력을 인정한다. 그러므로 천성은 흥미와 열정적 에너지의 직업성분이다.

　지능이론에서는 우수한 지능과 열등한 지능만을 단편적으로 설명한다. 그러나 선천적성검사에서는 이러한 지능들이 직업적성으로 활용되기 위한 3가지 요소를 추출하여 분석해주며, 진로탐색의 방향성을 제시해준다는 장점이 있다. 가령 언어지능이 우수한 아이라 할지라도 단순히 '언어지능 우수'로 설명이 되지 않는 경우가 많다. 같은 언어지능이라도 인식지능이 개입되면 작가가 되어야 하고 표현지능이 개입되면 아나운서나 사회자 혹은 대인관계가 활발한 직업으로 방향을 잡아야 한다. 여기에 활용성이 다시 개입되면 완벽한 직업적성 트라이앵글을 이루게 된다.

5) 적성검사 트라이앵글(Triangle)의 작용

격국, 용신, 천성으로 구성된 적성검사 트라이앵글(Ttriangle)의 십성별 내용은 다음과 같다. 격국은 직업에 있어서 가치와 목표를 부여하며 용신은 격국과 천성의 활용을 위하여 노력하여야 하는 성분이 되어 준다. 천성은 강력한 흥미와 높은 지능이 된다.

십성	적성검사 triangle	인성의 직업목표, 흥미유발, 활용가치
정인	격국	전통과 명예, 의무를 중시하는 보수성과 학문을 수용하는 사명감을 통하여 배움의 성과를 인생과 생활의 바탕으로 삼고자 하는 학자풍의 전통성을 지향한다.
	용신	아는 것이 힘이 될 수 있도록 이론적 체계를 구축, 공인자격증을 갖추고 정확한 기록 및 데이터관리의 업무능력을 키워 적극 활용해야 한다.
	천성	체계와 순서에 정확성을 기하는 자료정리 및 기록관리 업무에 유능하고 생각과 신념이 완고한 철학적 교육자 기질로 사고지능이 우수하다.
편인	격국	직관력과 추리력을 바탕으로 철학, 종교, 예술적인 학문을 추구하며 뛰어난 기회포착능력과 복합적인 사고력을 발휘하여 자신만의 차별화된 전문성을 지향한다.
	용신	철학적 가치관과 사물의 이면을 볼 수 있는 직관력과 인식능력, 순발력을 살리고 실용학문의 전문성을 배양하여 적극 활용해야 한다.
	천성	초현실적, 예술적, 종교적인 기질로 남들과는 다른 관점으로 세계를 인식하고 평가하며 새로운 아이디어를 내는 인식지능이 우수하다.

십성	적성검사 triangle	비겁의 직업목표, 흥미유발, 활용가치
비견	격국	강한 주체성에 근거한 영역확보를 추구하며 육체활동과 공적인 마인드를 바탕으로 구성원들과의 협동을 통한 현실적 이득을 추구하는 업무를 지향한다.
	용신	사람들과의 융합과 협동정신을 발휘하여 인적자원 네트워크를 확보하고 경쟁이 곧 자기발전이 될 수 있도록 적극 활용해야 한다.
	천성	공적인 태도로 타인들과 협동하며 현실적 이득을 추구하는 기질로서 자기영역확보와 주체적인 활동을 실현하게 하는 자존지능이 우수하다.
겁재	격국	공익과 명분을 중시하는 군중 속의 리더십 가운데 자기주도적인 경쟁력을 갖추어 독자적인 기술력발휘로 신속한 결과와 이득추구를 지향한다.
	용신	협동과 융화를 바탕으로 인적자원을 활용할 수 있는 사회성을 실현하고 자신만의 독창적이고 특별한 기능과 특기를 확보하여 적극 활용해야 한다.
	천성	대의명분과 타인과의 인적관계 속에서 자신의 현실적 이득을 위한 독립적이고 전문적인 기술력과 독창성을 발휘하는 경쟁지능이 우수하다.

십성	적성검사 triangle	식상의 직업목표, 흥미유발, 활용가치
식신	격국	안정과 문화적 풍요로움을 기반으로 인간적인 친화력을 활용하는 분야에서, 창의력과 기술력을 축적하여 연구, 제조, 가공, 교육하는 생산성을 지향한다.
	용신	대인관계에 헌신적인 노력이 필요하며 한 가지 일에 집중적인 연구력과 기술력을 배양하여 자신만의 노하우로 쌓아 이를 적극 활용해야 한다.
	천성	미래지향적 기질로 대인관계를 통한 홍보 및 인적관리능력이 있고 생산활동을 위해 자신만의 연구, 설득력, 표현력, 노하우를 활용하는 연구지능이 우수하다.

십성	적성검사 triangle	재성의 직업목표, 흥미유발, 활용가치
상관	격국	뛰어난 임기응변과 언어능력을 바탕으로 고정관념을 깨는 창의성과 원만한 대인관계를 통하여 설득력과 차별화된 비판성을 지향한다.
	용신	능동적인 변화대처능력을 키워 비판적사고와 언어표현능력을 갖추고 고정관념을 깨는 발상의 창의성과 개성을 적극 활용해야 한다.
	천성	자유로움과 미적인 변화를 끊임없이 추구하는 기질로, 발상의 전환을 통하여 모방과 창조를 발휘하고 비평과 설득의 언어적 표현지능이 우수하다.

십성	적성검사 triangle	재성의 직업목표, 흥미유발, 활용가치
편재	격국	직관에 의한 뛰어난 수리계산력과 신속한 가치판단 능력을 바탕으로 성취욕구의 실현을 위하여 현실적이고 신속한 결과와 유동성을 지향한다.
	용신	고정관념을 탈피하고 융통성 있는 현실감을 살려 세상을 평가하는 폭넓은 시야를 확보하고 신속한 가치 판단력과 수리능력을 키워 적극 활용해야 한다.
	천성	새로움에 대한 도전의식과 낙천적인 인생관의 자유로운 기질을 바탕으로 현실상황의 손익계산에 신속히 가치평가를 내리는 평가지능이 우수하다.
정재	격국	보장된 안전성과 실리를 중시하며 보수성과 정확성을 바탕으로 치밀한 분석능력을 발휘하고 설계 및 정리정돈을 통한 신뢰성을 지향한다.
	용신	치밀하게 계산하고 정확하게 계획을 수립하는 수행능력을 배양하며, 사물의 이면을 평가하는 시야를 확보하고 규격화시키는 능력을 적극 활용해야 한다.
	천성	장기적이고 안정적인 실리를 추구하는 경제활동과 섬세하고 정돈된 행정업무에 강하며 정확하고 치밀하게 계획하고 분석하는 설계지능이 우수하다.

십성	적성검사 triangle	관성의 직업목표, 흥미유발, 활용가치
편관	격국	리더십과 책임감을 바탕으로 자신의 믿음대로 개혁하고 실현할 수 있는 권력을 추구하며 신속하고 과감한 판단력을 통한 실천력과 관리능력을 지향한다.
	용신	신속한 분별력과 결정력을 스스로 배양하고 인내심을 수용하여 책임감 있는 관리능력을 수행하는 리더십을 적극 활용해야 한다.
	천성	권력과 책임이 부여되는 리더로서의 관리업무에 강하며 개혁적인 변화에 담대한 심성으로 과감하고 신속한 결정력을 발휘하는 행동지능이 우수하다.
정관	격국	체계와 원칙을 중시하는 집단적 공익성과 도덕적 가치를 바탕으로 장기적인 안정성이 보장된 명예와 권리를 추구하며 보수적인 정통성을 지향한다.
	용신	단체와 사회의 구성원으로서 도덕성과 보수적인 마인드를 갖추고 공정한 판단력을 수행할 수 있는 규정과 원칙을 적극 활용해야 한다.
	천성	정관과 원칙을 중시하는 기질로, 공정한 판단력을 발휘하고 권리와 규정을 수향하는 수직적 행정업무에 능력을 발휘하는 도덕지능이 우수하다.

6) 직업적성 메인코스와 서브코스

직업적성은 사주의 격국, 용신, 천성 삼자의 트라이앵글로 주어지는 패턴이 공조하면서 이루는 메인코스와 서브코스가 무엇에 해당하는가에 따라 설정된다. 하나의 사주에서도 메인코스가 중복될 수 있으며 서브코스 또한 동시에 중복될 수 있다. 그러나 트라이앵글을 이루는 구조는 결국 사주의 선천적성이 되고 있다는 것에 주목해야 한다.

<4개의 메인코스>

코스	직업능력	전문성
인 비 식	전문성이 강	자기중심전문성, 수용성, 활용성
식상생재	경쟁사업 강	경쟁을 통한 실현, 자율성, 활동성
관인상생	수행능력 강	사회주체, 구조성, 수행성, 책임성
재 생 관	개척능력 강	사회와자기주체, 활동성, 권력성

<4개의 서브코스>

코스	직업능력	전문성
인성⇔재성	수리능력	사고의 전환, 발상, 논술, 계산
관성⇔식상	변화능력	고정관념탈피, 설득, 연설, 강의
재성⇔비겁	개발능력	의욕, 활동성, 유통, 체력, 공간
비겁⇔관성	책임능력	명예, 책임감, 의무, 권리, 권한

2. 타고난 직업체질

사람들은 각자 자신의 체질에 맞게 한약을 지어 먹는다. 그런데 직업에도 한약 처방처럼 개인마다 제각각의 체질이 있다. 그 체질을 모르고는 진정한 진로교육이 될 수 없다.

현재의 수많은 적성검사로는 직업체질검사 자체가 불가능하다. 자신에게 맞는 적성을 찾아 성공적인 진로에 들어섰다 해도 사회에 부적응하는 문제를 없애려면 자신의 직업체질을 알아야 한다.

열심히 공부해서 부모님의 간절한 바람대로 의사가 된 사람이 있다. 그런데 의사로서 어떤 역할을 해야 자신이 신나게 일할 수 있을지를 가르쳐주는 사람은 아무도 없다. 그저 성적대로 결정하거나 상황에 맞춰 결정한다. 같은 의사라도 하는 일에 따라 전혀 다른 직업인으로 생활하게 된다.

대학에 몸담고 의사를 길러내는 교육자 체질의 의사가 있다. 개원을 하여 돈을 잘 버는 사업가 체질의 의사도 있다. 종합병원 등에 소속돼서 안정된 직장인으로 살아가는 의사도 있다. 국가의 의료 행정을 맡아 추진하는 공직자 스타일의 의사도 있다. 신기술을 개발해내는 연구발명가 체질의 의사도 있다. 이처럼 의사라는 직업도 어떤 타입의 일을 하느냐에 따라서 천차만별이다.

부모들은 자녀가 어릴 때부터 "너는 커서 뭐가 돼라."는 말을 많이 한다. 그런데 정작 부모가 바라는 사람이 되고 나서 실제로 어떠어떠한 일을 해야 하는 것인지에 대해서는 별로 생각하지 않는 것 같다. 우리가 아는 직업에는 선입견이나 포장된 이미지 때문에 우리가 잘못 알고 있는 부분이 상당히 많다. 따라서 직업을 선택할 때는 반드시 어떤 일을 어떻게 하는지까지 알고 결정해야 한다.

다중지능이나 IQ검사는 우수한 지능에 대한 결과만을 말해준다. 그러나 그 우수지능이 활용될 수 있는 실제적인 방법에 대한 설명은 검사지 그 어디에도 없다. 진로적성검사에서 가장 중요한 것은 우수지능을 활용해서 무엇을 해야 하는지를 제시해 주는 것이다. 그래야만 올바른 진로지도의 지침으로서 활용이 가능하다.

직업체질은 사회생활의 적응력에 매우 민감하게 작용하므로 상당히 중요한 요인이다. 또한 업무를 수행하는 과정에서 리더의 위치에서 활동하는 것을 선호하는지, 조직원으로 활동하는 것을 좋아하는지, 아니면 자신만의 전문 지식을 기반으로 자율적으로 활동하는 것을 선호하는지도 중요한 직업체질 요인이다. 여기에 한 가지를 더한다면 도전적인 일을 선호하는지 안정적인 일을 선호하는지에 대한 위험감수수준도 직업체질의 한 부분이다.

직업선택에 있어서 가장 중요한 요인은 '무엇을'과 '어떻게' 2가지이다. 여기서 '어떻게'에 해당되는 것이 바로 직업체질이다. 자신의 체질이 원하는 직업 유형은 분명히 있다. 자신의 직업체질을 감안해서 직업을 선택해야 한다는 것은 직업선택에 있어서 '어떻게 할 것인가?'에 해당되는 부분이다. 사람들이 원하는 직업을 갖게 되었어도 자신의 직업에 만족하지 못하는 이유가 바로 여기에 있다.

취직을 할 때 정말 중요한 요인인데도 불구하고 대부분의 사람들은 직업도 체질이 있다는 것을 전혀 생각하지 않는다. '그래, 나는 선생님이 될 거야.', '의사가 될 거야.', '멋진 CEO가 될 거야.' 하는 생각만 하고 '어떻게 될 것인지'까지는 생각하지 않는다. 이는 부모들도 마찬가지이다. 하지만 정작 취직을 하고 사회생활을 시작하면 문제는 달라진다.

우리들 주변에는 선생님을 하겠다는 아이들이 유난히 많다. 왜냐면 태어나서 엄마, 아빠 말고 만난 직업인이 거의 다 선생님이어서 그렇다. 그런데 정작 선생님이 된다 해도 생각하지 못한 것이 있다. 그건 바로 내가 공교육을 맡게 되는 선생님이 될지, 좀 더 자유롭게 가르치는 사교육을 맡는 선생님이 될지 여부이다. 이런 생각은 분명히 해봐야 한다. 아니면 선생님이 된다고 해도 가르치는 것만 할지 아니면 관리자로서 활동할지도 중요하다.

대학을 갓 졸업한 젊은이들은 대기업을 선호한다. 그들은 기업에 들어가면 홍보팀에서 일하고 싶다거나 해외영업부에서 일하고 싶다는 등의 피상적인 생각들을 한다. 하지만 그보다 더 우선되어야 할 것은 자신이 조직생활에 잘 적응하는지 아니면 프리랜서로 활동하는 것이 맞는지부터 알아야 한다. 친구 따라 강남 가는 식으로 남들이 선호한다고 다 나에게 맞는 직업은 아닌 것이다.

1	직업체질의 객관적 분석 (직업유형)	직장형
		사업형
		자유형
2	직업체질의 주관적 분석 (업무기능)	리더기능
		참모기능
		전문기능

직업체질은 위와 같이 직업유형이라는 직업체질의 객관적 분석과 업무기능이라는 직업체질의 주관적 분석으로 나눌 수 있다.

직장형, 사업형, 자유형은 객관적인 기준에서 직업을 분류한 것으로 어떤 형태의 조직에서 활동하는지를 분류한 것이다.

리더기능, 참모기능, 전문가기능은 주관적인 기준에서 한 개인이 어떤 형태로 활동하는지를 분류한 것이다.

1) 직업유형이란?

직업체질에 있어서 객관적 분석은 직장형, 사업형, 자유형 세 가지에 대한 분석이다.

(1) 직장형

【회사나 조직에 속하여 활동하는 직업유형】

직장형은 대기업에 취직하거나 조직에서 활동하는 것을 더 안정되고 편안하게 여기는 사람이다. 사람들과 함께 일하는 것과 조직에 속해 있다는 안정감을 선호한다. 물론 자기 사업을 하기 전 사회 경험을 쌓기 위해 취직을 먼저 하는 사람도 있겠지만 이 직업 유형의 사람들은 근본적으로 직장에서 안정되게 일하는 체질이다. 누군가가 결정하고 누군가가 만들어놓은 일들을 처리해주고 성실하게 책임을 다하는 것에 의미를 둔다.

(2) 사업형

【사업가, 자영업자 등 자신의 사업체를 가지고 활동하는 직업유형】

사업형은 도전 의식을 바탕으로 새로운 아이템을 개발하고 실제적으로 실행해보는 유형이다. 누군가가 깔아놓은 멍석에 있는 게 싫다. 조직 내에서의 활동을 힘들어 하지만 조직을 만들고 방향을 결정하고 운영하는 것은 좋아한다.

(3) 자유형

【직장형과 사업형이 복합된 유형】

　자유형은 선택이 자유롭다. 어딘가에 속하지도 않고 누구를 고용하지도 않는다. 혹은 어딘가에 속할 수도 있고 누군가를 고용할 수도 있는 복합적인 유형이다. 기동력 있게 소수만이 움직인다. 혼자 활동하기도 한다. 근무시간, 사무실 안에서의 업무 등 이런 것들과는 거리가 멀다. 자신의 능력을 필요로 하는 사람들에게 자신의 기술력과 노하우를 제공하는 형태로 경제활동을 한다. 자신만의 분야에서 톡톡 튀는 아이디어를 구상하고 이를 활용하는 걸 좋아한다.

2) 업무수행기능이란?

　직업체질에 있어서 주관적 분석은 리더형, 참모형, 전문가형 등 3가지 유형에 따른 분류이다.

(1) 리더형

【대통령, 사업가, 관리자 등이 이에 속하며 조직을 책임지고 이끄는 유형】
　리더형은 회사를 다니든 사업을 하든 어디에서건 리더가 되어야 한다. 누군가의 의견을 듣고만 있지는 못한다. 적극적으로 내 의견을 주장하고 결정권을 갖고 있어야 한다. 그래서 '나를 따르라~!'라고 말할 수 있게 항상 새롭고 참신한 아이디어가 많다.

(2) 참모형

【리더를 제외한 고위관리자로서 과제 달성을 적극적으로 지향하는 유형】

참모형은 실현가이다. 대통령을 모시는 국무총리도 참모이다. 참모라고 해서 우습게 봐서는 절대 안 된다. 세상에 일 벌이기 좋아하는 리더만 있다면 일만 많고 도무지 해결되는 사안이 없을 것이다. 참모형은 어떤 사안에 대해서 마지막까지 책임지고 주어진 일을 마무리하는 사람이다. 참모는 주어진 과제를 멋지게 실현시키지만 리더나 상사로부터 자신이 한 일에 대해서 꼭 인정을 받아야 한다.

(3) 전문가형

【고도의 자기 전문성을 살려 개별적 활동을 전개하는 유형】

전문가형은 누가 명령을 내릴 수도 없고 자신이 명령할 일도 없다. 내 일은 나만 알고 있는 사람으로 자기 영역을 꼭 확보하고 활동한다.

3) 직업체질 스타일

(1) 직장형의 직업체질

▶ **직장형 + 리더기능**

직장에서 큰소리 뻥뻥 치면서 자기 맘대로 해야 직성이 풀린다. 그래서 조용히 지내기보다 승진에 목숨을 건다. 그것도 최고 자리에 오를 때까지는 만족을 못한다.

▶ **직장형 + 참모기능**

조직의 최고 책임자를 보좌하여 일을 처리하며 책임감과 성실함이 남다르다. 진정한 직장인답다. 하지만 어떤 방법으로든 인정을 받아야 한다.

▶ **직장형 + 전문기능**

직장에 다니긴 해도 자기 영역이 분명해서 월급만 받을 뿐 직장에서도 마치 자기 일을 하는 사람 같다. 조직원들과 화합하지 않고 혼자 일을 해도 아무도 뭐라고 못한다. 왜냐면 자기만 알고 있는 전문적인 일을 하기 때문이다.

(2) 사업형의 직업체질

▶ 사업형 + 리더기능

사업을 하면서도 모든 트렌드를 이끌어가는 사람이다. 아는 것도 많고 돌아다닐 일도 많다. 그래서 명령할 일도 많다.

▶ 사업형 + 참모기능

사업을 하면서도 주류를 파악하며 면밀하게 행동하는 사람이다. 언제나 사업 파트너가 있다. 그래서 안정적이면서 조심스럽다.

▶ 사업형 + 전문기능

사업을 해도 아무도 따라올 수 없는 자기만의 전문 기술이 있다. 한마디로 벤처기업인이다. 그래서 동종업계를 둘러볼 필요도 주류를 파악할 필요도 못 느낀다. 마이 웨이를 열심히 가는 사람이다.

(3) 자유형의 직업체질

▶ 자유형 + 리더기능

어딘가에 속해 있지 않아도 주류를 이끌어가는 사람이다. 어디든 내가 먼저 깃발을 꽂아야 직성이 풀린다.

▶ 자유형 + 참모기능

자유롭게 일하는 듯해도 그 속에서 안정을 추구한다. 시대적 흐름을 잘 파악하고 트렌드에 예민하다. 그리고 도움이 되는 조직이나 사람이 있다면 잠시라면 뜻을 같이 하는 걸 그리 싫어하지 않는다.

▶ 자유형 + 전문기능

자신만의 노하우가 확실한 사람이다. 아무도 대체할 수 없는 기술력으로 승부한다. 그래서 모든 걸 직접 해야 하지만 그런 만큼 확실한 인정도 받는다.

3. 직업적성 코스

십성의 코스는 직업 목표가 있다. 그에 따른 직업적성의 코스에는 서로 상생관계의 조화를 이룬 조화된 직업코스가 있고 서로 극하는 관계의 편향된 십성과 이에 대립되는 용신으로 구성된 부조화된 직업코스가 있다. 이 직업의 목적과 코스를 이루는 작용은 검사도구가 될 수 있는 것이다.

1) 십성의 직업목표

개인의 직업목표는 최초에는 격국에 의해서 이루어지는 것이 기본이다. 그 다음이 격과 함께 이루는 코스이며 최종적으로 일간을 중심으로 하여 격과 코스에 중심축을 이루는 십성의 상관관계로 분석된다.

직업 목표란 일간이 이루고 싶은 마음과 가장 잘 적응하고 수행해 낼 수 있는 선천적성이기도 하다. 그러나 직업목표에 대한 실현 결과는 개개인의 특성적인 사주구성과 함께 환경에 따라 같을 수 없다. 명리 직업상담에서의 목적은 이처럼 경쟁력 있는 자신의 적성을 찾아 주는 것이다.

(1) 노력과 결과

일간을 중심으로 각 십성은 서로 노력과 결과라는 관계를 가진다. 이를 표로 나타내면 다음과 같다.

식상을 통한 노력은 재성이라는 결과로 나타난다. 식상없는 재성은 식상에 해당되는 연구나 활동이라는 노력 없이 돈이나 성과라는 결과만을 얻으려는 심리작용이 내재되며, 재성 없는 식상은 노력해도 그 결과를 담을 그릇이 없는 심리가 내재된다.

인성을 통한 노력은 관성이라는 결과로 나타난다. 인성 없는 관성은 지식축적이나 자격증 취득 등의 노력 없이 명예나 지위와 같은 결과만 얻으려는 심리작용이 내재되며, 관성 없는 인성은 노력해도 그 결과를 담을 그릇이 없는 심리가 내재된다.

<노력과 결과에 따른 십성의 관계>

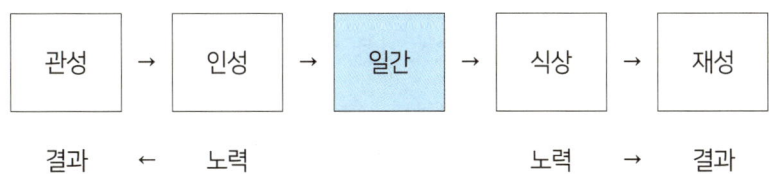

(2) 과정과 결과에 따른 직업목적

구분	직업목적과 활동유형
인성 ↔ 식상	노력(공부)해서 활용하는 노력의 전문성이 직업목적
	과정 중시형
관성 → 인성	노력(공부)해서 관의 임무를 수행하는 것이 직업목적
	과정과 결과 중시형
식상 → 재성	노력(연구)해서 공개경쟁을 통한 이익창출이 직업목적
	과정과 결과 중시형
관성 ≒ 재성	주어진 환경들을 활용한 이익과 권력창출이 직업목적
	결과 중시형 (과정보다 결과가 중요)

각 십성은 노력한 결과를 얻어내는 과정과 결과 중시형이 기본이 되고 여기에 다른 십성이 각기 개입되면 한쪽으로 치우친 직업목적을 가진 구조를 만들어낸다.

식상생재와 관인상생은 서로 노력한 결과가 주어지므로 과정과 결과 2가지가 조화를 이룬 코스를 이룬다. 그러나 인비식과 재관으로 이루어진 코스는 인비식이 과정중시형의 직업목적을, 재생관은 결과중시형의 직업목적을 가진다.

2) 조화된 직업코스

조화된 직업코스는 십성의 직업목표에 근거하여 이루어진다. 아래 표에서 보듯이 사주분석에 있어서 가장 기본이 되는 메인 4코스와 구조와 일치하는 것을 볼 수 있다.

이렇게 명조 내에 분포된 십성이 직업적성 구조와 코스를 적절하게 갖추었을 때는 일생동안 안정된 직업을 유지하게 된다.

직업코스는 직업적성에 직접적인 영향을 주므로 한 사람의 직업을 결정하는 요인이 되며 한편 용신의 역할은 그 직업을 공인 화시키는 것이다.

위 메인 4구조를 조화된 직업코스로 표현하면 다음과 같으며 이는 서로 상생하는 관계로 이루어지는 천연적인 적성의 발현이다.

<조화된 직업코스>

인수, 비겁, 식상의 유기상생구조	인 비 식 구조
식신과 재성의 유기생재 구조	식상생재 구조
관성과 인성의 유기생인 구조	관인상생 구조
재성과 관성의 유기생관 구조	재 생 관 구조

(1) 인비식 구조

학문의 수용력과 응용력이 우수하여 선천적으로 학자풍의 직업적성을 소유한다. 일간을 중심으로 입력과 출력이 동시에 활성화되어 있는 구조로서 항상 정신력의 소통이 원활하다.

에너지의 흐름이 일간과 직접적이며 원활하게 편성된 구조가 된다면 심리적인 안정을 최대치로 부여한다. 이는 활동하는 자체에 의미를 두는 과정 중심형이다. 학문적 연구에 몰두하고 활동하는 자체에 더 의미를 두므로 결과나 이득에 집착하기보다 일 자체에 더 목적을 두는 유형이다. 그러므로 사업적인 기질보다는 연구하는 학자풍의 직업적성에 더 적합하며 사업 분야에서는 학문적 성취의 누적된 노하우를 통하여 컨설팅 업무가 가능하다.

(2) 식상생재의 구조

생산력과 연구력이 우수하여 판매 및 생산을 겸한 경제활동에 있어서 우수한 선천적 직업적성을 소유한다.

에너지의 소모가 강한 구조이므로 심리적 공허와 에너지소진의 방지 차원에서 일간은 신강함이 요구되는 유형이다. 활발한 활동을 통하여 반드시 결과를 얻고자 하므로 사회적인 평가나 지위보다는 자신에게 확실하게 돌아오는 이익에 더 많은 관심이 있다. 사업적인 기질이 가장 강한 유형이지만 조직적인 활동을 하는 기업이나 국가를 대상으로 하는 활동이 이루어지려면 관성 협조가 요구된다.

식·재의 구조에 타 십성이 개입하는 상황에 따라 성격과 심리, 활동유형은 변화를 보인다. 즉 관성이 개입되면 조직력을 추구하여 공적인 단체를 구성하거나 브랜드를 활용한 생산 및 판매 활동을 하게 되고 인성이 개입되면 학문적 분야와 자격을 갖춘 사회적 역할이 추가된다.

(3) 관인상생의 구조

책임감이 강하여 공적인 위치에서의 주어진 과제와 업무수행능력이 우수한 선천적 직업적성을 소유한다.

에너지가 유입되는 방향의 구조이므로 일간의 의지보다는 외적인 환경이 매우 중요하다. 주어진 과제와 부여된 임무를 수행하는 원칙주의자의 사고방식이므로 창조성과 자율성보다는 조직 및 단체와 국가를 위한 목표지향적인 직업관을 갖게 된다.

한편 관인의 구조에 다른 십성이 개입하는 상황에 따라 성격, 심리, 활동유형은 변화를 보인다. 즉 재성이 개입되면 많은 사람들을 관리하게 되고 식·상이 개입되면 주어신 환경에 대한 혁신의지가 발생하여 조직과 단체의 새로운 방향모색과 발전을 위한 변화를 추구하게 된다.

(4) 재생관의 구조

가치판단과 명예추구의 심리가 강하여 사람들을 관리하고 조직력을 구성하는 우수한 선천적 직업적성을 소유한다. 일간이 극하거나 일간을 극하는 십성이 서로 조화를 이루며 구성된 구조로서 주어진 목표에 대한 실현의지를 강하게 추구하는 결과지향형이다.

자연스런 에너지의 흐름을 상호 소통하지 않는 십성끼리의 조합이므로 일간은 강함이 요구되는 구조이다. 공적이며 객관적이므로 최종적인 결과가 자신의 가치판단에 중요한 기준이 된다.

재관의 구조에 다른 십성이 개입하는 상황에 따라 성격, 심리, 활동성향에 변화를 보인다. 즉 인성이 개입되면 목표 지향적으로 행동과 실천에 절차를 중요시하는 계획성이 부여된다. 식상이 개입되면 주변의 환경과 조건들을 타진해나가는 스타일이 되므로 원만한 대인관계를 형성하는 사회성을 갖게 된다.

3) 부조화된 직업코스

경우에 따라서 사주구조 내에서 직업의 순수성을 결정짓는 격국, 용신, 천성을 서로 상극하여 거부하는 직업코스가 있다.

이러한 상극 구조는 어떠한 면에서는 매우 탁월한 비범성을 나타내기도 한다. 또 직업적성부조화 현상으로 여러 직업을 찾아 전전할 수 있다. 사주가 직업적성 부조화의 구조가 되면 성격이 졸렬하거나 무모하고 부정적 심리를 갖게 되는 단점도 나타난다.

이는 보편타당하기보다는 다소 위험한 발상에 전념할 가능성이 높기에 마치 양날의 칼과 같다.

여기서 간과하지 않아야 할 점은 직업적성이 부조화를 이룬 사람들이라고 무조건 비사회적이라고 단정 지으면 안 된다는 것이다. 성장환경에서부터 사랑과 관심을 주고 성인이 되어서도 자신에게 맞는 적성을 찾아 직업훈련을 받는다면 충분히 유능하고 건전한 사회인이 될 수 있다. 이는 상담자들이 깊이 인식해야 한다.

<부조화된 직업코스>

재성용신 ⇨	비겁편향의 구조
인수용신 ⇨	재성편향의 구조
식상용신 ⇨	인성편향의 구조
비겁용신 ⇨	관성편향의 구조
관성용신 ⇨	식상편향의 구조

이와 같은 직업부조화의 사주구조는 직업코스를 이루지 못한 경우가 많기에 좋은 직업을 가지게 되었어도 운에 따라 변동이 많이 따를 수 있다. 그리고 다변적이고 유동적인 성격심리를 가지게 됨을 유추할 수 있다.

그러나 다음과 같은 긍정적인 면을 소유하고 있음을 참고하여 상담에 임해야 한다.

(1) 재성용신과 비겁편향의 구조

독립심과 추진력이 우수한 기질로서 경제활동을 하는 사업가적 성향이 강한 직업적성으로 파악될 수 있다. 목표를 향한 몰입력이 우수하고 다양한 대인관계 속에서 활동하는 유형이다. 자신의 사회적 위치설정과 인간관계의 문제를 늘 생각하게 되며 그런 방면에 변화가 많은 유형이다.

(2) 인수용신과 재성편향의 구조

자아실현과 목적달성을 위한 추진력이 우수한 기질로서 학문적 성향이 강한 직업적성으로 파악될 수 있다. 기획력이 우수하고 다양한 가치들을 조합하여 하나의 이론을 생산하는 능력이 우수하다. 사회적 목표들 속에서의 선택의 문제와 자신의 능력을 늘 생각하게 되며 그런 방면에 변화가 많은 유형이다.

(3) 식상용신과 인성편향의 구조

학문적인 탐구심과 기획력이 우수한 기질로서 다양한 활동력과 창의성을 사회적으로 인정받는 자격화시키는 성향이 강한 직업적성으로 파악될 수 있다. 실험정신과 도전정신에 입각하여 구상된 것들을 현실화시키는 능력이 우수하다. 자신의 생각을 조율해야 되는 갈등이 수반된 가운데 사회활동을 전개해야 되는 부담감이 항상 존재하는 어려움이 있는 유형이다.

(4) 비겁용신과 관성편향의 구조

조직을 통한 활동력과 조직구성력이 우수한 기질로서 사람들을 지도하고 관리하는 성향이 강한 직업적성으로 파악될 수 있다. 보수적이고 공정성을 추구하나 신속한 결정력과 판단력으로 결과를 보는 능력이 우수하다. 이상향을 추구하나 에너지의 내향적 활용으로 인한 자신만의 내적 갈등과 고민이 항상 존재하는 유형이다.

(5) 관성용신과 식상편향의 구조

언변과 인간관계를 통한 사회 활동력이 우수한 기질로서 고정관념을 깨는 기발한 창의성을 발휘하는 성향이 강한 직업적성으로 파악될 수 있다. 무형의 가치든 유형의 가치든 만들어가고 성장시켜나가는 과정을 중시하지만 과감한 행동력으로 승부를 내는 능력이 우수하다. 에너지의 외향적 흐름으로 자유로움을 추구하지만 자신만의 내적 규율로 제어해야 된다는 강박심이 항상 갈등의 요소가 되는 유형이다.

이와 같은 이론 구성을 통하여 명리직업상담의 체계를 갖추게 된다. 이러한 명리가 가지는 고유한 선천적 직업체질 정보를 충분히 숙지하고 진로상담에 활용할 경우 개인의 성공에 도움을 줄 수 있게 된다.

인성(印星)의 직무와 직업정보

1. 인성(印星)의 본성과 심리

1) 인성(印星)의 진화심리 - 〈기록본능, 모성본능〉

- 현재를 정리하고 기록하는 본능이다.
- 기록을 통해서 역사를 만든다.
- 기록한 자료와 수집한 자료를 많이 보관한다.
- 매사가 순서대로 되어야 심리적으로 안정이 된다.
- 표시, 문자, 기록을 통한 의사소통을 좋아한다.
- 기록과 교육, 새로운 사고와 발전이 가능하다.

2) 인성(印星)의 욕구 - 〈생리적 욕구〉

인성은 부족한 자신의 생리적인 욕구를 충족시키려는 안식처, 거주지, 수면욕으로 식욕의 욕구를 충족시키려는 것과 같다. 부모의 지속적인 관심과 양육, 지식 에너지와 내가 받고자 하는 생리적 욕구로 조건 없는 희생을 들 수 있다. 또한 인성은 굶주림, 갈증, 성(性), 수면 등 지속적인 관심과 양육하는 것과 같은 역할로서 수용성을 의미한다. 지식의 수용, 사랑의 수용과 같이 받고자 하는 생리적 욕구이면서 새로운 이익 창출을 위한 사전 작업과도 같은 인풋(input)의 작용을 한다.

인성은 빈 곳을 채우려는 가장 기본적인 욕구로, 알고 싶은 것을 배우고 익혀 자신의 두뇌 공간에 채워서 실행으로 옮길 때 이것을 에너지로 사용한다. 즉, 말을 익혀 대화에 활용하고 다양한 기술을 습득하여 생활에 이용하며, 현 사회의 문명과 문화적 발전에 합당한 지식과 방법론을 구하여 삶에 활용하게 된다. 새로운 아이디어를 머릿속에 채우는 것도 결국은 자신이 필요한 새로운 이익을 생산하고자 하는 목적이 있는 것이다.

인성이 강(强)하면 관점의 주관적 성향과 사고의 경직성으로 스스로 갈등과 정신적 권태에 빠진다. 이로 인해 자기중심적이고 양보심이 없으며 매사에 타협을 하지 않으며 이기주의 성향을 보이고, 과도한 신중성으로 방어하는 심리 증후군을 보인다. 반면, 인성이 약(弱)하면 관찰력과 기억력 둔화로 주어진 일에 대한 권태와 무계획적 일상의 태도를 가진다. 이로 인해 기억력 둔화, 자신감 결여, 정서해리현상, 인화력 결여, 대인 기피증, 자기 은둔, 의무감 결여, 조직력 함몰, 생산성 결핍과 같은 심리 증후군이 나타난다.

◇ 생리적 욕구

인성(印星)은 부모가 지속적인 관심과 사랑으로 아이를 양육(養育)하는 것에 비유할 수 있다. 일간은 인성을 통해 부족한 자신의 생리적 욕구를 충족시키려 한다. 아기가 배고플 때 어머니의 젖을 먹음으로써 식욕(食慾)의 욕구를 충족시키려는 것과 같다.

3) 인성(印星)의 본능과 상대적 심리

인성의 본능과 상대적 심리로는 모든 일에 대한 논리적 성향으로 정확한 데이터에 의한 행동을 지표로 삼아 생각과 일치하는 것만을 실행에 옮기려 하며 명예와 자격을 갖추는 인품에 주안점을 둔다.

인성이 강(强)하면 이기적인 성품이 앞서고 자기위주의 행동을 합리화시키는 보수적인 면이 두드러진다. 이에 따라 양보와 선의적인 선심에는 인색하고 자신을 억압하거나 무시하는 상대에게 매우 반발하게 된다. 반면, 인성이 약(弱)하면 논리적이지 못하며 매사 대충 처리하거나 시작은 잘하나 끝이 부실하고 모든 일을 기분에 따라 즉흥적으로 처리한다.

인성(印星)은 편인(偏印)과 정인(正印)을 합쳐 부르는 말로 교육의 힘, 지식의 힘으로 아는 게 힘이 된다. 편(偏)은 자유분방하고 융통성이 있으며, 정(正)은 정직하고 원리대로 해야 하며 원칙을 고수한다.

4) 인성(印星)의 사회성

【기억력, 분석력, 기획력, 창조력, 수집력, 논리성】
고결하고 높은 품위의 상징과 수양이 잘 되어 있는 학문으로 통한다. 아울러 깨끗하고 청백하며 시작에 해당하고 기획, 창조력, 조직력, 정신력, 지구력, 인내력, 화려함, 명예, 고지식, 표현력 부족, 과거 집착 등의 성질을 지니고 있다.

- 교훈을 잘 따르고 받아들인다.
- 사고력이 확연하다.
- 교양과 양식을 소유한다.
- 원리원칙을 고수한다.
- 전통을 지키고 계승한다.
- 순서에 따라 행동한다.

5) 편인(偏印)의 본성과 기질

(1) 편인의 심리

직관적 자율심리	냉소적 가학심리
재치있고 순발력이 뛰어나 임기응변에 강하며 명랑하여 분위기를 잘 맞춘다.	즉흥적이어서 상황에 따른 변화가 심하다.
상상력이 풍부하고 기회포착을 잘 하며 다재다능하여 전문적인 능력을 키운다.	신경이 예민하고 다소 변태적인 성향으로 괴상한 망상과 행동을 보인다.
종교생활에 잘 심취하며 비판적 수용으로 공부도 필요한 것만 깊이 있게 한다.	시작은 적극적이나 수시로 계획이 변하므로 마무리가 미흡하며 외로운 성격이다.

(2) 편인의 긍정적·부정적 심리

긍정적 성향	부정적 성향
● 재치 있고, 순간 발상과 임기응변이 탁월하나. ● 기회 포착을 잘하며 예·체능에서 탁월한 능력을 발휘한다. ● 밝고 명랑하며 자신이 원하는 일에는 매우 적극적이다. ● 융통성이 많고 희생과 배려심이 강하다. ● 자신보다 남을 위해 헌신하는 일에 앞장서는 성격이다. ● 다재다능하여 어느 곳에서도 잘 화합한다. ● 두 가지 직업을 잘 소화하는 능력이 있다.	● 사치와 허례허식이 강하고 고독하며 외로운 성격이다. ● 불평불만이나 의심이 많아서 인간관계가 불안하다. ● 계략을 잘 꾸미지만 초지일관하지 못한다. ● 솔직하지 못하고 비밀이 많고 숨기는 것이 많다. ● 눈치가 빠르고 위선적이며 임기응변에 능하다.

6) 정인(正印)의 본성과 기질

(1) 정인의 심리

학문적 탐구심리	패쇄적 극단심리
학문에 재능을 발휘하고 자존심이 강하며 명분을 중요시한다.	인성이 태과하면 자존심과 고집이 강하며 모(母)에 의지한다.
전통과 명예를 지키려는 선비 기질이 강하고 보수적이며 인품이 중후하다.	생각이 많아 머릿속이 항상 복잡하고 이론에 치우쳐 따지기를 좋아한다.
어머니와 같이 편안하고 지혜로우며 단정하고 박학다식하다.	정직하나 고지식하며 융통성이 부족하고 계획에 비해 실천력이 약하다.

(2) 정인의 긍정적·부정적 성향

긍정적 성향	부정적 성향
● 전통과 명예를 지키려는 선비 기질이 강하고 보수적인 성격이다. ● 박학다식하며 성품이 인자하고, 마음이 너그럽고 사려가 깊다. ● 생각이 깊고 총명, 윗사람을 섬길 줄 안다. ● 정직하고 예의 바르며 효성심이 강하다. ● 인품이 중후하고 군자지도(君子之道)의 형이다. ● 사리가 밝고 신의를 소중히 하며 밝은 성격이다. ● 학문에 재능을 발휘하고 자존심이 강하며 명분을 중시한다.	● 정인격은 인색하고 이기주의적인 성향이 많다. ● 인성이 태과하면 자존심이 강하고 고집이 세다. ● 생각이 많아서 이유 없는 가치관의 혼란을 초래한다. ● 자신의 실력을 너무 믿고 외골수적인 편협한 생각을 한다. ● 매사에 계획과 설계는 좋으나 실천력이 약하고 행동이 느리다. ● 정직하나 매사에 고지식하며, 융통성이 부족하다.

2. 인성(印星)의 코스별 진로방향

1) 인성(印星)의 재능활용

(1) 우수능력

편인은 재치 있고 순간발상이 뛰어나며 풍부한 공상 및 상상력을 갖추고 있다. 대상과 사건에 대한 추리능력과 가설능력이 우수하다.

정인은 모든 일을 순서와 순리로 행하는 안정감을 갖추고 어떠한 교훈이나 이론적 지침을 장기적인 안목과 함께 수행하는 능력이 우수하다.

(2) 선천지능

편인은 예술과 철학적 수용능력으로 인식지능(認識知能)으로 설명할 수 있고, 정인은 전통을 숭상하고 기록능력이 우수한 능력으로 사고지능(思考知能)으로 설명할 수 있다.

(3) 스타일

편인은 문학가 스타일이고, 정인은 교육가 스타일이다.

(4) 재능

편인은 추리와 직관력으로 여러 정보를 인식하는 지능으로 이해력, 암기력, 직관능력, 순발력, 창조적, 주관적으로 대표되며 추리력, 영성적, 초현실적 예술성, 현실성 중시 등이 주요 특징이다.

정인은 학습의 수용과 생각을 기록 정리하는 지능으로 기록능력, 암기력, 수용적, 학습적, 보수적, 내면성으로 대표되며 안정성 추구, 정리정돈, 항상성, 전통성 중시 등이 주요 특징이다.

(5) 진로직업

정인과 편인은 모두 명예, 평판, 미적 가치, 정신적 가치를 추구하는 별이다.

편인은 변화가 많고 다양성을 지닌 대중적인 직업에 적합하다. 편인격은 특이하고 전문적인 재능을 발휘하는 직업에서 발전한다. 종교가, 학자, 의사, 기술자, 예술가, 역술가 등에 적합하다. 편인은 지식의 별이다. 편인격이 되면 두 가지 직업을 갖는다.

정인은 지적 직업인 교육자, 교수, 작가, 문학가, 종교인 등에 적합하다. 정인은 어떤 분야든 학문을 탐구하는 직업을 갖게 되면 크게 성공할 수 있다. 정인격이 정관의 뿌리가 있으면 학구파 정치인, 학원장 등이 적합하다.

2) 편인(偏印)의 재능과 사회성

■ 편인은 인식지능(문학가 스타일)으로 '자기만족형'이다. 즉, 스스로의 욕구에 대한 자기만족을 최선으로 생각한다. 고독한 예술가이며 기술이 좋고 글을 잘 쓰며 상황의 반전에 뛰어난 반면, 부정적 작용을 하게 되면 성질이 변덕스럽고 편협하며 괴팍한 청개구리 성향을 보인다.

- 현실적인 분야에 대한 관심이 높으며 한 분야에 몰입하여 전문적인 실력을 갖추고자 노력한다.
- 가장 효용성 있는 능력의 개발을 통한 자기만족감이 중요한 유형이다.
- 직관력과 추리력이 우수하고 순발력 있는 문제 해결력을 갖추어 흥미있게 심취한다.

■ 편인은 추리력, 순발력, 상상력, 종교성, 자율성, 심리성, 예술성이 우수한 소유자로 자신의 기분 위주며 개인적이고 재치와 추구적 성향이 강하다.

- 직관적 자율심리와 냉소적 가학심리를 내포하고 있다.
- 자기 본위적 사고와 행동을 통해 자신의 역량을 나타내고자 하며 대중적, 실용적이기보다는 편협하고 외골수적인 면이 강하다.
- 자신의 직업에 대한 긍지가 대단하며 타인의 침범을 경계하고 싫어한다.
- 재치 있고 순발력이 있으며 신비주의적, 비현실적, 비구상적인 면이 많다.

- 항상 두 가지 이상을 동시에 생각하며, 종교에 심취하거나 예술적 성향이 탁월하다.
- 편인도 정인과 같이 모성 본능 및 인자함이 내재되어 있다.
- 변화에 능동적인 면이 있으므로 상황에 직면하면 적극적이 된다.
- 듣고, 보고, 느끼는 예술성이 탁월하다.
- 적절한 편인은 섹시한 철학적 뇌(腦)의 소유자다.

3) 정인(正印)의 재능과 사회성

■ 정인은 사고지능(교육가 스타일)으로 '지식수용형'이다. 즉 모든 지식과 정보에 대하여 순수하게 수용한다. 학문적 탐구성이 높고 자상하고 공부를 많이 하고 거짓말을 못하는 반면, 부정적 작용을 하게 되면 폐쇄적 극단심리를 보이고 기회에 약하며 고지식하고 융통성이 없는 성향을 보인다.

- 지식의 습득 자체에 관심이 많은 유형으로 학문을 순수하게 수용하고 계획성 있게 추진한다.
- 다른 사람들에게 자신의 학문적 가치를 인정받고 싶어하며 꾸준히 노력한다.
- 융통성은 부족하나 심오한 학문적 매력을 존중하며 글쓰기와 정돈된 기록을 잘한다.

■ 정인은 해독능력, 역사성, 수용력, 정직성, 시간성, 아이디어, 기록능력이 우수하고 정리정돈을 잘하며 순서와 절차를 고려하고 명예와 의무적 성향이 강하다.

- 학문적 탐구심리와 폐쇄적 극단심리를 모두 내포하고 있다.
- 자신의 주장을 강하게 내세우지 않으며 차분하고 느긋하다.
- 학문을 중시하고 학업 능력이 우수하며 보수적 경향이 강하다.
- 안정과 체면을 중시하여 경쟁이 심하거나 체면 손상이 올 수 있는 직업을 원치 않으며 지식을 바탕으로 한 직업을 원한다.
- 꾸준히 노력하는 스타일로 스피드엔 취약하다.
- 생각하는 정서가 깃들어 있다.
- 기록하고 기억하여 실수가 적다.
- 잘 듣는 습관으로 정보가 축적된다.

4) 인성(印星)의 코스별 진로방향

■ 인성은 조건 없는 희생의 라임나무다.

- 역사와 전통, 현재 상황을 정리하고 표시나 문자로 기록하는 본능.
- 정확한 역사승계를 위해 수집하고 기록한 자료 보관.
- 전통과 순서가 중요하며 모든 일에 논리성을 바탕으로 한 정확한 정보전달.
- 심미주의(審美主義)를 지향, 정신적인 사랑 추구.
- 명예와 자격을 갖추고자 하는 원리원칙주의자.

(1) 인비식 코스(과정 중시형)

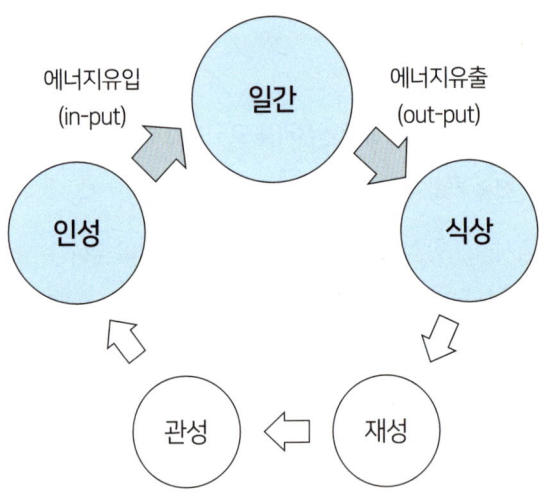

인비식이란 일간인 나를 중심으로 인성의 에너지가 유입(in-put)되어 식상으로 배출(out-put)되는 코스로 전문가형 코스라고 할 수 있다.

인비식 코스의 특징을 살펴보면
- 대표적인 가장 좋은 코스로 나의 내부에서 모든 것이 이루어진다.
- 나의 생각, 관념과 가족의 영향 등이 지대하게 미치며 매우 신속하다.
- 인비식은 지식의 습득과 활용능력이 우수한 연구전문가코스이다.
- 일간을 생해주는 인수와 일간이 생 해주는 식상의 유기적인 상생 구조이다.
- 분리 불가한 혈연관계이면서 자신의 내부문제로 매우 주관적이다.
- 관은 귀를 받아들이고 원하는 것이 목적이 된다.

- 인수와 식상이 가진 기질의 융합으로 학문에 대한 이해와 수용력이 우수하다.
- 응용력이 다른 십성보다 우수하고 학자풍의 직업적성을 갖고 있다.
- 인수가 강한 사람들은 정신노동의 개념이 강하다.
- 기록하거나 정리하는 것은 시간이 소요되더라도 정확하게 처리한다.

이처럼 인수와 식상이 일간 중심으로 이루어진 인비식은 사업적인 기질보다는 연구하는 대학교수나 교육자, 프리랜서 강사 등 공부를 잘하는 구조로 대표된다.

사업 분야에 종사하게 된다면 학문적 성취의 누적된 노하우를 통한 컨설팅 업무도 가능하다. 능률면에서는 부족함이 많고 강한 인내심으로 참고 인내하지만 한계에 도달하면 결국은 포기하고 만다. 이러한 성향을 잘 살리면 비범해서 좋으나 이것이 지나치면 안 된다.

인성은 일간에게 에너지를 유입하면서 원리원칙대로 할 것을 인지시키려 하고 지시하며 간섭하고 일간을 조정하여 일산의 의시를 쇠지우지하고자 하는 성향이 있다.

식상은 인성과 다른 성향으로 일간이 에너지를 유출, 자신의 의지를 현실에서 활동으로 실현하고자 한다.

이 두 가지 십성이 일간을 중심으로 그 역할을 분담하고 작용을 최대치로 끌어올려 조화를 이룬다면 입력과 출력이 동시에 자유롭게 이루어지므로 정신력의 소통 역시 원활해지니 심리적인 안정감도 갖게 되는 것이다.

인수와 식상이 사주에 있거나 운에서 만나게 되면 고급기술이나 고급강의는 잘 할 수 있지만 부귀를 모두 가지기는 어렵다.

(2) 관인상생 코스(목표 지향형)

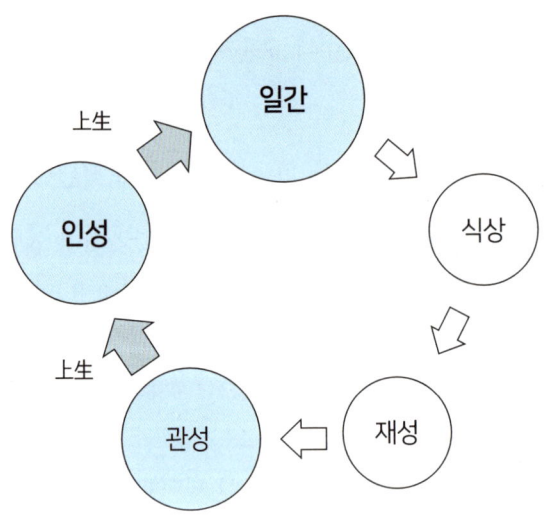

관인상생 코스는 좋은 지식과 학식인 인성이 명예 또는 직(職)을 취하는 구조를 말한다.

관인상생 코스의 특징을 살펴보면
- 서열본능이 체화된 대표적인 직장형 구조이다.

- 관과 인수가 일간을 생해주는 구조로 태어날 때 기득권이 주어진다.
- 통제권이 잘 이루어지는 코스로 환경이나 인간관계에 대한 의식을 많이 한다.
- 관인상생은 기다리는 모습과 목적의식이 뚜렷하다.
- 내면이 강하고 생각이 강한 사람이라 쉽게 흔들리지 않는다.
- 자기의 결정력, 판단력, 카리스마를 사용할 수 있다.
- 관인상생의 구조는 조직에 소속되어야 그 능력을 발휘하기 좋다.
- 주어진 과제와 부여된 임무를 수행하는 원칙주의자의 사고방식이다.
- 창조성과 자율성보다는 조직 및 국가를 위한 목표 지향적 직업관을 갖게 된다.

에너지가 유입되는 방향의 구조이므로 일간의 의지보다는 외적인 환경이 매우 중요하다.

관인의 구조에 다른 십성이 개입하는 상황에 따라 성격, 심리, 활동 유형은 변화를 보인다. 즉, 재성이 개입되면 많은 사람을 관리하게 되고 식상이 개입되면 주어진 환경에 대한 혁신의지가 발생하여 조직과 단체의 새로운 방향모색과 발전을 위한 변화를 추구하게 된다.

격은 그 사람의 고유한 정신과 사상이며 관인상생이든 식상생재이든 주체가 되는 것은 관(官)도 인(印)도 식상(食傷)도 아니며 비겁이 주관한다. 비겁이 통근하여 강하다면 관인의 생을 받아 식재를 통제할 수 있으나 비겁이 약해 관인의 도움 하에 있다면 자신의 의지보다 관인의 의도에 따른다.

5) 인성(印星)의 부조화된 직업코스

(1) 인수용신 ⇒ 재성편향의 구조

- 자아실현과 목적달성을 위한 추진력이 우수한 기질로서 학문적 성향이 강한 직업적성으로 파악될 수 있다.

- 기획력이 우수하고 다양한 가치들을 조합하여 하나의 이론을 생산하는 능력이 우수하다.

- 사회적 목표들 속에서의 선택의 문제와 자신의 능력을 늘 생각하게 되며 그런 방면에 변화가 많은 유형이다.

(2) 식상용신 ⇒ 인성편향의 구조

- 학문적인 탐구심과 기획력이 우수한 기질로서 다양한 활동력과 창의성을 사회적으로 인정받는 자격화시키는 성향이 강한 직업적성으로 파악될 수 있다.

- 실험정신과 도전정신에 입각하여 구상된 것들을 현실화시키는 능력이 우수하다.

- 자신의 생각을 조율해야 되는 갈등이 수반된 가운데 사회활동을 전개해야 되는 부담감이 항상 존재하는 어려움이 있는 유형이다.

3. 인성(印星)의 직무와 직업정보

인성의 직무능력에서의 활용성은 기억력, 분석력, 기획력, 창조력, 수집력, 논리성을 들 수 있다.

인성과 관련된 직무와 직업을 살펴보기 위해 인성과 다른 십성과의 구조를 통해 다양한 직무 및 직업들을 살펴볼 수 있으며, 사주구조에서 십성의 목표성, 활용성, 흥미성을 살펴보고 다른 십성과의 코스가 어떻게 구성되어 있느냐로 직업군들을 살펴볼 수 있다.

또한 인성과 다른 십성과의 관계에서 올 수 있는 활동과 그에 상응되는 대표적인 직업을 들 수 있다.

인성과의 관계	활동	대표적 직업
인성과 상관의 협조 상생구조	연설, 임기응변, 예능, 오락, 유머, 발명, 아이디어, 작가 등	대변인, 강사, 작가, 가수, 문필가, 아나운서, 리포터, 영업직 등
인성과 재성의 협조 상생구조	창조력, 수집력, 논리성, 조직력, 분석력, 현실성 등	경제 관련업, 통계분야, 금융가, 세무·회계분야, 무역, 수학분야 등
인성, 식상, 재성의 협조 상생구조	상상력, 현실욕구, 디자인, 아이디어, 공간지능, 아름다움, 창의력 등	창작분야, 탐색·분석 분야, 제조·생산 분야, 강사, 건축설계 및 인테리어 분야 등

인성과의 관계	활동	대표적 직업
인성, 비겁, 식상의 상생구조	행위예술, 전문적 기능, 음악, 실천력, 적극성, 독창성 등	비평가, 연설가, 아티스트, 미용사, 기술사 등
정관, 인성, 상관의 협조구조	관리능력, 감성통제, 협조력, 조직력, 지식습득, 상담능력 등	종교가, 심리치료사, 상담분야, 영업분야, 교육분야, 연설분야 등
편관, 편인, 상관의 상생구조	인내심, 집중력, 기획자, 리더십, 기술, 설득력, 기억력 등	작가, 심리학자, 종교·철학, 교육분야, 제조·생산 분야, 창조개발 분야 등
비겁, 편인, 상관의 협조구조	자아정체성의 확인, 무상심, 호기심, 예술성	심리학자, 철학자, 종교가, 안내자, 전문기술분야 등

1) 편인(偏印)의 직무와 직업정보

(1) 편인(偏印)과 관련된 직무 및 능력

편인은 재치와 추구적 성향으로 재치있고 순발력이 있으며 신비주의적 성향이 강하여 비현실적인 면이 강하고 비구상적인 면이 많다. 그러므로 정신적 성향이 깊은 종교에 심취하거나 예술적 성향이 많고 보이지 않는 곳에 흥미를 느낀다. 항상 두 가지 이상을 동시에 생각하기 때문에 이런 면에 강점을 두는 학과나 직업이 유리하다.

직무	십성의 구조적 범주	요구되는 능력
기획·조사 (분석력과 정밀성)	편인격이거나 편인 용신 또는 편인이 재관과 조화롭게 편성된 구조.	기획 창의력, 종합분석력, 심사 판별력, 정보수집력, 계산, 판단력, 끈기, 문제제기 의식, 리더십.
내자구매 (세부적 관점과 현상 다각적 응용)	편인용신 또는 정재격이거나, 상관과 조화를 이루며 재성과 유기 상생이 조화로운 구조	수리능력, 사교성, 정보수집력, 규칙적, 인내력과 감성, 논리성, 관찰력
물류·유통 (육체 이동성과 정신감각)	편인용신 상관격 또는 비견, 식, 재, 관으로 유기 상생되는 구조	수리능력, 설득력, 공간지각능력, 형태분별능력, 활동력
안전 (행동력과 순발력)	인성용신 편인격 또는 식, 재, 관, 인의 구조	사무지각능력, 공간도형능력, 기능적, 순응성, 구체성, 정밀성, 엄격성, 책임성
연구·개발관리 (통제성과 체계적 사고력)	편인용신 정재격 또는 식, 재, 관, 인의 상생 구조	지능, 언어능력, 수리능력, 공간, 탐구적, 과학적, 치밀성, 합리성, 분석력, 독자성, 논리성, 관찰력, 성취욕, 집중력,
차량정비 (정밀성과 지구력)	편인용신 또는 편재격, 비겁, 식, 재의 상생 구조	정밀한 판단력, 지각능력, 손 재능, 봉사적, 책임감, 분류, 조합능력
신문분야 (투시성과 직관력)	편인용신 편재격 또는 식, 재, 관으로 조화로운 구조	언어능력, 판단력, 적극성, 관찰력, 이해력, 문장력, 자기표현력, 기획력, 분석력, 창조력
변리분야 (정신감각과 공감)	편인용신 정관격 또는 식, 재의 조화로운 구조	언어능력, 수리능력, 책임감, 근면성, 협조성, 계획성, 판단력, 성실성, 윤리성

(2) 편인격 또는 편인이 용신일 때 적합한 활동영역

- 편인은 변화가 많고 다양성을 지닌 대중적인 직업에 적합하다.
- 편인격은 특이하고 전문적인 재능을 발휘하는 직업에 발전한다.
- 종교가, 학자, 의사, 기술자, 예술가, 역술가 등에 적합하다.
- 편인은 지식의 별이다. 편인격이 되면 두 가지 직업을 갖는다.
- 편인이 태과하면 고독하므로 사교적 직업은 피해야 한다.
- 편인은 직업과 취미생활이 각기 다르게 나타나게 된다.
- 편인은 낮보다 밤에 주로 활동하는 경우가 많다.
- 편인격은 교육, 문학, 종교, 예술 등에 두각을 나타낸다.
- 편인은 정보조사, 고전연구, 철학 등의 부분에서도 발전한다.
- 편인은 취재, 탐색, 인권운동 등에서도 발 빠르게 움직인다.
- 편인은 스포츠, 전문기술, 의학 분야에서 취미와 소질을 발휘한다.
- 역술, 무속, 침술, 기공, 한약 등 구류술업이나 비생산적인 업무에 능하다.
- 연예인, 요리업, 여관, 유흥업, 이·미용업 등 다방면에서 두각을 나타낸다.

(3) 편인의 전공

편인에 적합한 학과(전공)로는 종교학과, 심리학과, 디자인학과, 철학과, 정신과, 약학과, 교육학과, 정보학과, 무용학과, 음악(관현악)과, 신문방송학과, 예술, 문화, 사학 등을 들 수 있다.

(4) 편인의 직업군

편인에 적합한 직업으로는 학자, 교육, 예술인, 의사, 심리상담사, 종교가, 디자인 분야, 인테리어, 골동품, 보석, 오락, 역술, 부동산, 출판업, 언론인, 미용, 배우, 임대업 분야 등을 들 수 있다.

(5) 편인의 사례

대학강사	큐레이터
壬 甲 丁 庚 申 午 亥 戌	乙 壬 庚 壬 巳 午 戌 戌
- 편인격 (시상 壬) - 편인격으로 학업 능력 - 천간의 인비식 전문가코스. - 상관제살의 설득력을 갖춤 - 지식을 활용하는 대학교수 적합	- 편인격 (월간 庚) - 편인격으로 학업 능력 - 천간으로 인비식 전문가코스 - 지지로 재성이 발달 - 공간지능을 활용하는 큐레이터 적합

2) 정인(正印)과 직무와 직업정보

(1) 정인(正印)과 관련된 직무 및 능력

정인(正印)은 명예와 의무적 성향으로 숭고한 계승을 원칙으로 하며, 학업능력이 우수하다. 자유분방한 것을 싫어하고 보수적 성향이 강하고, 한결같이 정확히 받고 정확하게 주려는 습성이 있어서 교육자에 적합하다.

식상이 있을 경우 아이디어가 풍부하고 직관성을 발휘하여 글을 잘 쓰니 논설(論說)능력이 좋아 작가나 신문방송 등도 좋다.

직무	십성의 구조적 범주	요구되는 능력
교육 (체계적 리더십과 통찰력)	인수격이거나 인수 용신 또는 식신격, 재, 관, 인으로 유기 상생 되는 구조	지도력, 통솔력, 창의성, 어휘력, 객관성, 이성적, 억제력, 기억력, 언어력, 계산능력, 자기 통제력
수출입 관리 (정신공감개념과 정밀성)	정인 또는 편인용신 식신격, 식, 재, 관의 조화로운 구조	언어능력, 수리능력, 사교성, 설득력
보험영업 (객관적 시사성과 정서적 친화력)	인성용신 또는 편재격, 비겁, 식, 재의 상생 구조	사무지각능력, 사회성. 언어능력, 감수성, 공감 유도, 적극성, 설득력, 신뢰성
품질관리 분야 (정밀성과 창의력)	인성용신 정·편관격 또는 식, 재, 관의 상생구조	전문적 지식을 요구(품질관리사 자격), 지능, 언어능력, 분석력, 합리성
공무(公務) (공정성과 보편 논리성)	정·편인 용신 정·편관격 또는 식, 재, 관, 인의 상생구조	사무지각능력, 형태지각능력, 조립 및 기술적 정밀성, 계산능력, 공간지각능력, 형태분류능력, 활동적, 기능적

직무	십성의 구조적 범주	요구되는 능력
소프트웨어 (정밀성과 조직적 사고력)	정·편인 용신 또는 정재격, 식, 재의 상생구조	인내력, 치밀성. 탐구욕, 수리능력, 창의력, 전자, 통신, 기계, 공간, 도형유추능력, 기호분류능력, 수치해석능력, 정확성, 공간지각능력, 어휘판단능력, 손의 순발력
도서 (정밀성과 인식력)	정인용신 편재격 또는 재, 관, 인이 조화로운 구조	언어능력, 분류, 조합, 기억력
여신(與信) (내밀성과 체계성)	정인용신 또는 인수격, 식, 재, 관, 인의 조화를 이루는 구조	수리능력, 사무지각능력, 언어, 사교성, 책임감, 자신감

(2) 정인격 또는 정인이 용신일 때 적합한 활동영역

- 정인과 편인은 모두 명예, 평판, 미적 가치, 정신적 가치를 추구하는 별이다.
- 정인은 지적 직업인 교육사, 교수, 작가, 문학, 종교 등에 적합하다.
- 정인이 칠살 또는 겁재와 함께하고 신강하면 경찰, 공직, 군인도 양호하다.
- 사주에 정인과 편인이 많으면 사무처리가 소심하고 부업을 갖는다.
- 관인격이나 살인격이 되면 고위 공무원까지 될 수 있다.
- 정인격에 관성이 없으면 학문, 기술, 예능 방면에 적합하다.
- 정인은 어떤 분야든 학문을 탐구하는 직업을 갖게 되면 크게 성공

할 수 있다.
- 정인격이 정관의 뿌리가 있으면 학구파 정치인, 학원장 등이 적합하다.
- 정인격이 편관의 뿌리가 있으면, 군인, 법관, 정치, 고위관리자가 적합하다.
- 정인격이 부실하면 기술, 문화, 교육, 예술 등의 분야에서 봉급생활이 적합하다.
- 정인격이 다른 곳에 편인과 겹쳐 있으면 두 가지 업무를 보게 된다.
- 정인이 12운성의 묘고(墓庫)가 될 경우 종교인이 될 가능성이 많다.

(3) 정인의 전공

정인에 적합한 학과(전공)로는 교육학과, 행정학과, 국문학과, 신문방송학과, 문예창작과, 사학과, 유아교육과, 어문학과, 종교학과, 문화 인류학과 등을 들 수 있다.

(4) 정인의 직업군

정인에 적합한 직업으로는 교육, 학원, 육영, 문화, 예술, 언론, 종교, 출판, 정치, 통역, 번역, 출판, 행정, 컴퓨터관련, 작가, 응용미술, 일반예술, 창작분야 등을 들 수 있다.

(5) 정인(正印)의 사례

영어교사	법무사
乙 癸 丙 丙 卯 亥 申 午	甲 丁 戊 乙 辰 亥 寅 丑
- 정인격(월지 申) - 정인격으로 학업 능력 - 인비식 코스로 전문직 - 식신생재로 언어능력 강의 적합 - 영어 교사는 적합	- 정인격(시간 甲 투간) - 정인격으로 학업 능력 - 인비식 코스로 전문직 적합 - 관성을 수용하는 관인생생 - 법무사 직업은 적합

PART 10

비겁(比劫)의 직무와 직업정보

1. 비겁(比劫)의 본성과 심리

1) 비겁(比劫)의 진화심리 - 〈육감본능, 경쟁본능〉

- 비겁은 자신이 스스로 느끼는 육감이다.
- 부산하게 체력을 소모하는 본능이 있다.
- 언제나 경쟁 대상을 생각하면서 살아간다.
- 힘들면서도 쾌감을 느끼며 그로 인해 심리적 안정이 된다.
- 자기에너지를 활용하고 현재에 초점을 맞춘다.
- 몰입, 경쟁, 모험, 행위예술, 몸, 기술, 노동력

2) 비겁(比劫)의 욕구 - 〈자아의 욕구〉

비겁은 '자아동일성(identity)'으로 '나(我)는 누구인가?'라는 물음에서부터 시작한다. 자기에 대한 존중(尊重)과 타인으로부터의 존경(尊敬)의 두 가지 유형이 있다. 자기에 대한 존중(尊重)의 욕구가 충족되었을 경우 자기 자신의 가치에 대한 강한 신념과 확신감으로 자기극복을 위해 스스로 유능한 사람이라고 느낀다. 그러나 자기에 대한 욕구가 충족되지 못하였을 경우 나약하고 무력감, 열등의식, 좌절, 자기비하 등을 경험하게 된다.

자기(自己)를 존중하는 마음의 힘으로, 자신의 경험을 바탕으로 자기(自己)의 지식을 구성하고 자신에 대한 스스로의 평가를 내린다. 또한 사회적 상호작용을 통해서 지식과 경험을 공유할 줄 알며 동료들과 협조와 경쟁을 통한 시너지(Synergy) 효과를 가져온다.

비겁(比劫)은 인간과 인간의 직접적인 관계이며, 상대를 통하여 나를 투사할 수 있는 반사기능이기도 하다. 욕망과 욕구, 노동력과 체력, 근성이 있는 그대로 다 드러나 더이상 숨김이 없는 (적나라한) 십성으로 화합과 협조의 속성 그리고 분쟁(分爭)과 질투, 경쟁(競爭)의 속성이 동시에 작용하고 있다.

왕성한 비겁의 경쟁력 강화는 관(官)을 향한 정당의 회원과 같으며 집회나 강연회의 출석, 데모의 참가, 정보활동의 참가 등 당(堂) 조직의 활동에 적극적으로 참가하는 것으로 볼 수 있다. 비겁은 상호전이성이 강하여 지는 것을 싫어하는 심리로 경쟁구도가 갖춰진 곳에서 더욱 의욕적이 되며 능력을 발휘하게 되는 특성이 있다.

◆ 자아의 욕구

권위와 성공, 자존심(自尊心)과 자존감(自尊感) 및 허영심까지도 인정받고 싶은 비겁은 자아(自我)욕구가 강하다. 자신의 주관적인 독립체를 통하여 주변으로부터 동질감을 유발하고 모든 일들의 결과에 대하여 자기 관철을 목적으로 하는 이기적인 자아(自我)의 욕구를 뜻한다.

3) 비겁(比劫)의 본능과 상대적 심리

비겁(比劫)의 본능과 상대적 심리로는 본능계 영역으로 기(氣)를 주관하고 자신의 능동적인 사고를 표출하는 동물적인 감각과 육감적 기질이 있다.

비겁이 강(強)하면 이기적, 자존심이 강한 원인이 되며 체력도 강한 편으로 정력도 강하다. 그러므로 남녀 공히 의욕이 강하고 욕심이 많은 원인이다. 비겁이 약(弱)하면 의존적이고 자신감이 부족하여 실행력과 도전정신이 약하여 큰일을 성사시키지 못한다.

비겁(比劫)은 인간의 신진대사와 성장 및 활동에 필요한 기초 에너지로, 항상 자신의 무엇을 소모시키는 활동과 대상을 찾게 되어 있다. 비겁(比劫)이 강한 사람은 자신의 힘이 강해서 체력을 소모시킬 활동을 찾아 운동을 하거나 왕성한 활동을 전개한다. 비겁이 강(强)해서 좋은 점은 활동적이고 도전적이며 리더십이 강하다는 것이다.

비겁(比劫)은 육감본능이다. 사람들을 모으고 리더십을 발휘해 많은 사람들의 인정을 받고 싶어하며, 군중심리를 이끌어낸다. 박수부대 효과, 집단행동 효과로 옆 사람을 따라하는 데서 나오는 것으로 집단을 움직이는 능력을 가진 사람이다. 이때, 극재(剋財)본능이 적절하면 좋으나 강(强)하면 문제가 생기고 쟁탈전(爭奪戰)이 벌어지게 된다. 타인의 장단점을 모방하는 능력이 뛰어나다.

4) 비겁(比劫)의 사회성

【독립성, 적극성, 책임감, 포용력, 실천력, 추진력】

비겁은 나와 같은 자(者)로서 서로 협조하고 동질감을 느끼는 성분이다. 용기와 자신감과 의욕이 앞서며 능동적으로 활동하고 새로운 일에 도전하고 앞장서서 해결하는 심리를 가졌다. 동시에, 행동파로서 경쟁을 통하여 성장하고 성과를 내는 환경에 능률적인 성분이다.

- 자신감이 있고 의욕적이다.

- 소유욕과 의심이 많다.

- 도전과 시작을 주저하지 않는다.

- 현재에 집중하고 즉흥적이다.

- 행동파로 협조와 경쟁으로 발전한다.

- 책임감이 강하다.

5) 비견(比肩)의 본성과 기질

(1) 비견의 심리

독립적 주체심리	편향적 자기심리
자존심이 강하고 당당하며 성취욕과 추진력, 개척정신이 강하다	자존심이 강하여 시비와 투쟁을 참지 못하는 면이 많다.
사교적이고 사람들과 잘 어울리며 도움을 주고받을 줄 안다.	간섭을 매우 싫어하며 주위로부터의 충고나 권유를 무시한다.
매사 자신감이 있고 주관이 뚜렷하며 사리사욕이 없다	승부욕이 지나쳐 굴복하지 않으며 남의 말을 듣지 않는다.

(2) 비견의 긍정적·부정적 성향

긍정적 성향	부정적 성향
● 자존심이 강하고 성취욕과 추진력이 강하며 독립적인 행동이 투철하다. ● 매사 자신감 있고 주관이 뚜렷하며 사리사욕이 없다. ● 사사로운 일과 불의와는 타협하기 싫어한다. ● 주어진 일에 대하여 책임을 완수한다. ● 입바른 말을 잘하고 아부하는 것을 싫어한다. ● 작은 고통을 잘 감수하고 인내심이 강하다. ● 어려운 환경에 처해도 실의에 빠지지 않고 재생능력을 발휘한다.	● 자존심이 강하여 시비와 투쟁을 참지 못하는 면이 많다. ● 간섭을 매우 싫어하며 주위로부터의 충고나 권유를 무시한다. ● 천간에 비견(比肩)이 많으면 남의 비밀을 털어놓고 시비를 일삼는다. ● 감정 기복이 심하고 참을성이 없고 조급하여 즉흥적이고 실수를 잘한다. ● 사주에 정관, 편관이 없으면 나쁜 언행을 절제하지 못한다. ● 의심이 많아서 자신이 직접 하는 일 외에는 잘 믿지 않는 성격이다. ● 남녀 모두 비견(比肩), 겁재(劫財)가 많으면 자기중심적이며 고집이 세다.

6) 겁재(劫財)의 본성과 기질

(1) 겁재의 심리

주도적 주체심리	배타적 자기심리
자존심이 매우 강하여 절대 굽히지 않으며 성취욕과 추진력도 매우 강하다	지나친 자존심으로 타인을 무시하거나 교만하여 불손한 경향이 있다.
직무에 최선을 다하고 타인과의 경쟁력이 강하며 앞장서는 리더십이 있다.	불평과 불만을 자초하여 배우자를 억압하고 도벽의 기질이 강하며 비열하다.
주관이 뚜렷하여 사리사욕이 없고 불의와 타협하기를 싫어한다	냉혹하여 남을 제압하는 기운이 있으며 표현이 비견(比肩)보다는 내향적이다.

(2) 겁재의 긍정적·부정적 심리

긍정적 성향	부정적 성향
● 강한 사람에게는 강하고 약한 사람에게는 측은지심이 있다. ● 겁재(劫財)는 자존심이 강하며 성취욕과 추진력이 강하다. ● 앞장서서 행동하기를 좋아하고 독립적인 행동이 투철하다. ● 주관이 뚜렷하며 사리사욕이 없고, 불의와 타협하기 싫어한다. ● 주어진 일에 대하여 최대한 책임을 완수하려 한다. ● 바른 말을 잘하고 아부하는 것을 싫어하는 성격이다. ● 직무에 최선을 다하고 타인과 경쟁력이 강한 성향이다.	● 자존심이 강하므로 타인을 쉽게 무시하는 경향이 있다 ● 질투심이 많고 교만하여 불손한 성향이 짙다. ● 투쟁심이 강하며 한편으로 투기와 요행을 바란다. ● 이중인격자 기질이 다분하고 도벽심이 강하다. ● 불평과 불만을 스스로 자초하여 배우자를 억압한다. ● 남을 시기하고 질투하며 방해하는 것을 좋아한다.

2. 비겁(比劫)의 코스별 진로방향

1) 비겁(比劫)의 재능활용

(1) 우수능력

비견은 주관적인 성향이 강하고 공동의식, 협동심, 경쟁심, 자존심, 질투심, 적극성의 소유자로 자발적인 형태의 학습과 업무수행에 능력을 발휘한다.

겁재는 독립적인 성향이 강하고 투철한 경쟁력, 자존심, 질투심, 적극성의 소유자로 실천적이며 책임을 감수하는 독자적 학습과 업무에 능력을 발휘한다.

(2) 선천지능

비견은 독립적인 현실적 해결사로 자존지능(自存知能)으로 설명할 수 있고, 겁재는 신체적 기술과 적극성으로 경쟁지능(競爭知能)으로 설명할 수 있다.

(3) 직업스타일

비견은 운동가 스타일이고, 겁재는 모험가 스타일이다.

(4) 재능

비견은 공익적 협동과 신체적 기술을 촉발하는 지능으로 독창적, 협동적, 주관적, 열정적, 직선적, 실험적으로 대표되며 집중력, 자기결정 중시, 현실성, 결과지향 등이 주요 특징이다.

겁재는 경쟁과 모험의 독창적 자기 기술력 실험 지능으로 주관적, 직선적, 의지적, 자기결정 중시, 몰입능력으로 대표되며 경쟁능력, 실험적, 체험과 경험, 결론지향 등이 주요 특징이다.

(5) 진로직업

비견은 작가, 예술가, 기자, 프리랜서 등의 자유업이 좋다. 사업보다는 기술, 프리랜서, 공무원이 좋다. 공동사업, 동업, 대리점, 영업소 등이 좋다. 비견은 재성(財星)을 다스리므로 관리직에 적합하다. 비견은 조급한 성격으로 속전, 단순 업무에 적합하다.

겁재는 두뇌와 신체기술을 쓰는 직업 또는 특수한 재능을 살리는 직업이 좋나. 사격을 갖춘 전눈 기술자, 운동선수, 모험가, 직업군인, 경찰, 발명, 기술에 적합하다. 자신감은 좋으나 조급하여 단순, 단기간의 업무가 적합하다.

2) 비견(比肩)의 재능과 사회성

■ 비견은 자존지능(운동가 스타일)으로 모델제시형이다. 즉, 동질성과 멘토 역할이 되는 사람에 의한 영향이 크다. 잘 협조하고 능률적이며 자발적이고 몸소 실천하고 나누어 먹을 줄 아는 반면, 경쟁이 많고 분쟁이 있고 조급한 성향을 보인다.

- 자신과 타인에 대하여 관심이 많은 사람이므로 가장 자신이 닮고 싶은 모델 제시가 좋다.
- 모방욕구를 불러일으키는 대상이 있으면 태도가 긍정적으로 변화하는 성향을 갖는다.
- 긍정적인 영향을 주는 집단에 속할 수 있도록 배려해 주는 것이 중요한 유형.

■ 비견은 자기 내부의 집중력이 강하고 이해와 긍정하는 사안에는 적극적이며 깊이 심취하는 사람으로 동질과 독립적 성향이 강하다. 독립적 주체심리와 편향적 자기심리를 내포하고 있다.

- 자존심과 책임감이 강하고 행동하는 프리랜서가 적합하다.
- 솔직담백하고 비계산적이며 한 길만 향하는 외골수이다.
- 또한 신약하여 비견(比肩)에 의존해야 되는 의미가 되기 때문에 자존심이 대단하여 배우자나 타인의 간섭을 싫어한다. 따라서 독립적이며 자기중심적인 자영업을 원한다.

3) 겁재(劫財)의 재능과 사회성

■ 겁재는 경쟁지능(모험가가 스타일)으로 성취만족형이다. 즉 자신이 스스로 노력해서 성취하는 것에 의미를 둔다. 적극적이고 부지런하며 활발한 반면, 극성맞고 의심많고 조급하며 다혈질을 보인다.

- 모든 일에 강한 경쟁심과 성취 자체에 대한 만족감이 가장 중요한 유형이다.
- 성취감에 대한 희열감에 더 만족하므로 적절한 목표를 제시해 주는 것이 중요하다.
- 강한 승부근성과 경쟁심을 갖고 일에 임하며 책임감 있게 일도 완수하고자 한다.

■ 겁재는 자기 내부에 집중이 강하고 현재에 초점을 맞추어 주어진 책임을 확실하게 수행하는 형으로 이질과 독단적 성향이 강하다. 주도적 지배심리와 배타적 우월심리를 내포하고 있다.

- 매우 계산적이며 물질에 대한 욕심도 대단하다.
- 타인을 믿지 않는 성격이기 때문에 동업은 할 수 없으며, 비견과 유사한 독립적인 자기기능을 활용하는 것이 좋다.
- 자신의 체력을 활용하는 직업이나 분야가 좋다.
- 경쟁구조에서 오히려 자신의 능력을 발휘하게 된다.
- 솔직 담백한 성격은 장점이다.
- 강자에게 강하고 약자에게 배려하는 심리다.

4) 비겁(比劫)의 코스별 진로방향

■ **비겁은 협조자이면서 경쟁자이다.**

- 이기적이며 현재에 초점, 지금 당장이어야 한다.
- 자기 에너지 강한 최고의 승부사.
- 뇌(腦) 속의 생각이 식상을 통해 표출.
- 자기 인격성의 절대적 가치와 존엄성을 스스로 깨닫는다.
- 품위를 스스로 지켜나가고 자기를 높여 자긍심을 추구한다.

■ **인비식 코스(과정 중시형)**

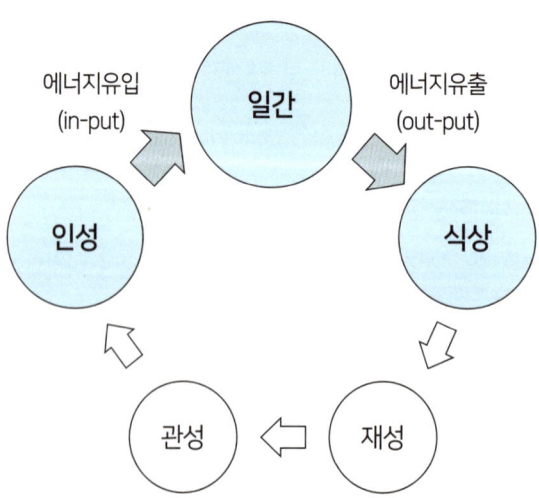

- 학문의 수용력과 응용력이 우수하여 선천적으로 학자풍의 직업적성을 소유한다.
- 일간을 중심으로 입력과 출력이 동시에 활성화되어 있는 구조로서 항상 정신력의 소통이 원활하다.
- 에너지의 흐름이 일간과 직접적이며 원활하게 편성된 구조가 된다면 심리적인 안정을 최대치로 부여한다. 이는 활동하는 자체에 의미를 두는 과정중심형이다.
- 학문적 연구에 몰두하고 활동하는 자체에 더 의미를 두므로 결과나 이득에 집착하기보다 일 자체에 더 목적을 두는 유형이다.
- 사업적인 기질보다는 연구하는 학자풍의 직업적성에 더 적합하며 사업분야에서는 학문적 성취의 누적된 노하우를 통하여 컨설팅 업무가 가능하다.

5) 비겁(比劫)의 부조화된 직업코스

(1) 재성용신 ⇒ 비겁편향의 구조

- 재성용신과 비겁편향의 구조는 독립심과 추진력이 우수한 기질로서 경제활동을 하는 사업가적 성향이 강한 직업적성으로 파악될 수 있다.
- 목표를 향한 몰입력이 우수하고 다양한 대인관계 속에서 활동하는 유형이다.
- 자신의 사회적 위치설정과 인간관계의 문제를 늘 생각하게 되며 그런 방면에 변화가 많은 유형이다.

(2) 비겁용신 ⇒ 관성편향의 구조

- 비겁용신과 관성편향의 구조는 조직을 통한 활동력과 조직구성력이 우수한 기질로서 사람들을 지도하고 관리하는 성향이 강한 직업적성으로 파악될 수 있다.

- 보수적이고 공정성을 추구하나 신속한 결정력과 판단력으로 결과를 보는 능력이 우수하다.

- 이상향을 추구하나 에너지의 내향적 활용으로 인한 자신만의 내적 갈등과 고민이 항상 존재하는 유형이다.

3. 비겁(比劫)의 직무와 직업정보

비겁의 직무능력에서의 활용성은 독립성, 적극성, 책임감, 포용력, 실천력, 추진력 등을 들 수 있다.

비겁과 관련된 직무와 직업을 살펴보기 위해 비겁과 다른 십성과의 구조를 통해 다양한 직무 및 직업들을 살펴볼 수 있다.

또한 비겁과 다른 십성과의 관계에서 올 수 있는 활동과 그에 상응되는 대표적인 직업을 들 수 있다.

비겁과의 관계	활동	대표적 직업
비겁과 상관의 상생구조	무용예술, 행위예술, 독창성, 연출 등	성형외과의사, 시각디자이너, 조각예술가, 영화인
인성, 비겁, 식상의 상생구조	행위예술, 전문적 기능, 음악, 실천력, 적극성, 독창성 등	비평가, 연설가, 아티스트, 미용사, 기술 등
비겁, 편인, 상관의 공조구조	자아정체성의 확인, 무상심, 호기심, 예술성 등	심리학자, 철학자, 종교성, 안내자, 전문기술자 등

1) 비견(比肩)의 직무와 직업정보

(1) 비견(偏印)과 관련된 직무 및 능력

비견은 일간과 같은 음양과 오행을 말하며 동질과 독립적 성향으로 독립심, 자존심, 책임감이 강하다. 책임진 일을 잘 수행하여 식신이 좋을 경우 연구에 몰두하는 형이다. 상당한 개혁정신을 갖고 정당한 자신의 주관을 지키며, 사주에 편관이 있으면 누구보다 관공직에서 투철한 사명의식으로 성공하게 된다.

* 비견과 겁재는 직무능력을 크게 구분할 필요가 없다.

직무	십성의 구조적 범주	요구되는 능력
창고직 (육체 유연성과 공간감각의 활용성)	비겁, 식신이 주도하거나 편관 용신, 편재격 구조.	사교적, 설득력, 자신감, 성실성, 적극성, 책임성
낙농 (육체의 견제력과 정신적 상응성의 조화)	비겁격 또는 편재용신 또는 식재로 유기상생 구조	활동성, 실천적, 성실성, 순응성
판매(販賣) (공감감각과 친화성과의 조화)	강한비겁 또는 편재용신, 편재격 또는 식상으로 유기상생 구조	지능, 수리능력, 설득력, 공간지각능력, 형태분별능력, 활동력
보험영업 (객관적 시사성과 정서적 친화력의 조화)	비겁, 식, 재로 상생구조	사무지각능력, 언어, 사회성, 언어능력, 감수성, 공감유도, 적극성, 설득력, 신뢰성 등

직무	십성의 구조적 범주	요구되는 능력
증권영업 (조직적 경제시각과 다각적 관철 능력)	비겁 또는 식, 재, 관의 상생구조	수리능력, 적극성, 언어, 분류, 조합, 계산, 언어능력, 감수성, 공감유도, 설득력, 행동력
차량정비 (정밀성과 지구력의 조화)	비겁, 식, 재의 상생구조.	판단력, 지각능력, 손재능, 봉사 적, 책임감, 분류, 조합능력
체육관련 (육체평형감각과 순발력의 조화)	비겁격 또는 신강구조에 식, 재 의 조화로운 구조	운동조절능력, 체력
사진 (감각성과 이면투시력의 조화)	비겁, 식, 재의 유기가 조화로운 구조	공간 판단력, 예술적 감각, 독창 력, 상상력, 표현력, 관념적
조경(造景) (육신과 감각의 조화)	비겁용신 또는 인수격 또는 식, 재로 유기되는 구조	계산, 기억, 체력, 예술적, 연구 적, 기술 기능적, 실천적, 성실성

(2) 비견격 또는 비견이 용신일 때 적합한 활동영역

- 비견과 겁재격은 독립사업이 적격이다.
- 작가, 예술가, 기자, 프리랜서 등의 자유업이 좋다.
- 비견이 많고 기신이 되면 공동사업은 반드시 망한다.
- 비견이 희신·용신이 되면 타인의 도움으로 성공한다.
- 비견이 태과하면 사업보다는 기술, 프리랜서, 공무원이 좋다.
- 비견이 희신, 용신이면 공동사업, 동업, 대리점, 영업소 등이 좋다.
- 비견은 재성을 다스리므로 관리직에 적합하다.
- 비견은 조급한 성격으로 속전, 단순 업무에 적합하다.

(3) 비견의 전공

비견에 적합한 학과(전공)로는 경제학과, 경호학, 장의사학, 안경학, 체육학, 약학과, 한의학, 치의학과, 기계공학, 이비인후과, 방사선과 등을 들 수 있다.

(4) 비견의 직업군

비견에 적합한 직업으로는 프리랜서, 의사, 변호사, 미용업, 언론사, 기자, 대리점, 조경, 스포츠, 물류유통, 사진, 종교 지회지부, 출장소, 건축, 납품업, 주유소 등을 들 수 있다.

(5) 비견의 사례

사회부 기자	스포츠 트레이너
丁 丁 丁 甲 未 巳 丑 寅	乙 戊 庚 丁 卯 戌 戌 卯
- 식신격 (월지 丑) - 인수 투출 학업능력 - 인비식 전문가 코스 - 비겁 강하여 직접 활동 적합 - 사회부 기자 적합	- 정인격 (연간 丁 투간) - 비겁 강으로 신체지능 우수 - 정관 정인 투출로 안정지향 - 독립적인 업무에 유능 - 스포츠 트레이너 적합

2) 겁재(劫財)의 직무와 직업정보

(1) 겁재(劫財)와 관련된 직무 및 능력

겁재(劫財)는 일간과 오행은 같으나 음양이 다른 것을 말하며 이질과 독단적 성향으로 비견과 동일하게 나타나며, 단지 재물에 대한 욕구나 경쟁을 선의적인 경쟁으로 이끌지 못하는 경우가 있어 성공하는 과정에서 오해를 많이 받게 되는 것이 특징이다. 겁재의 특성은 자존심과 경쟁심이 강하므로 자신의 체력을 활용하는 직업이나 학과가 좋다. 하나의 예로, 특전사 같은 직업군인이라면 누구보다 생존훈련에 능하게 된다. 어느 학과나 직업에서도 이런 장점을 살릴 수 있다.

* 비견과 겁재는 직무능력을 크게 구분할 필요가 없다.

직무	십성의 구조적 범주	요구되는 능력
창고직 (육체 유연성과 공간감각의 활용성)	비겁, 식신이 주도하거나 편관 용신, 편재격 구조.	사교적, 설득력, 자신감, 성실성, 적극성, 책임성
낙농 (육체의 견제력과 정신적 상응성의 조화)	비겁격 또는 편재용신 또는 식재로 유기상생 구조	활동성, 실천적, 성실성, 순응성
판매(販賣) (공감감각과 친화성과의 조화)	강한비겁 또는 편재용신, 편재격 또는 식상으로 유기상생 구조	지능, 수리능력, 설득력, 공간지각능력, 형태분별능력, 활동력

직무	십성의 구조적 범주	요구되는 능력
보험영업 (객관적 시사성과 정서적 친화력의 조화)	비겁, 식, 재로 상생구조	사무지각능력, 언어, 사회성, 언어능력, 감수성, 공감유도, 적극성, 설득력, 신뢰성 등
증권영업 (조직적 경제시각과 다각적 관철 능력)	비겁 또는 식, 재, 관의 상생구조	수리능력, 적극성, 언어, 분류, 조합, 계산, 언어능력, 감수성, 공감유도, 설득력, 행동력
차량정비 (정밀성과 지구력의 조화)	비겁, 식, 재의 상생구조.	판단력, 지각능력, 손재능, 봉사적, 책임감, 분류, 조합능력
체육관련 (육체평형감각과 순발력의 조화)	비겁격 또는 신강구조에 식, 재의 조화로운 구조	운동조절능력, 체력
사진 (감각성과 이면투시력의 조화)	비겁, 식, 재의 유기가 조화로운 구조	공간 판단력, 예술적 감각, 독창력, 상상력, 표현력, 관념적
조경(造景) (육신과 감각의 조화)	비겁용신 또는 인수격 또는 식, 재로 유기되는 구조	계산, 기억, 체력, 예술적, 연구적, 기술 기능적, 실천적, 성실성

(2) 겁재격 또는 겁재가 용신일 때 적합한 활동영역

- 겁재가 많거나 월지가 겁재인 사람은 자유직업 또는 기술자가 좋다.

- 두뇌를 쓰는 직업 또는 특수한 재능을 살리는 직업이 좋다.

- 학습에 의해 자격을 갖춘 전문 기술자가 길하다.

- 겁재격이면 직업군인, 경찰, 발명, 기술에 적합하다.

- 겁재가 희신, 용신이면 증권투자 등 투기사업이 좋다.

- 격국이 불량하고 비견, 겁재가 있으면 종교인, 봉급생활자가 적합하다.

- 자신감은 좋으나 조급하여 단순, 단기간의 업무가 적합하다.

(3) 겁재의 전공

겁재에 적합한 학과(전공)로는 경제학, 경호학, 장의사학, 군사학, 체육과, 약학과, 외과, 치과, 국제금융학 과, 국제 정치학과, 국제변호사, 조소과, 연기, 영화학과 등을 들 수 있다.

(4) 겁재의 직업군

겁재에 적합한 직업으로는 기술, 스포츠, 행위예술, 연기자, 구매, 창고관리, 경호원, 경비원, 기자, 보석 세공, 투기업, 유흥업, 요식업, 수금업, 요리사, 운수업, 조각가 등을 들 수 있다

(5) 겁재의 사례

치과의사	직업군인
丙丁丁辛 午巳酉亥	丙戊乙戊 辰戌丑申
- 편재격 (연간 辛 투간) - 편재격으로 이과, 수리능력 우수 - 신왕 재관용신으로 부귀 - 몸과, 손기술을 쓰는 의사는 적합 - 치과병원 운영	- 겁재격 (월지 丑) - 비겁이 강으로 체력 강 - 관인상생 직장형 - 강한 비겁으로 모험정신 - 직업군인 적합

PART 11

식상(食傷)의 직무와 직업정보

1. 식상(食傷)의 본성과 심리

1) 식상의 진화심리 - 〈생산본능, 창조본능〉

- 식상은 틀에 얽매이지 않는 자유경쟁이다.
- 자신이 흥미를 느끼는 것에 심취한다.
- 새로운 방법을 발견, 개발하는 본능을 가진다.
- 미래를 위한 발견과 신세계를 꿈꾼다.
- 사고의 자율성과 일탈 심리를 가진다.
- 생산과 출산의 본능으로 종을 이어간다.

2) 식상의 욕구 - 〈친화의 욕구〉

타인과의 친밀관계를 형성하면서 가족이나 집단에 소속되어 서로 도와주고 배려하며 이해한다는 의미로 이타심을 포함하며 많은 분야를 이해하기를 원하는 욕구이다. 지적인 호기심의 만족에 직결될 때 아이디어를 통합하고, 일반화하며, 논리적인 사고를 유연하게 이끌어내는 욕구이다.

호기심이 많아서 참고 기다리는 것에는 결코 익숙하지 못하여 무언의 인내함이 고통스럽다. 그러므로 앞서서 자신의 의견과 뜻을 피력하는 것이 일상화 되어 있으며, 인간과 인간의 공간 속에 존재하는 친화적 커뮤니케이션이다. 자기의 내면세계를 밖으로 표현(유출)하는 성분으로서 그 수단으로는 말, 기술, 손재주를 빌린다. 활동, 일, 작업, 기술, 노하우로 한 가지 일에 깊이 연구하고 사색하며 지적 호기심이 많고 지적 재능이 뛰어나다.

식상이 강(強)하면 감정체계의 상승구조로 감정의 노출수위가 높아지고 대리충족 욕구가 강해진다. 또한 감정변화가 심하고 항상 말이 앞서며 관성(官星)을 극(剋)하므로 구속을 싫어하고 사고의 자율성으로 일탈심리가 내재된다. 식상이 약(弱)하면 일단 감정순환의 호환이 이루어지지 않으면서 표현력이 부족하게 되어 진보적이지 못해 창의성에 문제가 생긴다.

◆ 친화의 욕구

집단에 소속되어 신뢰와 수용을 바탕으로 사랑을 주며 또 받고자 하는 욕구로 타인과의 친화적인 커뮤니케이션을 지향한다. 또한 호기심이 많아서 인내(忍耐)가 어려우며 자신을 발산시키고자 하는 친화(親和)의 욕구(欲求)이다.

3) 식상의 본능과 상대적 심리

식상(食傷)의 심리는 진출하는 기질로 호기심이 많고 상대에 대한 터치로 간섭을 잘한다. 스트레스 해소로 감정을 배출하고 표현하는 기질이다. 식상이 강하면 공상과 상상이 많고 감정을 주체하기 어려우며 앞서 말하고 행동하는 이치로 웃음과 눈물이 많고 눈치가 빠르다. 식상이 약하면 능동적이지 못하고 활동에 제약이 따르며 스트레스를 축적하며 이해와 양보심이 미력하고 눈치가 없다.

식상(食傷)은 흥미를 느끼고, 항상 자신의 무엇을 소모시키는 활동과 대상을 찾게 되어있다. 식상(食傷)이 강한 사람은 항상 자신을 표출시키고 표현하고 싶어서 말하고 자랑하고 언어, 맛과 멋, 소비하는 것으로 활동을 하거나 대상을 찾는다. 그래서 식상이 왕한 사람들은 사람을 만나서 자기자랑을 할 사람을 찾는다.

식상(食傷)은 창조생산본능이다. 자신의 감정에 충실하며 주관적인 감성으로 정해진 규칙이나 틀에 얽매이는 것을 싫어하고 자유분방한 사고와 강한 몰입능력으로 누구나 쉽게 따라 하지 못하는 자신만의 독특한 전문성을 갖추게 되는 경우가 많다.

4) 식상(食傷)의 사회성

【친화력, 섭외력, 응용력, 설득력, 어휘력, 민첩성】
- 활동이 왕성해져 능력을 발휘하며 매출이 늘고 신기술을 익힌다.
- 법(法)을 무시하고 상사나 직장에게 불만이 생기며 허풍과 도벽심이 발동한다.
- 권태를 잘 느끼고 명예가 훼손되거나 지출이 심하며 멋 부리고 방탕하기 쉽다.

식상(食傷)은 내가 생(生)해줌으로써 본인이 변신하는 것으로 기예가 능통하고 발전력, 응용력, 예지력, 추리력, 언어 등이 잘 발달하여 임기응변에 강하다. 상상력, 공개경쟁력, 연구, 생산, 비주얼, 표현 등이 식상이 지닌 주요 속성이다.

- 알고 싶고 원하는 연구정신이다.

- 공개하여 평가받는 일에 능률적이다.

- 감각으로 느끼고 싶어 한다.

- 보여지는 것에 집중하는 성향이다.

- 언어와 행동의 표현정서이다.

- 활동적이고 적극적이다.

5) 식신(食神)의 본성과 기질

(1) 식신의 심리

창의적 연구심리	주관적 도취심리
주변과의 화합을 도모하고 겸손하고 온화하여 인간관계가 원만하다.	일은 잘 벌이지만 이론과 말이 앞서서 마무리를 못한다.
문예와 기예에 능하고 창조적이며 연구심이 많아 박학다식하나.	소비가 심하고 멋을 부리며 허례허식이 많다.
성격이 관대하고 예의범절이 바르며 서비스 정신이 좋다.	기분이 내키는 대로 언행을 하며 성격이 괴팍하다.

(2) 식신의 긍정적·부정적 심리

긍정적 성향	부정적 성향
● 성격이 관대하고 예의범절이 바르며 서비스정신이 좋다. ● 도량이 넓으며, 문예와 기예에 능하고 식도락가이다. ● 처세술이 능통하고 대인관계가 원만하고 마무리가 깔끔하다. ● 허영과 이상보다는 현실적인 면을 추구한다. ● 과감한 결단력보다는 주변과의 화합을 도모한다. ● 총명하며 박학다식하고 연구심이 많아 창조적이다. ● 대인관계가 원만하여 주변의 협조력이 탁월하다.	● 앞서기를 좋아하고, 잘 나서는 성향이 있다. ● 소비가 심하고 멋을 부리며 허례허식이 많다. ● 이론과 말이 앞서고 행동과 실천은 잘 안 된다. ● 수입을 계산하지 않고 쓰고 보는 형이며 싫증을 잘 느낀다. ● 일은 잘 벌이지만 인내심이 부족하고 마무리를 못한다. ● 식욕이 좋고 부지런하지만 절제를 못하여 허무하다. ● 화려하고 변덕이 심하며 기분 내키는 대로 말하고 행동한다.

6) 상관(傷官)의 본성과 기질

(1) 상관의 심리

감각적 진화심리	파격적 이탈심리
예지능력이 탁월하고 총명하고 박학다식하며 창의력이 뛰어나다.	계산적이어서 이해타산이 빠르며 목적달성을 위해서 빠르게 행동한다.
세련된 멋쟁이며 언변과 사교성이 좋아 대인관계에서 능력을 발휘한다.	말이 많고 입이 가벼우며 무례하고 변덕스럽다.
임기응변이 뛰어나고 다재다능하여 눈에 띄며 생각의 발상이 특이하다.	화려한 것을 좋아하고 허영심이 많으며 사치와 낭비벽이 많다.

(2) 상관의 긍정적·부정적 심리

긍정적 성향	부정적 성향
● 총명하고 영리하여 다방면으로 능력을 인정받는다. ● 자존심이 강하고 승부욕이 매우 강하며 부지런하다. ● 획기적인 아이디어를 잘 창출해낸다. ● 논리적이며 지적이고 세련된 멋쟁이다. ● 예지능력이 탁월하고 총명하며 박학다식하다. ● 발명가, 연예계 및 예술가가 많다. ● 처세술과 설득력이 뛰어나 업무처리에 능숙하다.	● 총명하고 재주는 뛰어나나 온화하지 않고 거만하고 불손하다. ● 비밀을 간직하지 못하거나, 다른 사람의 자존심을 상하게 한다. ● 이해타산이 빠르며 목적 달성을 위해 빠르게 행동한다. ● 다른 사람의 능력을 무시하거나 인정하지 않는 성격이 강하다. ● 화려한 것과 시비 가리는 것을 좋아한다. ● 말이 많고 불평불만을 참지 못하는 성격이다. ● 자신의 감정을 모두 표현해야 직성이 풀린다.

2. 식상(食傷)의 코스별 진로방향

1) 식상(食傷)의 재능활용

(1) 우수능력

식신은 이해와 친화력이 강하고 희생정신, 창조력, 연구력, 창의성, 양보심, 교합성이 우수한 소유자로 대인관계와 설득력이 우수하다.

상관은 임기응변과 언어 표현능력을 탁월하게 갖추고 있으며 직설적이고 비판적인 동시에 감수성이 예민하고 미적 감각이 뛰어나다.

(2) 선천지능

식신은 생산적 연구와 기술 노하우로 연구지능(研究知能)으로 설명할 수 있고 상관은 탁월한 설득력과 비판적 사고능력으로 표현지능(表現知能)으로 설명할 수 있다.

(3) 직업스타일

식신은 연구가 스타일이고 상관은 발명가 스타일이다.

(4) 재능

식신은 대인관계와 연구의 전문기술을 활용하는 지능으로 이타적, 감성적, 이해력, 유동적, 협조적, 기술력으로 대표되며 노하우, 이행능력, 진실에 관점, 미래지향 등이 주요 특징이다.

상관은 창의성과 모방 및 설득과 비판의 언어표현 지능으로 표현능력, 감각적, 묘사에 능하고 예술성, 직설적으로 대표되며 독창적, 응용력 우수, 변화에 관점, 미적 중시 등이 주요 특징이다.

(5) 진로직업

식신은 견실한 직업, 의식주에 관계된 직업이 길(吉)하다. 생필품에 관계된 생산업, 중개업이 알맞은 적성이다. 교육, 양육으로 학원, 유치원, 보육원 등에 발전전망이 있고 희생정신이 강하여 간호사, 사회복지사에 적합하다.

상관은 미적, 감각적, 창조적 방면의 업무에 최상이다. 작가, 언론계, 변호사, 언어학, 평론가, 기술사 등 모두 좋다. 상관격(傷官格)은 유창한 화술을 필요로 하는 강의, 연설에 탁월하다. 발명가로 명성을 날리거나, 교육 계통, 기획 업무에 능하다.

2) 식신(食神)의 재능과 사회성

■ 식신은 연구지능(연구가 스타일)으로 흥미지속형이다. 즉, 지속적이고 자발적인 흥미에 기초한 활동에 몰입한다. 중후하고 융통성이 있고 총명하며 느긋한 반면 결단력이 없고 생각이 길며 허황되고 실속이 없다.

- 자율적이고 능동적인 일의 유형을 선호, 연구력과 기술습득 능력이 우수 하다.
- 외적인 자극보다는 모든 행동변화가 자신 스스로의 결정에 바탕을 둔다.
- 관심이 가는 한 분야에 몰입하여 스스로 만족하며 진행하는 것이 가장 효과가 좋다.

■ 식신은 타인에 대한 배려와 주어진 프로그램을 수행하는 연구능력과 창의적인 사고와 생산능력이 우수한 형으로 희생과 창조적 성향이 강하다. 창의적 연구심리와 주관적 도취심리를 내포하고 있다.

- 연구하는 심성으로 사색과 고찰 등 내면적인 실험 정신을 갖는다.
- 미래에 대한 관심이 많고 희생과 봉사정신이 크며 지적, 정적이며 어느 한 분야에 깊이 몰두하는 외골수이다.
- 자기 영역을 침해 당하지 않고 창의성을 발휘할 수 있는 직업, 공간을 원하게 된다.
- 주관적인 생각을 밖으로 유출시켜 객관화시키는 과정이다.

3) 상관(傷官)의 재능과 사회성

■ 상관은 표현지능(발명가 스타일)으로 흥미유발형이다. 즉 흥미를 유발시키는 요인에 의한 영향이 크다. 센스있고 세련되고 요령이 좋은 사람이며 순간발상의 천재인 반면 꾀 많고 버릇없고 산만하며 요행을 바란다.

- 활동유형의 근원이 호기심에 근거하므로 다양한 분야에서의 흥미유발이 중요한 유형이다.
- 외적인 강요에 강하게 반발하므로 스스로의 결정에 맡기는 것이 매우 중요하다.
- 언어를 통한 표현력이 뛰어나고 응용력과 창의력을 활용한 분야에 우수하다.
- 융통성은 부족하나 심오한 학문적 매력을 존중하며 글쓰기와 정돈된 기록을 잘한다.

■ 상관은 사교성, 감각성, 감수성, 외교력, 언어구사, 모방, 발상, 변화와 같은 능력이 우수한 소유자로 예술과 정신적 성향이 강하다. 감각적 진화심리와 파격적 이탈심리를 내포하고 있다.

- 순간발상 및 예술성이 있으며 동적·육체적 활동을 선호하며 발산력이 대단하고 대인지향적이기 때문에 화술과 육체적 활동을 기반으로 한 직업을 원하게 된다.
- 독창성이 강하고 창의적이며 자유로운 업무를 침해당하지 않고 창의성을 발휘할 수 있는 직업과 공간을 원하게 된다.
- 엉뚱한 발상으로 욕을 먹는 경우도 있으나 그것이 새로운 발명이 될 수도 있다.
- 미지의 세계를 동경하거나 대상을 탐닉하는 스타일로 미적 감각을 소유한다.

4) 식상(食傷)의 코스별 진로방향

■ 식상은 친화력이면서 아이디어 뱅크다.

- 식상의 창조생산본능
- 과거를 발판삼은 기술, 생각, 표현, 창작 활동.
- 자기감정에 충실한 감성덩어리.
- 틀에 얽매이지 않는 공개경쟁을 통한 발전.
- 스스로 일을 만들어 자신의 능력을 표출하는 창의력 구조
- 재미와 흥미가 중요한 재능을 활용하는 십성

■ 식상생재구조(결과 중시형)

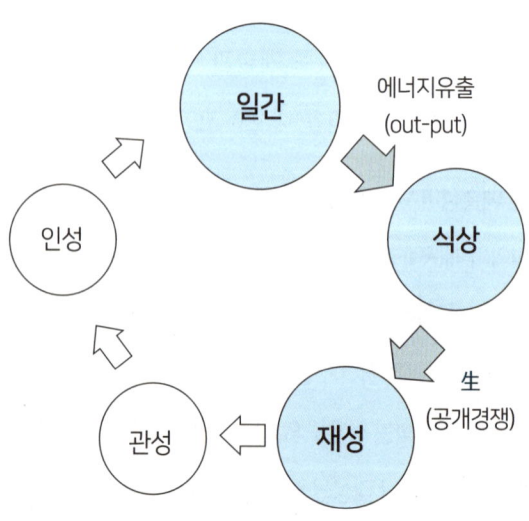

- 대표적인 out-put으로 모든 것이 나로부터 이루어진다.
- 직업체질은 사업가 스타일이다.
- 사람들 간의 유대관계가 좋은 성향을 이용한 사업이 가능하다.
- 식상생재는 자기주장이 강한 사주이다.
- 식상은 본인이 스스로 하는 것이며 관인은 할 수 없는 것이다.
- 식상은 공개경쟁이며 활동으로 재물이 생긴다.
- 활발한 활동을 통하여 반드시 결과를 얻고자 한다.
- 사회적 평가나 지위보다는 자신에게 확실하게 돌아오는 이익에 더 관심이 많다.
- 사주 내에 식상이 없다면 상대방의 마음을 잘 헤아려 주기 어렵다.
- 다른 십성이 개입하는 상황에 따라 성격과 심리, 활동유형이 변화한다.
- 생산력과 연구력이 우수하여 판매 및 생산을 겸한 경제활동에 있어서 우수한 선천적 직업적성을 소유한다.
- 에너지의 소모가 강한 구조이므로 심리적 공허와 에너지 소진의 방지차원에서 일간은 신강함이 요구되는 유형이다.
- 활발한 활동을 통하여 반드시 결과를 얻고자 하므로 사회적인 평가나 지위보다는 자신에게 확실하게 돌아오는 이익에 더 많은 관심이 있다.
- 사업적인 기질이 가장 강한 유형이지만 조직적인 활동을 하는 기업이나 국가를 대상으로 하는 활동이 이루어지려면 관성 협조가 요구된다.
- 식·재의 구조에 다른 십성이 개입하는 상황에 따라 성격과 심리, 활동유형은 변화를 보인다.
- 관성이 개입되면 조직력을 추구하여 공적인 단체를 구성하거나 브랜드를 활용한 생산 및 판매 활동을 하게 되고, 인성이 개입되면 학문적 분야와 자격을 갖춘 사회적 역할이 추가된다.

5) 식상(食傷)의 부조화된 직업코스

(1) 식상용신 ⇒ 인성편향의 구조

- 식상용신과 인성편향의 구조는 학문적인 탐구심과 기획력이 우수한 기질로서 다양한 활동력과 창의성을 사회적으로 인정받고 자격화 시키려는 성향이 강한 직업적성으로 파악될 수 있다.
- 실험정신과 도전정신에 입각하여 구상된 것들을 현실화시키는 능력이 우수하다.
- 자신의 생각을 조율해야 되는 갈등이 수반된 가운데 사회활동을 전개해야 되는 부담감이 항상 존재하는 어려움이 있는 유형이다.

(2) 관성용신 ⇒ 식상편향의 구조

- 관성용신과 식상편향의 구조는 언변과 인간관계를 통한 사회 활동력이 우수한 기질로서 고정관념을 깨는 기발한 창의성을 발휘하는 성향이 강한 직업적성으로 파악될 수 있다.
- 무형의 가치든 유형의 가치든 만들어가고 성장시켜 나가는 과정을 중시하지만 과감한 행동력으로 승부를 내는 능력이 우수하다.
- 에너지의 외향적 흐름으로 자유로움을 추구하지만 자신만의 내적 규율로 제어해야 된다는 강박심이 늘 갈등의 요소가 되는 유형이다.

3. 식상(食傷)의 직무와 직업정보

식상의 직무능력에서의 활용성은 친화력, 섭외력, 응용력, 설득력, 어휘력, 민첩성 등을 들 수 있다.

식상과 관련된 직무와 직업을 살펴보기 위해 식상과 다른 십성과의 구조를 통해 다양한 직무 및 직업들을 살펴볼 수 있다.

또한 식상과 다른 십성과의 관계에서 올 수 있는 활동과 그에 상응되는 대표적인 직업을 들 수 있다.

인성과의 관계	활동	대표적 직업
인수와 상관의 상생구조	연설, 임기응변, 예능, 오락, 재치, 발명, 아이디어, 작가 등	대변인, 강사, 방송작가, 가수, 문필가, 외판업
인성, 식상, 재성의 상생구조	산산력, 현시욕구, 디자인, 아이디어, 공간지능, 아름다움, 창의력 등	발명가, 탐색가, 제조·생산, 강사, 건축디자인
비겁, 상관의 상생구조	무용예술, 행위예술, 찬스에 강함, 독창성, 연출 등	성형외과의사, 시각디자이너, 조각예술가, 영화인 등
인성, 비겁, 식상의 유기상생구조	행위예술, 전문적 기능, 음악, 실천력, 적극성, 독창성 등	비평가, 연설가, 아티스트, 미용사, 기술자
정관, 인성, 상관의 공조구조	관리능력, 감성통제, 협조력, 조직력, 지식습득, 상담능력 등	종교가, 심리치료사, 세일즈, 영업직, 교육가, 연설가

인성과의 관계	활동	대표적 직업
편관, 편인, 상관의 상생구조	인내심, 집중력, 기획자, 리더십, 기술, 설득력, 기억력 등	작가, 심리학자, 종교·철학, 교육, 생산, 창조개발
비겁, 편인, 상관의 공조구조	자아정체성의 확인, 무상심, 호기심, 예술성 등	심리학자, 철학자, 종교성, 안내자, 전문기술

1) 식신(食神)의 직무와 직업정보

(1) 식신(食神)과 관련된 직무 및 능력

식신(食神)은 연구하는 심성으로 정해진 일에 충실하고 능률적이며 희생과 창조적 성향으로 고찰과 사색으로 몰입하여 정신적 영역으로 자신을 구축하는 내면적 실험 정신을 갖는다. 또한 미래에 대한 관심이 많고 자기 기여도가 높은 공개 경쟁력과 이타적 실현성이 크다.

직무	십성의 구조적 범주	요구되는 능력
수출입관리 (정신공감개념과 정밀성의 조화)	식신격, 정·편인 용신, 식, 재, 관의 조화로운 구조	언어능력, 수리능력, 사교성, 설득력
생산관리 (조직력과 체계적 운영능력과의 조화)	식상용신 또는 편관격으로 비겁, 식, 재, 관의 상생구조	지도력, 적극성, 추진력, 지구력, 어학능력, 행동력, 자주성, 치밀성, 정중함, 정교성, 합리성, 섭외능력, 관찰력, 인내심

직무	십성의 구조적 범주	요구되는 능력
사진 (감각성과 이면투시력의 조화)	식상용신, 편재격 또는 비겁, 식, 재의 유기가 조화로운 구조	공간 판단력, 예술적 감각, 독창력, 상상력, 표현력, 관념적
창고업 (육체 유연성과 공간감각의 활용성)	비겁, 식신이 주도하는 구조 또는 편관용신, 편재격	사교적, 설득력, 자신감, 성실성, 적극성, 책임성
교육 (체계적 리더십과 통찰력과의 조화)	인수격이거나 인수용신 또는 식신격 재, 관, 인으로 상생되는 구조	지도력, 통솔력, 창의력, 어휘력, 이성적, 억제력, 기억, 언어, 계산, 자기 통제력
회계 (공간 정밀도와 기획 마인드의 조화)	식신용신, 편재격 또는 인성이 왕한 구조, 상관생재로 유기상생 구조	수리능력, 사무지각능력, 분류, 조합, 계산, 판독

(2) 식신격 또는 식신이 용신일 때 적합한 활동영역

- 식신은 견실한 직업, 의식주에 관계된 직업이 길(吉)하다.

- 생필품에 관계된 생산업, 중개업이 알맞은 적성이다.

- 식신격이거나 천간에 식신이 있으면 연구직이 좋다.

- 식신은 교육, 양육으로 학원, 유치원, 보육원 등에 발전전망이 있다.

- 희생정신이 강하여 간호사 사회복지에 적합하다.

- 예체능에 소질이 있어 연예인, 화가, 작가, 음악, 기술계로 성공한다.

- 식신과 정인이 동주하고 정인이 용신이면 교수, 작가, 의사가 된다.

- 식신격에 정재가 있으면 금융업 또는 생산 직종에 좋다.

- 식신격은 인간관계가 좋아서 사업가나 경영에도 소질이 있다.

(3) 식신의 전공

식신에 적합한 학과(전공)로는 경영학과, 교육학과, 사회복지학과, 의학과, 미래과학과, 미술학과, 작곡과, 어문학과, 사회심리학과, 섬유공학과, 미생물학과, 식품공학과, 아동심리학과 등을 들 수 있다.

(4) 식신의 직업군

식신에 적합한 직업으로는 교사, 의사, 연구원, 생산, 예능, 종교, 보육사, 유치원, 교사, 음식점, 제조업, 호텔, 사회복지사, 서비스, 농산업, 식료품업, 슈퍼마켓, 도매업 등을 들 수 있다.

(5) 식신의 사례

언론사 근무	법대 교수
己壬甲癸 酉寅寅丑	丙甲丙戊 寅子辰戌
- 식신격 (甲寅월) - 식신격으로 언어표현 능력 우수 - 인수용신으로 기록 본능 갖춤 - 식신으로 공개 경쟁력 - 언론사 업무에 적합	- 식신생재격 (丙辰월) - 일지 인수용신으로 학업능력 - 인비식 전문가 코스 형성 - 식신생재의 결과중시 형 - 대학교수직 적합

2) 상관(傷官)의 직무와 직업정보

(1) 상관(傷官)과 관련된 직무 및 능력

상관(傷官)은 예술과 정신적 성향으로 자신을 표현하고 상대를 설득할 능력이 있으며 주제를 설명하고 이해시키는 탁월한 능력이 있다. 순간적 발상이 뛰어나 발명과 예능 방면에 소질을 보인다. 이와 같은 적성으로 자신을 알릴 수 있고 인정받는 곳에서 흥미를 갖는 학과라면 무난할 것이다. 독창성이 강한 성향이므로 창의적이고 자유로운 업무에 좋다.

직무	십성의 구조적 범주	요구되는 능력
홍보 (창의적 구상력과 공감대 활용성의 조화)	상관용신 또는 상관격이거나 식, 재로 유기되는 조건이며, 인성과의 교감이 조화로운 구조	창의력, 섭외력, 적극성, 정보수집력, 어휘력, 문장력, 언어능력, 사무 지각능력
외자구매 (거시적 관점과 현실과의 공조체계성)	상관용신, 편재격 또는 편관, 정인으로 상생되는 구조	무역실무, 외국어, 자재에 대한 지식, 사교성, 추진력, 적극성, 정보수집 분석, 판단력
자금 (경제구도 분석력과 객관적 시각)	상관용신, 편재격 또는 편인이나 정인으로 유기상생구조	활동성, 섭외정신, 사교성, 적극성, 추진력, 수리능력, 조사 분석력, 과감성, 치밀성, 통찰력

직무	십성의 구조적 범주	요구되는 능력
기술용역 (육체감각과 이동감각의 조화)	상관용신, 편재격 또는 신강 조건에 식, 재로 유연한 구조	사무지각능력, 수리능력, 공간판단능력, 협조성, 성실, 끈기, 냉정한 성격
판매관리 (직관성과 물리적 수리성과의 조화)	상관용신, 편재격 또는 비견 식, 재, 관의 유기상생구조	수리능력, 설득력, 공간개념화능력, 형태분별능력, 활동성
물류유통 (육체 이동성과 정신감각의 호환성)	상관격, 편인용신 또는 비견 식, 재, 관으로 유기상생구조	수리능력, 설득력, 공간지각능력, 형태분별능력, 활동성
수출 (다국적 경제마인드와 개발의지)	상관용신 또는 편재격의 신강으로 식, 재, 관으로 상생구조	어휘력, 정보수집력, 적극성, 형태분별능력, 설득력, 친절성, 탐구심, 비평정신, 치밀성, 분석력, 사려의지, 판단력

(4) 상관격 또는 상관이 용신일 때 적합한 활동영역

- 상관은 미적, 감각적, 창조적 방면의 업무에 최상이다.

- 작가, 언론계, 변호사, 언어학, 평론가, 기술자 등 모두 좋다.

- 상관격은 유창한 화술을 필요로 하는 강의, 연설에 탁월하다.

- 역술가, 관상가, 가수, 배우, 연극인, 기술자, 운동, 골동품 등의 직업이 좋다.

- 상관격에 인성이 용신이면 교수, 박사 등 교육 관련분야에 크게 활

동한다.
- 상관격에 비겁이 쓰이게 되면 기술직으로, 직장생활이 가장 좋다.
- 독자적인 창작의 미술, 음악 등 예능분야에서 소질을 발휘한다.
- 상관격에 재가 용신이면 적응을 잘하며, 적극적이고 진취적인 성격이다.
- 교육, 문화, 예체능, 변호사, 중개업 등의 분야에 잘 어울린다.
- 발명가로 명성을 날리거나, 교육 계통, 기획 업무에 능하다.
- 특수한 기술을 지녔거나 특수한 사업에 종사하는 경우가 많다.
- 격이 낮고 탁하면 서비스업이나 유흥업으로 진출한다.

(3) 상관의 전공

상관에 적합한 학과(전공)로는 정신과, 정치외교학과, 연극과, 영상학과, 어문학과, 성악과, 관광통역과, 무역학과, 언론정보학과, 사진예술학과, 언론학과, 천문기상학과, 호텔학과, 의상학과, 정보통신과, 종교학과, 문예창작과 등을 들 수 있다.

(4) 상관의 직업군

상관에 적합한 직업으로는 예체능 종사자, 과학, 발명, 대변인, 필설직, 디자인, 종교인, 아나운서, 코디네이터, 역술, 유통업, 제조업, 변호사, 가수, 문필가, 수리업, 외판업 등을 들 수 있다.

(5) 상관의 사례

컴퓨터 프로그래머	광고회사 간부
辛 甲 丁 戊 未 子 巳 申	甲 癸 甲 乙 寅 酉 申 酉
- 상관격 (월간 丁) - 일지 인수용신 기록본능 갖춤 - 인비식 전문가 코스 - 편재 투출 수리능력, 이과 - 컴퓨터 프로그래머 적합	- 정인격 (월지 申) - 인수격으로 학업능력 우수 - 인비식 전문가 코스 - 상관 투출로 아이디어 창출 - 광고회사 업무 적합

PART 12

재성(財星)의 직무와 직업정보

1. 재성(財星)의 본성과 심리

1) 재성(財星)의 진화심리 - 〈개발본능, 소유본능〉

- 재성은 일간의 개발본능을 발동시킨다.
- 자기취향에 따른 자기만의 소유본능이다.
- 가치 증대를 위한 확장성향이다.
- 소유공간과 재물이 있어야 심리적 안정이 된다.
- 삶의 거주지와 공간을 확보하고자 노력한다.
- 자기 소유물에 대한 관리·보전이 뛰어나다.

2) 재성(財星)의 욕구 - 〈실현의 욕구〉

경제적 가치와 영리생활을 추구하며 사물을 직접적으로 파악하는 신속함과 즉각적인 통찰력을 발휘한다. 자아증진을 위한 개인의 갈망으로 도전정신, 보람을 느낄 수 있는 능력, 개발의 기회, 승진 등 관심을 필요로 한다. 그리고 수익창출을 위한 영업 활동을 수행하며 이윤을 추구하고자 활동영역을 넓힌다.

재성은 일간이 극(剋)하는 오행으로 뭔가 얻어내려는 강력한 목표성을 부여하게 되며 음양이 다른 경우에는 더욱 치밀하고 현실적인 결과를 보고자 하는 성향이 나타난다. 경제 사회를 부활시켜 자산(資産)을 축적하며 사물의 구조관계에 따라 효율적인 공간 활용을 설계한다.

재성이 강(强)하면 무엇이든 이룰 수 있으며 이루어 내야 한다는 자기확신과 강박적 관념의 대립으로 가치혼란과 정신적 가치 공황에 이를 수 있다. 이로 인해 물질만능주의, 과도한 이기성, 무위도식, 적극성 결여와 같은 심리 증후군이 나타난다.

재성이 약(弱)하면 자기 상실감으로 인한 위기 극복력이 약하며 이루지 못할 것이라는 미래에 대한 불확실성 때문에 현실과의 괴리 심리에 빠지게 된다. 이로 인해 비현실적인 곳에 에너지를 소모하게 되고, 불만족이 팽배하며, 환경 적응능력이 취약하고, 결과가 부진한 심리 증후군이 나타난다.

◆ 실현의 욕구

잠재된 자신의 가능성을 최대한 실현하여 결과로 만들어 낼 수 있다는 자신감으로 삶에서 자신의 영역확보가 가능할 때만이 실현의 욕구를 충족할 수 있다. 재성은 물질에 대한 소유의 실현 가능성을 의미하기도 하며, 목적이 있는 실현(實現)의 욕구(欲求)이다.

3) 재성의 본능과 상대적 심리

재성(財星)의 심리는 자신에게 채워져야 하는 물질적 욕망의 성향으로 나타난다. 황금에 대한 욕심과 활동할 수 있는 영역의 극대치를 구현하는 기질이다. 재성이 강하면 욕심이 많아 이기적이 되며 물질 앞에서 타인을 믿지 못하는 신뢰감이 상실된다. 재성이 약하면 실현성이 약하여 불안하고 불만이 많으며 실의에 잘 빠지는 한편 매사 정확한 답을 내기 어렵다. 아울러 관성(官星)을 생하지 못 하니 직장에서나 가정에서 인덕이 없다.

재성(財星)은 인간에게 양명지본(養命之本)으로 사람이 살아가기 위해 필요한 기본적인 것이다. 특히 십성의 통변성(通變星)처럼 정(正)·편(偏) 간에 크게 우열이 있는 것은 아니다. 즉 재물은 우열이 아닌 많고 적음이기 때문이다. 다만 육친을 논(論)하거나 성정(性情)을 논할 때는 반드시

정·편재를 구분하여야 한다. 재성은 일반적으로 재물을 의미하며 사회적 활동성을 지향하고 변화와 개혁에 따른 적응능력이 우수한 편이다. 재성이 강(强)하거나 편재가 있으면 항상 자신의 욕구를 충족시킬 활동을 찾아 투기나 투자할 대상을 찾는다.

4) 재성(財星)의 사회성

【활동성, 수리력, 현실성, 실용성, 조직력, 분석력】

재성의 주요 속성은 일간인 내가 극(尅)하는 것으로 통솔력, 타개력, 개척정신, 정복력, 개발 등으로 투기나 금전, 이성, 욕구심리를 뜻하며 부동산, 금융, 은행업무, 회계, 세무의 의미를 갖는다. 유동적이며 부지런하고 행동으로 옮기는 실행력이 있다.

- 욕구로 인한 의욕이 생긴다.
- 활동적이고 소유하고 싶은 마음이다.
- 물질이 우선이며 만족감을 느끼는 성향이다.
- 개발하여 가치를 극대화한다.
- 수리능력으로 이과성향이다.
- 손익계산에 빠른 성향이다.

5) 편재(偏財)의 본성과 기질

(1) 편재의 심리

획득적 유용심리	탐욕적 소유심리
이재에 뛰어나 큰돈을 운용하는 재능을 가지고 있다.	즉흥적이며 일확천금을 노리는 기질이 강하고 허풍과 큰소리도 잘 친다.
요령이 많은 재주꾼이며 개척정신이 탁월하고 타인의 도움받기를 싫어한다.	기분에 의해 좌우되는 경향이 많으며 과장되고 경솔한 면과 사기성도 있다.
가무와 풍류를 즐길 줄 알며 사교적이고 대인관계의 폭이 넓어 인기가 많다.	지나치게 자유롭고 개방적이며 지구력이 없다.

(2) 편재의 긍정적·부정적 심리

긍정적 성향	부정적 성향
● 이재에 뛰어나 큰돈을 유용하는 재능을 가지고 있다. ● 다른 사람에게 도움 받는 것을 싫어한다. ● 계산이 빠르며 돈 버는 기술이 탁월하다. ● 요령이 많은 재주꾼이며 개척 정신이 뛰어나다. ● 성품이 곧고 인정이 많아 자선 사업을 잘한다. ● 작은 일에 신용을 잘 지켜 큰일에 이용한다. ● 기회, 심리, 형세를 응용하여 돈을 번다.	● 통이 크고 일확천금을 노리는 기질이 강하다. ● 재물에 대한 집착이 강하나 때에 따라서는 재를 경시한다. ● 민첩한 성격과 재능이 있으나 지구력이 없다. ● 대체로 말주변이 좋고 허풍과 큰소리도 잘 친다. ● 남을 도와주기를 좋아하지만 그것은 기분에 의해 좌우된다. ● 언어가 낙천적이며 과장, 경솔한 면도 있으며 사기성도 있다. ● 타인의 아첨을 좋아하고 대범한 척 인색하지 않은 티를 낸다.

6) 정재(正財)의 본성과 기질

(1) 정재의 심리

세부적 분석심리	소극적 회의심리
성실하고 치밀하여 실언과 실수를 하지 않으며 숫자와 관련된 업무에 탁월하다.	고지식하고 잔재미가 없으며 망설이다가 기회를 놓치기도 한다.
검소한 생활을 하며 정당한 대가의 재물만을 취하고 유동적인 것을 싫어한다.	융통성이 없고 너무 정확한 계산으로 인심이 박하고 인색하며 실리에 집착한다.
기획력이 좋고 안정적인 경영으로 이익 창출을 하며 단정하고 신용이 있다.	신약이면 일을 벌이고 마무리를 못하며 뿌리 없는 정재는 부자가 못 된다.

(2) 정재의 긍정적·부정적 심리

긍정적 성향	부정적 성향
● 정확하고 성실하며 실수를 용납하지 않는다. ● 거짓말을 싫어하고 고지식한 성품을 지녔다. ● 부당한 재물이나 노력한 대가 이상의 재물은 원하지 않는다. ● 기획력이 있고 업무수행 능력이 안정적이다. ● 천성이 꼼꼼하고 치밀하여 실언과 실수를 하지 않는다. ● 숫자에 정확성이 있어 경리, 기획, 회계업무 등에 능하다. ● 단정하고 신용이 있고, 검소하고 신중하다.	● 정재가 뿌리 없이 천간에만 있으면 부자가 못된다. ● 비겁이 많고 재성이 약하면 가난하고 천할 수 있다. ● 정재가 태왕하면 주관과 결단성이 없다. ● 이해득실은 빠르나 최종 결론을 내리는 적기를 놓친다. ● 고지식하여 원리원칙을 고수하고 융통성이 없다. ● 너무 정확한 계산으로 인심이 박하고 인색하다. ● 양보심이 적고 자신의 실리에 집착하여 큰 것을 놓친다.

2. 재성(財星)의 코스별 진로방향

1) 재성(財星)의 재능활용

(1) 우수능력

편재는 사물의 가치평가에 대한 판단이 빠르고 수리계산 능력이 좋으며 활동적인 동시에 변화와 개혁 및 기회포착과 적응력이 우수하다.

정재는 실리적이고 논리적이며 작은 공간과 작은 수치까지 섬세하게 활용하는 능력을 갖추고 있는 동시에 계획성 및 설계능력이 우수하다.

(2) 선천지능

편재는 공간지각력과 신속한 가치판단력으로 평가지능(評價知能)으로 설명할 수 있고, 정재는 치밀한 계산력과 분석력으로 설계지능(設計知能)으로 설명할 수 있다.

(3) 직업스타일

편재는 사업가 스타일이고, 정재는 설계가 스타일이다.

(4) 재능

편재는 사물의 가치를 평가하고 결과를 내는 지능으로 수리능력, 가치판단력, 유동적, 활동적, 공간지각으로 대표되며 선과 색채구분, 순간포착, 자율성, 결과중시 등이 주요 특징이다.

정재는 치밀하게 계산된 업무를 설계하고 수행하는 지능으로 논리적, 계산력, 현실적, 치밀함, 설계능력, 실리적으로 대표되며 가치판단, 구성력, 에너지 축적, 장기적 결과중시 등이 주요 특징이다.

(5) 진로직업

신왕하고 편재가 강한 사람은 상업, 사업, 금융업에 적합하다. 편재는 투기성과 모험성, 활동성이 있고 도전적인 사업에 적합하다. 공장, 무역, 제조업, 판매업, 업무개발, 외근 등의 일에 종사하는 것이 좋다. 편재는 상인의 형으로, 재왕하고 신왕하면 큰 상인이 될 수 있다.

정재는 노력의 대가로 정당하게 취득한 이익의 재물이다. 견실하고 단조로운 일에 종사하거나 봉급생활자가 좋다. 신왕한 정재격에 정재가 역마와 동주하면 상업으로 이익을 얻는다. 꼼꼼하고 빈틈 없는 일 처리와 정직한 성격으로서 금융계, 관리직 등이 좋다.

2) 편재(偏財)의 재능과 사회성

■ 편재는 평가지능(사업가 스타일)으로 결과지향형이다. 즉, 현실로 드러나는 결과에 의하여 행동이 결정된다. 욕심이 많고 화끈하고 기회에 강하며 수단이 좋은 반면, 한탕주의, 요령을 부리기도 하고 투기를 하며 풍류가이다.

- 일에 확실한 결과가 있어야 효율적인 유형이며 기분파적인 경향이 있다.
- 단순히 좋은 결과만이 아니라 얼마나 자신이 돋보일지에도 관심이 많다.
- 수리력이 뛰어나고 신속한 가치 판단력을 바탕으로 일의 진행 속도가 빠르다.

■ 편재는 평가능력, 방향감각, 통제력, 계산력, 응용력, 가치 환산능력이 우수한 소유자로 탐재와 유동적 성향이 강하다. 획득적 유용심리와 탐욕적 소유심리를 내포하고 있다.

- 영역을 확보하려는 심성이 강하고 수리 계산 능력이 빠르다.
- 편재는 물질(돈)이기에 현실적이며, 활동 범위가 넓고 활동성이 강하다.
- 어떤 일이든 현실과 물질을 바탕으로 한 직업을 원하며 이상적, 비현실적인 직업과는 거리가 먼 타입으로 기본적으로는 결과와 예측이 가능한 직업을 원하게 된다.
- 먹이를 구하러 먼 길을 마다 않고 다니는 것을 역마성이라고 하여 편재를 역마성이라고 한다.

- 편재는 유동성이 강하여 성격 또한 융통성 있고 기회에 적극적이다.
- 매사에 현실적인 면이 강하다

3) 정재(正財)의 재능과 사회성

■ 정재는 설계지능(설계가 스타일)으로 계획지향형이다. 즉 현실적 유익에 대하여 면밀하고 계획적으로 접근한다. 노력하고 알뜰하고 성실하고 꼼꼼한 반면 인색하고 자린고비형이며 자기본위적이다.

- 스스로 할 일을 계획하고 실행해 나가는 유형이며 논리에 강하고 계산력이 우수하다.
- 구체적이고 실제적인 계획을 잘 세우고 실행해 나가며 현실적이고 실천력이 강하다.
- 매우 정교해서 꼼꼼한 편이며 수리력이 우수하여 계획적으로 실행한다.

■ 정재는 공간능력, 검소성, 계획성, 논리력, 구성력, 계산력, 섬세함이 우수한 소유자로 노력과 실리적 성향이 강하다. 세부적 분석심리와 소극적 회의심리를 내포하고 있다.

- 성실하고 정직하지만 계산적이고 변화를 싫어한다.
- 치밀한 관리력이 강점이고 신용을 바탕으로 하며 실수가 적다.
- 행정직이나 급여 생활에 적합하여, 직업과 재물에 큰 변화가 없으며 안정된 직

업, 노력한 만큼의 보상이 따르는 직업을 원한다.

- 영역을 확보하려는 심성이 강하고 수리 계산 능력이 빠르다.

- 매사를 꼼꼼하게 계산하고 따지는 습성이 있다.

- 작은 것에 집착하여 소탐대실(小貪大失)한다.

- 집착하는 것에 비하여 소극적이다.

- 검소하고 자상한 신념의 소유자다.

4) 재성(財星)의 코스별 진로방향

■ 재성은 타고난 평가능력의 고수다.

- 공간 확보에 대한 욕구.

- 자기 것을 안 빼앗기려는 본능 덩어리.

- 이미 갖고 있는 것을 활용하며 적극적이고 의도적인 노력의 욕구.

- 스스로 결과를 보여주기 위해 많은 것을 현실에서 실천.

- 먹이로 생존해야 하는 본능.

(1) 식상생재구조(결과 중시형)

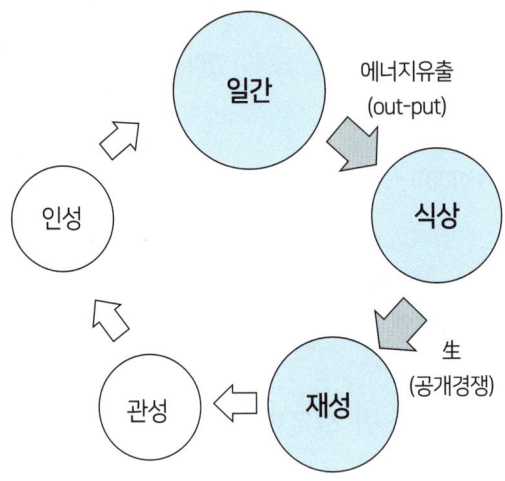

- 대표적인 out-put으로 모든 것이 나로부터 이루어진다.
- 직업체질은 사업가 스타일이다.
- 사람들 간의 유대관계가 좋은 성향을 이용한 사업이 가능하다.
- 식상생재는 자기주장이 강한 사주이다.
- 식상은 본인이 스스로 하는 것이며 관인은 할 수 없는 것이다.
- 식상은 공개경쟁이며 활동으로 재물이 생긴다.
- 활발한 활동을 통하여 반드시 결과를 얻고자 한다.
- 사회적인 평가나 지위보다는 자신 이익에 더 관심이 많다.
- 사주 내에 식상이 없다면 상대방의 마음을 잘 헤아려 주기 어렵다.
- 다른 십성이 개입하는 상황에 따라 성격과 심리, 활동유형이 변화한다.
- 생산력과 연구력이 우수하여 판매 및 생산을 겸한 경제활동에 있어서 우수한 선천적 직업적성을 소유한다.

- 에너지의 소모가 강한 구조이므로 심리적 공허와 에너지소진의 방지차원에서 일간은 신강함이 요구되는 유형이다.
- 활발한 활동을 통하여 반드시 결과를 얻고자 하므로 사회적인 평가나 지위보다는 자신에게 확실하게 돌아오는 이익에 더 많은 관심이 있다.
- 사업적인 기질이 가장 강한 유형이지만 조직적인 활동을 하는 기업이나 국가를 대상으로 하는 활동이 이루어지려면 관성 협조가 요구된다.
- 식, 재의 구조에 타 십성이 개입하는 상황에 따라 성격과 심리, 활동유형은 변화를 보인다.
- 관성이 개입되면 조직력을 추구하여 공적인 단체를 구성하거나 브랜드를 활용한 생산 및 판매 활동을 하게 되고 인성이 개입되면 학문적 분야와 자격을 갖춘 사회적 역할이 추가된다.

(2) 재생관구조(결과 지향형)

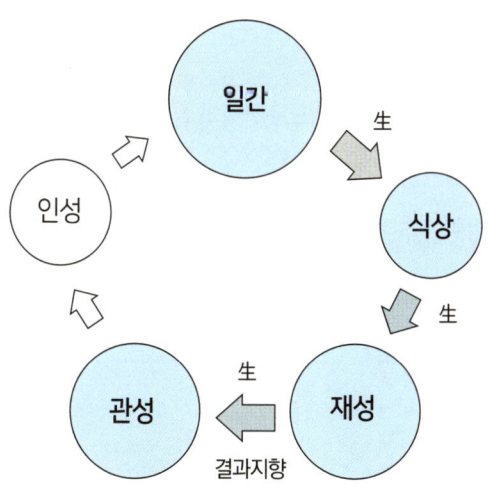

- 나와 상관없이 아웃사이드로 이루어지는 것이 재생관이다.
- 외부의 영향을 가장 많이 받는 구조이다.
- 재생관은 관인상생과 함께 직장형의 직업유형이다.
- 관이 목적이며 관을 향해 가므로 직장의 형태를 갖추기를 원한다.
- 심리적으로 서열이 주어져야 안정감을 느낀다.
- 항상 재생관은 제2의 노력이다.
- 가치판단과 명예추구의 심리가 강하여 사람들을 관리하고 조직력을 구성하는 우수한 선천적 직업적성을 소유한다.
- 일간이 극하거나 일간을 극하는 십성이 서로 조화를 이루며 구성된 구조로서 주어진 목표에 대한 실현의지를 강하게 추구하는 결과지향형이다.
- 자연스런 에너지의 흐름을 상호 소통하지 않는 십성끼리의 조합이므로 일간은 강함이 요구되는 구조이다.
- 공적이며 객관적이므로 최종적인 결과가 자신의 가치판단에 중요한 기준이 된다. 재관의 구조에 다른 십성이 개입하는 상황에 따라 성격, 심리, 활동성향에 변화를 보인다.
- 인성이 개입되면 목표 지향적으로 행동과 실천에 절차를 중요시하는 계획성이 부여된다.
- 식상이 개입되면 주변의 환경과 조건들을 타진해나가는 스타일이 되므로 원만한 대인관계를 형성하는 사회성을 갖게 된다.

5) 재성(財星)의 부조화된 직업코스

(1) 재성용신 ⇒ 비겁편향의 구조

- 독립심과 추진력이 우수한 기질로서 경제활동을 하는 사업가적 성향이 강한 직업적성으로 파악될 수 있다.

- 목표를 향한 몰입력이 우수하고 다양한 대인관계 속에서 활동하는 유형이다.

- 자신의 사회적 위치설정과 인간관계의 문제를 늘 생각하게 되며 그런 방면에 변화가 많은 유형이다.

(2) 인수용신 ⇒ 재성편향의 구조

- 자아실현과 목적달성을 위한 추진력이 우수한 기질로서 학문적 성향이 강한 직업적성으로 파악될 수 있다.

- 기획력이 우수하고 다양한 가치들을 조합하여 하나의 이론을 생산하는 능력이 우수하다.

- 사회적 목표들 속에서의 선택의 문제와 자신의 능력을 늘 생각하게 되며 그런 방면에 변화가 많은 유형이다.

3. 재성(財星)의 직무와 직업정보

재성의 직무능력에서의 활용성은 활동성, 수리력, 현실성, 실용성, 조직력, 분석력 등을 들 수 있다.

재성과 관련된 직무와 직업을 살펴보기 위해 재성과 다른 십성과의 구조를 통해 다양한 직무 및 직업들을 살펴볼 수 있다.

또한 재성과 다른 십성과의 관계에서 올 수 있는 활동과 그에 상응되는 대표적인 직업을 들 수 있다.

식상과의 관계	활동	대표적 직업
인성과 재성의 상생구조	창조력, 수집력, 논리성, 조직력, 분석력, 현실성 등	경제학, 통계학, 금융가, 세무사, 무역, 수학
인성, 식상, 재성의 상생구조	상상력, 현시욕구, 디자인, 아이디어, 공간지능, 아름다움, 창의력 등	발명가, 탐색가, 제조·생산, 강사, 건축디자인
식상, 재성, 정관의 상생구조	모험적, 탐구적, 양육, 포용력, 실천력, 친화력, 도덕성 등	과학자, 관리자, 유통업, 축산업, 사회복지사, 가이드 등

1) 편재(偏財)의 직무와 직업정보

(1) 편재(偏財)와 관련된 직무 및 능력

편재(偏財)는 탐재와 유동적 성향으로 영역을 확보하려는 심성이 강하여 자신이 관심 있는 대상에 대해서는 물질적으로나 물리적으로 이해하려 한다. 수리 계산이 빠르고 실현을 목적으로 행동하기 때문에, 이상과 공상은 어울리지 않게 된다. 그러므로 편재는 설계하고 시공하는가 하면, 개척하며 물리적인 변화에 매력을 느끼는 학과가 좋다. 경제도 물리적 변화에서 오는 수치라고 볼 때 사업에 능하다.

직무	십성의 구조적 범주	요구되는 능력
외자구매 (거시적 관점과 현실과의 공조체계성)	상관용신, 편재격 또는 편관, 정인으로 상생되는 구조	무역실무, 외국어, 자재에 대한 지식, 사교성, 추진력, 적극성, 정보 수집 분석, 판단력
창고업 (육체 유연성과 공간감각의 활용성)	비겁, 식신이 주도하는 구조 또는 편관용신, 편재격	사교적, 설득력, 자신감, 성실성, 적극성, 책임성
판매 (공간감각과 친화성과의 조화)	편재용신, 편재격 또는 비견이 강하며 식상으로 유기상생되는 구조	민첩성, 창의성, 사무 지각능력, 활동력, 언어능력, 기억력, 성실성, 행동력, 일관성
판매관리 (직관성과 물리적 수리성과의 조화)	상관용신, 편재격 또는 비견, 식, 재, 관의 유기상생구조	수리능력, 설득력, 공간개념화 능력, 형태분별능력, 활동성

직무	십성의 구조적 범주	요구되는 능력
수출 (다국적 경제마인드와 개발의지)	상관용신 또는 편재격의 신강으로 식, 재, 관으로 상생구조	어휘력, 정보수집력, 적극성, 형태분별능력, 설득력, 친절성, 탐구심, 비평정신, 치밀성, 분석력, 사려의지, 판단력
보험영업 (객관적 시사성과 정서적 친화력)	인성용신 또는 편재격, 비겁, 식, 재로 상생구조	사무지각능력, 언어, 사회성, 언어능력, 감수성, 공감유도, 적극성, 설득력, 신뢰성
증권영업 (조직적 경제시각과 다각적 관찰 능력)	편관용신, 편재격 또는 비겁, 식, 재, 관이 상생구조	수리능력, 적극성, 언어, 분류, 조합, 계산, 언어능력, 감수성, 공감유도, 설득력, 행동력
차량정비 (정밀성과 지구력의 조화)	편인용신 또는 편재격, 비겁, 식, 재의 상생구조.	판단력, 지각능력, 손재능, 봉사적, 책임감, 분류, 조합능력
해운 (다양성과 거시성의 조화)	편관용신 또는 편재격, 관, 인, 비 상생구조	수리능력, 분류, 조합, 형태, 공간, 활동적, 적극성
건설공무 (정밀성과 지구력의 조화)	편관용신 또는 편재격, 인, 비, 식, 재의 상생구조	사무지각능력, 형태지각능력, 분류, 조합, 기술기능직
토건 (지각감각과 공간감각의 조화)	편재용신, 식신격 또는 인, 비, 식, 재의 상생구조	사무지각능력, 형태지각능력, 손가락 재능, 계산, 공간, 기술기능직
기술용역 (육체감각과 이동감각의 조화)	상관용신, 편재격 또는 신강구조에 식, 재로 유연한 구조.	사무지각능력, 수리능력, 공간판단능력, 협조성, 성실, 끈기, 냉정한 성격
사진 (감각성과 이면투시력의 조화)	식상용신, 편재격 또는 비겁, 식, 재의 유기가 조화로운 구조	공간판단력, 예술적 감각, 독창력, 상상력, 표현력, 관념적

직무	십성의 구조적 범주	요구되는 능력
신문 (투시성과 직관력의 조화)	편인용신, 편재격 또는 식, 재, 관의 조화로운 구조.	논리성, 언어능력, 판단력, 적극성, 관찰력, 이해력, 문장력, 자기표현력, 기획력, 분석력, 창조력
방송 (언어감각과 순발력의 조화)	편관용신, 편재격 또는 식상이 조화로운 구조	적극성, 판단력, 언어능력, 사무지각능력, 관찰력, 이해력, 자기표현력, 기획력, 분석력, 창조력
통신 (지각과 통계성의 조화)	편재용신, 상관격 또는 비겁의 유기가 조화로운 구조	사무지각능력, 계산, 공간형태, 기술기능직

(2) 편재격 또는 편재가 용신일 때 적합한 활동영역

- 신왕하고 편재가 강한 사람은 상업, 사업, 금융업에 적합하다.
- 편재는 투기성과 모험성, 활동성이 있고 도전적인 사업에 적합하다.
- 공장, 무역, 제조업, 판매업, 업무개발, 외근 등의 일에 종사하는 것이 좋다.
- 편재와 역마는 매매, 교통, 운수 등의 사업에서 수익을 얻을 수 있다.
- 편재는 활동적이고 변화가 많은 업종 및 서비스업, 기능 방면에 적합하다.
- 부동산, 증권, 무역, 금융 등 길운이 조화를 이루면 성공한다.
- 편재격은 통신관계, 교통관계의 생산 및 판매업 또는 외판원에도 좋다.
- 편재격에 관성의 쓰임이 중요하며 사업보다 공직에 성공하는 사람

이 많다.
- 부동산, 사채놀이, 증권투자, 밀수 등과 같은 투기성이 매우 강하다.
- 편재격에 인성이 중요하게 되면 직장생활이 어울리며, 사업은 불가하다.
- 편재격에 식상을 쓰게 되면 사업적 수완이나 자기표현 능력이 뛰어나다.
- 경제 계통에 두각을 나타내지만 지나친 과욕으로 성패의 부침이 따른다.

(3) 편재의 전공

편재에 적합한 학과(전공)로는 수학과, 경영학과, 건축과, 항공학과, 토목과, 물리학과, 무역학과, 외교학과, 철도학과, 정형외과, 설치미술, 조소학과, 산부인과 등을 들 수 있다.

(4) 편재의 직업군

편재에 적합한 직업으로는 무역, 부동산, 금융업, 증권, 투자, 사업, 전당포, 음식점, 경영, 유흥업, 약물업, 생산업, 축산업, 여행사 등을 들 수 있다.

(5) 편재의 사례

보험회사 매니저 乙 甲 甲 己 丑 戌 戌 酉	컴퓨터 전문가 丙 壬 戊 庚 午 午 寅 戌
- 편재격 (월지 戌) - 재성이 왕하여 수리능력 - 비겁용신으로 인적자원 활용 - 대학에서 수학을 전공 - 보험회사 매니저 적합	- 편재격 (시간 丙) - 寅午戌 재국으로 이과적성 - 편재 + 편인용신=공간지능 활용 - 컴퓨터미래학을 전공 - 컴퓨터 관련직 적합

2) 정재(正財)의 직무와 직업정보

(1) 정재(正財)와 관련된 직무 및 능력

정재(正財)는 노력과 실리적 성향으로 치밀한 관리력이 있으며 물질적인 면에서 편재보다는 가공한 완제품이나 차려진 밥상의 음식을 다루는 일에 민감하다. 신용을 바탕으로 하기 때문에 실수가 적어 미래를 약속하는 장기적 관리나 행정에도 잘 어울린다. 편인이 함께한다면 실리적인 이익창출에 탁월한 능력이 있다. 현금이나 재무를 담당·관리하는 학과나 직업에 종사할 경우 발전할 수 있다.

직무	십성의 구조적 범주	요구되는 능력
총무 (정보 활용의 체계성과 조직력의 조화)	정재용신 또는 정재격이거나 식,재,관으로 상생되는 구조	일반관리, 협조성, 추진력, 수리능력, 언어, 분류, 조합, 인내심, 성실성, 신중성, 능률성, 합리성
회계 (공간 정밀도와 기획 마인드의 조화)	식신용신, 정재격 또는 인성이 왕한 구조, 상관생재로 유기상생구조	수리능력, 사무지각능력, 분류, 조합, 계산, 판독
내자구매 (세부적 관점과 현상 다각적 응용의 조화)	편인용신 또는 정재격이거나 상관과 조화를 이루며 재성과 유기상생이 조화로운 구조	수리능력, 사교성, 정보 수집력, 규칙적, 인내력, 과감성, 논리성, 관찰력
연구개발관리 (통제성과 체계적 사고력과의 조화)	편인용신, 정재격 또는 식, 재, 관, 인의 상생구조	기초과학능력, 언어능력, 수리능력, 공간, 탐구적, 과학적, 치밀성, 합리성, 분석력, 독자성, 논리성, 관찰력, 성취욕, 집중력
소프트웨어 (정밀성과 조직적 사고력의 조화)	정·편인 용신 또는 정재격, 식, 재의 상생 구조	인내력, 치밀성, 탐구욕, 손재주, 수리능력, 창의력, 전자, 통신, 기계, 정보기사자격, 공간도형유추능력, 기호분류능력, 수리능력, 수치해석능력, 처리속도와 정확성, 공각지각능력, 어휘판단능력, 손의 순발력
하드웨어 (정밀성과 상상력의 체계적 조화)	정·편인 용신 또는 정재격, 인, 비, 식, 재의 상생구조	수리능력, 창의력, 정보활용력, 수공능력, 공간, 사무지각능력, 치밀성, 눈과 손의 연계성
도서 (정밀성과 인식력의 조화)	정인용신, 정재격 또는 재, 관, 인이 조화로운 구조	공간지능, 언어능력, 분류, 조합, 기억
보건 (유동감각과 객관심리의 조화)	편관용신, 정재격 또는 인성의 요건이 조화로운 구조	사무지각능력, 판단력 및 주의력, 언어, 공간, 형태, 독립심, 체력, 봉사심, 이해심, 책임감
자금 (경제구도 분석력과 객관적 시각)	상관용신, 정재격 또는 편인이나 정인으로 유기상생구조	활동성, 섭외정신, 사교성, 적극성, 추진력, 수리능력, 조사 분석력, 과감성, 치밀성, 통찰력

(2) 정재격 또는 정재가 용신일 때 적합한 활동영역

- 견실하고 단조로운 일에 종사하거나 봉급생활자가 좋다.
- 신왕한 정재격에 정재가 역마와 동주하면 상업으로 이익을 얻는다.
- 복잡한 외근 업무, 사교적인 업무에는 부적격하다.
- 신왕하고 재성이 약하면서 재성이 필요한 사주는 기술, 노동자 등이 적합하다.
- 정재와 역마가 같이하면 사업으로 이윤을 남길 수 있으니 교통, 운수업이 좋다.
- 정재격은 편재와 다르게 임기응변을 잘 못하며 융통성 또한 적다.
- 식상생재격이 구성된 명은 기술을 바탕으로 하는 업무에도 소질이 있다.
- 꼼꼼하고 빈틈없는 일 처리와 정직한 성격으로서 금융계, 관리직 등이 좋다.
- 보통 사람은 평범한 직장 샐러리맨으로 적합한 타입이다.
- 재다신약하면 자신의 일은 못하고 남의 일을 도와가며 살아가야 편하다.
- 식상이 태과하면 여러 가지 일을 벌이기는 하는데 제대로 거두지 못한다.

(3) 정재의 전공

정재에 적합한 학과(전공)로는 식품영양학과, 경제학과, 경영학과, 금융학과, 원예과, 분석심리학과, 내과, 성형외과, 재료분석학과, 회계학과, 건축공학과, 토목과, 무역학과, 통계학과, 가정관리학과 등을 들 수 있다.

(4) 정재의 직업군

정재에 적합한 직업으로는 금융업, 상업, 무역, 세무사, 회계사, 생산제조업, 부동산, 경리, 관리, 운수업, 건축업, 도매업, 학원, 신용사업, 특허 인증 대행사업 등을 들 수 있다.

(5) 정재의 사례

금융회사원	세무공무원
丙乙戊辛 子卯戌亥	乙庚乙癸 酉辰卯巳
- 정재격 (戊戌월) - 정재격으로 경제 마인드 갖춤 - 인성과 상관의 영업능력 우수 - 정재의 실리적 환경 - 금융업 종사 적합	- 정재격 (乙卯월) - 정재격으로 경제마인드 갖춤 - 인수용신으로 기록능력 - 정재의 안정지향형 - 세무공무원이 적합

… PART 13

관성(官星)의 직무와 직업정보

1. 관성(官星)의 본성과 심리

1) 관성(官星)의 진화심리 - 〈서열본능, 결정본능〉

- 관성은 힘에 따라 자신의 위치를 스스로 결정한다.
- 순서를 정하여 행동하려는 본능이다.
- 서열이 정해지는 환경에서 능률이 오른다.
- 서열이 분명한 환경에서 심리적 안정이 된다.
- 상하를 구분하여 행동하고 배분한다.
- 수직적 구조를 통하여 종족보존을 유지한다.

2) 관성(官星)의 욕구 - 〈안정의 욕구〉

여러 위험에서 자신을 보호하고자 하는 안정의 욕구로 맹수(猛獸), 극히 춥거나 더운 기온, 범죄, 폭행, 살해, 학대 등의 위협, 전쟁, 질병, 자연재해, 직업의 안정성 등으로 일상적인 일에 인내력이 강하다. 또한 자신에 대한 지나친 결백과 권위를 추구하는 귀(貴)를 통한 안정을 지향하는 욕구이다.

안정의 욕구는 인간이 누리고 싶은 귀(貴)를 통한 욕구이다. 사회적 신분인 관성을 자신의 권위와 권력을 행사하는 척도라고 볼 때, 관성은 이를 통해 불안정한 질서와 비윤리적 행태를 구속하여 공존을 유지하려는 목적이 있다. 역설적으로 약자가 강자에게 보호받고 싶어 하며, 강자는 약자를 보면 보호본능이 발동하게 된다. 인륜이 존재하는 본질적인 것은 알고 보면 강, 약에서 질서가 함께 공존하고 있다는 것이며, 각계 각층별로 제도권이 형성된 사회구조는 그 속에서 강자와 약자가 모두 안정을 원하기 때문이다.

관성이 강(强)하면 외부 강제성과 내면적 수용거부의 불균형 상태에 의해 심리적 괴리감이 조성된다. 따라서 비현실적 성향의 심리가 드러나며, 불확실성에 시달리는 다른 사물에 의한 편혹성 때문에 일종의 마니아 증후군을 나타낸다. 이로 인해 분별력이 결여되고, 불평불만이 팽배하며 성급하고 반항적이며 피해의식과 불신이 드러나는 심리 증후군이 나타난다.

관성이 약(弱)하면 자율성 실조(失調)로 오는 감정의 방만 또는 주관적 감정에 몰입하게 되는 증후로 나타난다. 이로 인해 결단성이 부족하고, 준법성이 결여되며, 절제력이 부족하고 자만심이 팽배한 심리 증후군이 나타난다.

관성은 서열본능이다. 분별력, 순응, 질서, 상하관계, 정제 등과 극기(克己)라는 고통을 통해 서서히 체득하게 된다.

◆ 안정의 욕구

질서(秩序)를 바로잡고 규범(規範)을 준수하여, 불안하고 고통스런 일들을 정리하며 안정(安定)을 얻고 싶은 욕구로 생명에 대한 위기, 사고, 질병, 위협, 협박, 박탈 등으로부터 자신을 보호하고, 불안을 회피하고자 한다.

3) 관성(官星)의 본능과 상대석 심리

관성의 심리는 중추적 통제계로 권위적인 성향이며 명예와 타인을 다스리는 직위를 존재하게 하는 자원이다. 중심을 지키는 인내심과 분별력을 스스로 자양하는 기질이다.

관성이 태과하면 자신을 억제하는 강박심이 팽배하여 타인에 대한 반발이 심하고 분별력을 잃어 법과 도덕을 지키지 못하며 의심이 많다.

관성이 약(弱)하면 인내심이 없어 참을성이 없고 무모한 일에 손대면 절제를 못하는 단점이 드러난다.

관성은 직업으로 직무, 직책 등이 되며 법(法)을 뜻한다. 따라서 원칙을 중시하고 윤리성과 도덕심이 강하며, 명예, 인품, 판단력, 준법정신, 책임감, 직무 충실 등이 주요 속성이지만 일간이 신약(身弱)하게 되면 기(氣)가 위축되어 강박심이 있고 소심해지며 매사에 용두사미가 되기 쉽다.

관성은 항상 자신의 권위적인 활동과 대상을 찾는다. 관성이 강한 사람에게 완장(職位)을 채워주면 목에 힘이 들어가고 권위를 부려야 하므로 대상을 찾는다. 기본적인 심리 패턴은 법(法)을 잘 모르는 대상을 찾아서 도와주기도 하지만 법(法)을 이용해 불법을 저지를 수도 있는 양면성이 나타날 수 있다.

4) 관성(官星)의 사회성

【조직력, 분별력, 관리력, 통제력, 인내력, 도덕성】

관성은 원칙을 중시하고 윤리와 도덕심이 강하며 명예, 인품, 판단력, 준법정신, 책임감, 직무충실 등이 주요 속성이다. 종속적이고 복종적이며 상하관계를 조절하여 소속된 단체를 이끄는 성향이다. 결단력이 있으며 스피드 하지만 관계를 의식하면서 행동하고 판단하는 성분을 지니고 있다.

- 성찰력이 발현된다.
- 서열을 중시하며 완장 차는 것을 좋아한다.
- 단체의 공익성을 우선한다.
- 자기위치나 분별력이 뚜렷하다.
- 권위의식이 강하다.
- 인내심이 강하게 된다.

5) 편관(偏官)의 본성과 기질

(1) 편관의 심리

관리적 명예심리	공격적 경쟁심리
강한 의협심으로 약자를 보호하며 책임감과 결단성이 뛰어나다.	타협을 싫어하고 먼저 행동으로 해결하려 하고 투쟁적이며 난폭하다.
편관에 겁재가 있으면 위엄있고 당당한 면모를 갖추며 무관으로 성공한다.	상대방을 무시하고 멸시하며 권모술수에 능하다.
조직생활에 강하며 희생적인 리더십이 있고 상황에 따른 대처 능력이 뛰어나다.	조급하고 편굴하여 시비가 잦으며 타인의 사건에 끼어들어 구설을 자처한다.

(2) 편관의 긍정적·부정적 심리

긍정적 성향	부정적 성향
● 책임감이 강하며 조직생활에 적합하다. ● 강한 의협심으로 강자에게서 약자를 보호하는 기질이 있다. ● 권위적이고 총명하며 결단성이 뛰어나다. ● 자신의 감정표현을 분명히 하고, 담백한 면이 있다. ● 편관은 개척정신과 모험심, 의협심이 있다. ● 무관으로 성공하거나 명성을 얻는 자가 많다. ● 당당한 면모와 성격이 곧으며 의지를 관철하는 성격이다.	● 타협을 싫어하고 투쟁심과 야당성의 기질이 강하다. ● 상대방을 은근히 무시하고 멸시하는 기질이 있다. ● 다른 사람에게 부탁하는 것을 싫어하며 성질이 급하다. ● 권모술수에 능하고 목적 달성을 위해 수단과 방법을 안 가린다. ● 이론과 타협보다는 먼저 행동으로 해결하려 한다. ● 조급하고 편굴하며 난폭하고 깡패의 기질이 있다. ● 고집이 세고 타협을 모르고 반항을 잘한다.

6) 정관(正官)의 본성과 기질

(1) 정관의 심리

조직적 도덕심리	자학적 수축심리
명예와 질서를 존중하고 공정한 일 처리로 타인의 모범이 된다.	원리원칙주의자이므로 융통성이 없어서 환경적응 능력이 부족하기 쉽다.
책임감이 강하고 조직 내에서 상사를 잘 모시고 준법정신을 중요시 여긴다.	정확한 자기관리로 주변을 피곤하게 할 수 있으며 소심하여 변화에 취약하다.
외모가 준수하고 반듯한 군자의 상이며 중간 조정을 잘 하는 중용의 정신이 있다.	수단이 없어서 한 가지 일에만 집중하며 인정받지 못하면 심한 고민에 빠진다.

(2) 정관의 긍정적·부정적 심리

긍정적 성향	부정적 성향
● 품위와 인격이 잘 갖추어져 있고, 자비와 도덕심이 강하다. ● 명예와 질서를 존중하고 공정한 일 처리로 타인의 모범이 된다. ● 책임감이 강하고 비리를 척결하는 청렴결백한 성격이다. ● 도덕과 윤리의식이 투철하고 준법정신을 중요시 여긴다. ● 명예, 충성, 공익정신, 공명심을 추구하니 군자의 상이다. ● 교만하지 않고 중간에서 조정을 잘하는 중용의 정신이 있다. ● 인품이 수려하고 귀한 용모와 중후한 성품의 소유자다.	● 정관은 자존심이 강하고 지나치게 원리원칙대로 한다. ● 자존심이 강하여 관용과 이해가 부족하다. ● 정확한 자기관리로 주변사람들이 피곤할 수 있다. ● 수단이 없어서 한 가지 일에만 집중한다. ● 소심하고 옹졸하며 변화에 취약한 성격이다. ● 환경에 적응능력이 부족하여 갈등을 많이 겪는다. ● 자신이 하는 일을 인정받지 못하면 심히 고민에 빠진다.

2. 관성(官星)의 코스별 진로방향

1) 관성(官星)의 재능활용

(1) 우수능력

편관은 충성심과 책임감이 강하고 빠른 판단력과 화끈한 결정력을 갖추었으며 이론보다는 행동적이고 개혁과 도전정신이 우수하다.

정관은 신사적인 처사와 공정한 판단력을 갖추고 있으며 정교하고 세심한 업무파악과 합리적으로 수행하는 능력이 우수하다.

(2) 선천지능

편관은 결단하고 판단하는 카리스마로 행동지능(行動知能)으로 설명할 수 있고 정관은 명예와 신념의 정직과 원칙으로 도덕지능(道德知能)으로 설명할 수 있다.

(3) 직업스타일

편관은 정치가 스타일이고 정관은 공직자 스타일이다.

(4) 재능

편관은 과감하게 판단하고 결정하여 실행하는 지능으로 신속한 결정, 기억력, 판단력, 결과중시, 관리능력으로 대표되며 이상에 관점, 조직구성, 에너지의 현실적 활용 등이 주요 특징이다.

정관은 원칙과 기준을 세우고 모범적인 사회성 지능으로 공정성, 판단능력, 기억력, 규범적, 도덕적, 보수적으로 대표되며 정교성, 설계능력, 명분, 내면적, 가능성 중시 등이 주요 특징이다.

(5) 진로직업

편관은 경쟁과 억제, 강압, 파괴의 속성을 갖고 있다. 경쟁하거나 통솔하는 업무, 군인, 경찰, 경호 등에 적합하다. 살인상생이 되면 법관이나 국회의원 등의 고위직도 가능하다. 편관격이 길성(吉星)의 겁재를 두면 부장검사, 군인은 장성까지 등용한다.

정관은 공무원, 회사원, 정치, 법률, 행정업무 등에 적합하다. 정관격에 인수가 있거나 재성이 있으면 문관에 적합하다. 관인상생이 되면 공무원, 정치가 또는 문학가에 좋다. 정관격에 식신, 정인 등이 길한 작용을 하면 학계에서 이름을 떨칠 수도 있다.

2) 편관(偏官)의 재능과 사회성

■ 편관은 행동지능(정치가 스타일)으로 책임감당형이다. 즉, 스스로의 결정에 대한 책임을 담백하게 감당한다. 충성심, 지구력, 책임감, 결단성 있고 힘 있는 사람인 반면, 강제적, 난폭하고 무법자, 투쟁적이고 일복이 많은 사람이다.

- 책임감이 강한 유형이므로 일에 있어서도 책임 있게 완수해 나가는 유형이다.
- 암기력이 우수하고 탁월한 실천력과 결정력으로 놀라운 성취도를 보인다.
- 사회에서 인정받고 남들의 이목이 집중되는 방향으로의 목표설정이 더욱 성취도를 높인다.

■ 편관은 기억력, 도전력, 행동력, 결단력, 수행력, 분별력, 신속성, 인내력이 우수한 소유자로 결단과 행동적 성향이 강하다. 관리적 명예심리와 공격적 경쟁심리를 내포하고 있다.

- 도전하는 기분을 즐기며 새로운 것에 대한 모험을 원한다.
- 담백, 화끈한 성격이고 행동이 바르며 군중의 리더가 되기를 원한다.
- 편관은 일간을 간섭하고 억압하는 오행으로 일간 자신의 소신이 뚜렷하고 원칙과 명예를 중시하며 결단성과 승부욕이 대단하다.
- 용의 꼬리보다는 뱀의 머리가 되고 싶어 한다.
- 감투 쓰는 것과 완장 차는 것을 좋아한다.

- 행동이 빠르고 결정도 빠르다.
- 세상을 구하고자 종교지도자가 되기도 한다.

3) 정관(正官)의 재능과 사회성

■ 정관은 도덕지능(공직자 스타일)으로 자아존중형이다. 즉 명예지향적이고 남들 앞에서 자신이 존중받기를 원한다. 신사적이고 태도가 바르며 정교하고 원칙적인 반면 융통성이 없고 고정적이며 변화가 없다.

- 공공의 안정을 지향하는 유형으로 책임감이 강하며 조직에 잘 적응 한다.
- 전통을 중시하는 과정에서 현실적인 계획에 입각한 수행능력이 우수하고 성실하다.
- 매사 주어진 일을 섬세하게 처리하며, 관계를 잘 의식하여 상하관계를 잘 유지한다.

■ 정관은 지각력, 도덕성, 합리성, 정교성, 의무성, 책임감이 우수한 소유자로 논리적이고 섬세하며 규범과 모범적 성향이 강하다. 조직적 도덕심리와 자학적 수축심리를 내포하고 있다.

- 합리적이며 안정과 명예를 중시하고 느긋하다.
- 모험과 변화를 싫어하고 모질지 못하여 약자를 보호하는 보호 정신이 강하다.

- 어떤 조직(직장)에 안주하고 큰 변화 없는 안정적인 직장이나 위험성이 없는 자영업을 원하는 편이다.
- 규칙적이고 법치적인 사고방식의 소유자다.
- 밝고 예의 바르며 신사적이다.
- 위험을 감수하는 면에는 소극적이다.

4) 관성(官星)의 코스별 진로방향

■ 관성은 지배와 통제의 시소다.

- 관습이나 관행에 의해 육성된 개인의 도덕의식, 성정, 태도, 성격, 또는 도덕성 그 자체를 의미.
- 순서가 정해진 다음 행동하는 본능.
- 명예와 지배이자 인내심과 분별력의 기질.
- 강력한 카리스마로 프레임을 구축, 서열 속에서 발전.
- 명분에 따라 복종과 능률의 결과추구.

(1) 관인상생구조(목표지향형)

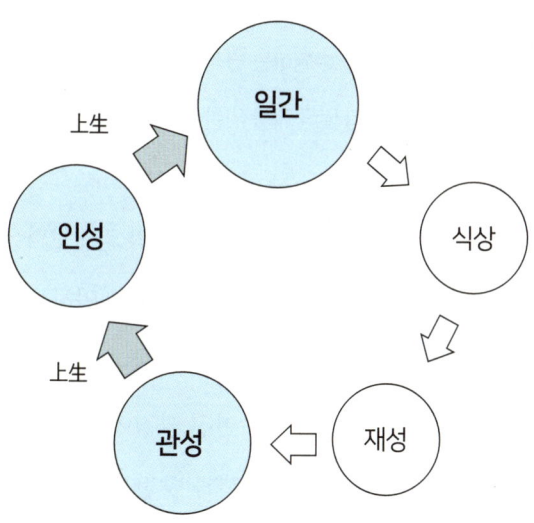

관인상생 코스는 좋은 지식과 학식인 인성이 명예 또는 직(職)을 취하는 구조를 말한다.

관인상생 코스의 특징을 살펴보면

- 서열본능이 체화된 대표적인 직장형 구조이다.
- 관과 인수가 일간을 생 해주는 구조로 태어날 때 기득권이 주어진다.
- 통제권이 잘 이루어지는 코스로 환경이나 인간관계에 대한 의식을 많이 한다.
- 관인상생은 기다리는 모습과 목적의식이 뚜렷하다.
- 내면이 강하고 생각이 강한 사람이라 쉽게 흔들리지 않는다.

- 자기의 결정력, 판단력, 카리스마를 사용할 수 있다.
- 관인상생의 구조는 조직에 소속되어야 그 능력을 발휘하기 좋다.
- 주어진 과제와 부여된 임무를 수행하는 원칙주의자의 사고방식이다.
- 창조성과 자율성보다는 조직 및 국가를 위한 목표 지향적 직업관을 갖게 된다.

에너지가 유입되는 방향의 구조이므로 일간의 의지보다는 외적인 환경이 매우 중요하다. 관인의 구조에 다른 십성이 개입하는 상황에 따라 성격, 심리, 활동유형은 변화를 보인다. 즉, 재성이 개입되면 많은 사람을 관리하게 되고 식상이 개입되면 주어진 환경에 대한 혁신의지가 발생하여 조직과 단체의 새로운 방향모색과 발전을 위한 변화를 추구하게 된다.

격은 그 사람의 고유한 정신과 사상이며 관인상생이든 식상생재이든 주체가 되는 것은 관(官)도 인(印)도 식상(食傷)도 아니며 비겁이 주관한다. 비겁이 통근하여 강하다면 관인의 생을 받아 식재를 통제할 수 있으나 비겁이 약해 관인의 도움하에 있다면 자신의 의지보다 관인의 의도에 따른다.

(2) 재생관구조(결과 지향형)

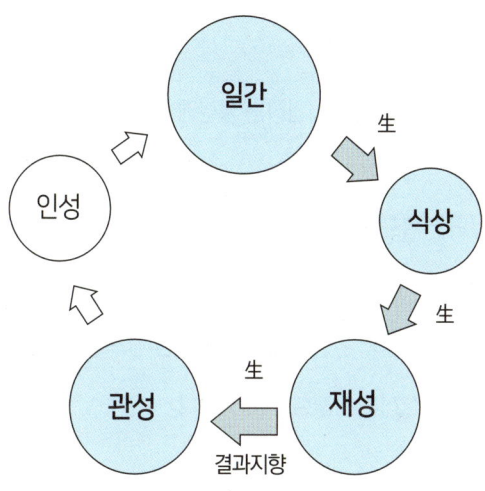

- 나와 상관없이 아웃사이드로 이루어지는 것이 재생관이다.
- 외부의 영향을 가장 많이 받는 구조이다.
- 재생관은 관인상생과 함께 직장형의 직업유형이다.
- 관이 목적이며 관을 향해 가므로 직장의 형태를 갖추기를 원한다.
- 심리적으로 서열이 주어져야 안정감을 느낀다.
- 항상 재생관은 제2의 노력이다.
- 가치판단과 명예추구의 심리가 강하여 사람들을 관리하고 조직력을 구성하는 우수한 선천적 직업적성을 소유한다.
- 일간이 극하거나 일간을 극하는 십성이 서로 조화를 이루며 구성된 구조로서 주어진 목표에 대한 실현의지를 강하게 추구하는 결과지향형이다.
- 자연스런 에너지의 흐름을 상호 소통하지 않는 십성끼리의 조합이므로 일간은

강함이 요구되는 구조이다.
- 공적이고 객관적이므로 최종적인 결과가 자신의 가치판단에 중요한 기준이 된다.
- 재관의 구조에 다른 십성이 개입하는 상황에 따라 성격, 심리, 활동성향에 변화를 보인다.
- 인성이 개입되면 목표 지향적으로 행동과 실천에 절차를 중요시하는 계획성이 부여된다.
- 식상이 개입되면 주변의 환경과 조건들을 타진해나가는 스타일이 되므로 원만한 대인관계를 형성하는 사회성을 갖게 된다.

5) 관성(官星)의 부조화된 직업코스

(1) 비겁용신 ⇒ 관성편향의 구조
- 조직을 통한 활동력과 조직구성력이 우수한 기질로서 사람들을 지도하고 관리하는 성향이 강한 직업적성으로 파악될 수 있다.
- 보수적이고 공정성을 추구하나 신속한 결정력과 판단력으로 결과를 보는 능력이 우수하다.
- 이상향을 추구하나 에너지의 내향적 활용으로 인한 자신만의 내적 갈등과 고민이 항상 존재하는 유형이다.

(2) 관성용신 ⇒ 식상편향의 구조

- 언변과 인간관계를 통한 사회 활동력이 우수한 기질로서 고정관념을 깨는 기발한 창의성을 발휘하는 성향이 강한 직업적성으로 파악될 수 있다.

- 무형의 가치든 유형의 가치든 만들어가고 성장시켜 나가는 과정을 중시하지만 과감한 행동력으로 승부를 내는 능력이 우수하다.

- 에너지의 외향적 흐름으로 자유로움을 추구하지만 자신만의 내적 규율로 제어해야 된다는 강박심이 항상 갈등의 요소가 되는 유형이다.

3. 관성(官星)의 직무와 직업정보

관성의 직무능력에서의 활용성은 조직력, 분별력, 관리력, 통제력, 인내력, 도덕성 등을 들 수 있다.

관성과 관련된 직무와 직업을 살펴보기 위해 관성과 다른 십성과의 구조를 통해 다양한 직무 및 직업들을 살펴볼 수 있다.

또한 관성과 다른 십성과의 관계에서 올 수 있는 활동과 그에 상응되는 대표적인 직업을 들 수 있다.

관성과의 관계	활동	대표적 직업
정관, 인성, 상관의 공조구조	관리능력, 감성통제, 협조력, 조직력, 지식습득, 상담능력 등	종교가, 심리치료사, 세일즈, 영업직, 교육가, 연설가
편관, 편인, 상관의 상생구조	인내심, 집중력, 기획자, 리더십, 기술, 설득력, 기억력 등	작가, 심리학자, 종교, 철학, 교육, 생산, 창조개발
식상, 재성, 정관의 상생구조	모험적, 탐구적, 양육, 포용력, 실천력, 친화력, 도덕성 등	과학자, 관리자, 유통업, 축산업, 사회복지사, 가이드 등

1) 편관(偏官)의 직무와 직업정보

(1) 편관(偏官)과 관련된 직무 및 능력

편관(偏官)은 결단과 행동적 성향으로 도전하는 기분을 즐기며, 새로운 것에 대한 모험을 원한다. 이론보다는 행동으로 표현하고 결과를 얻는 편으로 스피드하고 수단이 좋다. 상당히 담백하고 화끈한 성정이다. 이 때문에 군인이나 경찰 등의 힘을 사용하여 자신의 명예를 얻고, 많은 사람들을 지키는 것에 스스로 만족감을 느낀다. 무기를 다루는 일에 적합하며, 군중의 리더가 되는 학과나 직업이라면 무난할 것이다.

직무	십성의 구조적 범주	요구되는 능력
인사노무 (정보 분석력과 정보 편성력의 조화)	편관용신 또는 편관격이거나 재, 관, 인으로 유기상생되는 구조	경영, 행동과학, 조직, 인간관계, 심리학, 교육학, 설득력, 이해력, 상담능력보유, 지도력, 사회성, 언어, 분류, 합리성
비상계획 (발상력과 현실참여 의식의 조화)	편관용신 또는 편관격이거나 인성과의 유기상생이 조화로운 구조	언어, 분류, 조합, 봉사적, 협력적, 책임감, 이해심, 대인관계
창고업 (육체 유연성과 공간감각의 활용성)	편관용신, 편재격 또는 비겁, 식신이 주도하는 구조	사교적, 설득력, 자신감, 성실성, 적극성, 책임성
증권영업 (조직적 경제시각과 다각적 관찰 능력)	편관용신, 편재격 또는 비겁, 식재, 관이 상생구조	지능, 수리능력, 적극성, 언어, 분류, 조합, 계산, 언어능력, 감수성, 공감유도, 설득력, 행동력

직무	십성의 구조적 범주	요구되는 능력
해운 (다양성과 거시성의 조화)	편관용신 또는 편재격, 관, 인, 비의 상생구조	지능, 수리능력, 분류, 조합, 형태, 공간, 활동적, 적극성
건설공무 (정밀성과 지구력의 조화)	편관용신 또는 편재격, 인, 비, 식, 재의 상생구조	사무지각능력, 형태지각능력, 분류, 조합, 기술 기능적
보건 (유동감각과 객관심리의 조화)	편관용신, 편재격 또는 인성의 요건이 조화로운 구조	지능, 사무지각능력, 판단력 및 주의력, 언어, 공간, 형태, 독립심, 체력, 봉사심, 이해심, 책임감
방송 (언어감각과 순발력의 조화)	편관용신, 편재격 또는 식상이 조화로운 구조	적극성, 판단력, 언어능력, 사무지각능력, 관찰력, 이해력, 자기표현력, 기획력, 분석력, 창조력

(2) 편관격 또는 편관이 용신일 때 적합한 활동영역

- 편관은 경쟁과 억제, 강압, 파괴의 속성을 갖고 있는 신(神)이다.
- 경쟁하거나 통솔하는 업무로 군인, 경찰, 경호 등에 적합하다.
- 신왕하고 칠살과 양인이 모두 있으면 관공직에 적합하다.
- 관살혼잡이 되면 역술인, 종교인 등 잡다한 직업에 합당하다.
- 살인상생이 되면 법관이나 국회의원 등의 고위직도 가능하다.
- 편관격이 길성(吉星)의 겁재를 두면 부장검사, 군인은 장성까지 등용한다.
- 살이 혼잡하면 격이 낮은 미용이나 이발, 재단사, 요리사, 조각가에 적합하다.
- 편관격이 편인을 보게 되면 비생산적인 업무에 종사하게 된다.

(3) 편관의 전공

편관에 적합한 학과(전공)로는 요리학과, 국방대학, 경찰대학, 경호학과, 사관학교, 정치학과, 체육학과, 신학대학 등을 들 수 있다.

(4) 편관의 직업군

편관에 적합한 직업으로는 군인, 경찰, 경비원, 경호원, 교도관, 군무원, 형무관, 별정직, 정치가, 하사관, 장성, 종교지도자, 기술직 등을 들 수 있다.

(5) 편관의 사례

경찰간부	공무원 (교육학 박사)
戊 甲 甲 乙 辰 午 申 丑	甲 丁 癸 壬 辰 巳 丑 子
- 편관격 (월지 申) - 편관격으로 서열본능 우수 - 지지 상관제살로 비범성 갖춤 - 비겁 강의 신체지능 활용 - 경찰공무원 적합	- 편관격 (월간 癸) - 정인의 투출로 학업 능력 우수 - 인비식의 전문가체질 - 관인상생으로 조직에 적응능력 - 공직자 및 교육행정 적합

2) 정관(正官)의 직무와 직업정보

(1) 정관(正官)과 관련된 직무 및 능력

정관(正官)은 규범과 모범적 성향으로 명예와 권위를 중시하고 원리원칙을 고수하며, 행정상 올바른 이론을 추구한다. 약자를 보호하고 봉사정신도 강하다. 또 시시비비를 잘 가려 옳고 그름에 대한 답을 내는 군자의 성향이다. 그러므로 교육이나 행정학, 법학과 등에 관심이 많고, 약자를 보호하는 봉사정신도 강하다. 이런 성격에 부합되는 학과나 직업을 선택할 경우 역량을 발휘할 수 있다.

직무	십성의 구조적 범주	요구되는 능력
관리 (체계적인 사고력과 정보 활용성의 조화)	관성 용신 또는 건왕한 재관격으로 주변과의 연계조건이 조화로운 구조	사무지각, 성실성, 정확성, 책임감, 자기통제력, 보수성, 억제력, 수리력, 신중성
품질관리 (정밀성과 창의력과의 조화)	인성용신, 정·편관격 또는 식, 재, 관의 상생구조	관련자격(품질관리사), 지능, 언어능력, 분석력, 합리성
공무 (공정성과 보편 논리성과의 조화)	정·편인 용신, 정·편관격 또는 식, 재, 관, 인의 상생구조	사무지각능력, 형태지각능력, 조립 및 기술적 정밀성, 계산능력, 공간지각능력, 형태분류능력, 활동적, 기능적

직무	십성의 구조적 범주	요구되는 능력
변리 (정신감각과 공감의 조화)	편인용신, 정관격 또는 식, 재의 조화로운 구조	지능, 언어능력, 수리능력, 책임감, 근면성, 협조성, 계획성, 판단력, 성실성, 윤리성
생산관리 (조직력과 체계적 운영능력과의 조화)	식상용신 또는 관격으로 비겁, 식, 재, 관의 상생구조	지도력, 적극성, 추진력, 지구력, 어학능력, 행동력, 자주성, 치밀성, 정중함, 정교성, 함리성, 섭외능력, 관찰력, 인내심

(2) 정관격 또는 정관이 용신일 때 적합한 활동영역

- 공무원, 회사원, 정치, 법률, 행정업무 등에 적합하다.
- 관인상생이 되면 공무원, 정치가 또는 문학가에 좋다.
- 정관격이 유기(有氣)하지 못하면 말단 공무원이나 하급 직장 생활을 한다.
- 정관격에 재성이 양호하면 재무 계통의 고위직에 적합하다.
- 관(官)이 왕하면 정치가, 인(印)이 너 왕하면 학사로서 유력하나.
- 정관격이 겁재가 희신이면 법조인으로서 명성을 얻는다.
- 정관격에 식신, 정인 등이 길한 작용을 하면 학계에서 이름을 떨칠 수도 있다.
- 정관격은 수뇌부로 올라가기 전 참모 또는 기획실 등을 거치는 것이 좋다.

(3) 정관의 전공

정관에 적합한 학과(전공)로는 법학과, 행정학과, 사회과학과, 정치학과, 독서지도학과, 교육학과, 비서학과 등을 들 수 있다.

(4) 정관의 직업군

정관에 적합한 직업으로는 학자, 행정관, 관공계통, 사법관, 군인, 경찰, 공무원, 회사원, 통계업, 비서, 총무, 위탁관리, 지배인, 의류제조업 등을 들 수 있다.

(5) 정관의 사례

고위공직자	장학사
壬 乙 庚 癸 午 卯 申 巳	甲 己 己 丙 戌 亥 亥 午
- 정관격 (庚申월) - 관인상생격을 이룸 - 인수용신으로 학업우수 - 법학전공 행정고시에 합격 - 공직자 적합	- 정관격(시간으로 甲木투간) - 천간으로 관인상생격을 이룸 - 인수용신 학업 수행능력 - 수학교사로 재직하다 장학사로 승진 - 교육자 및 관리자 적합

| 참고문헌 |

[단행본]

고용노동부(2019)『직업능력개발사업현황(2019)』
교육부·한국직업능력개발원(2015)『2015 미래의 직업세계(해외직업편)』
김기승(2006)『사주심리와 인간경영』, 서울: 창해
＿＿＿(2011)『사주심리치료학』, 서울: 창해
＿＿＿(2009)『명리직업상담론』, 서울: 창해
＿＿＿(2010)『놀라운 선천지능』, 서울: 창해
＿＿＿(2013)『타고난 재능이 최고의 스팩이다』, 서울: 창해
김기승·함혜수(2018)『십성의 기질과 사회성』, 서울: 다산글방
김기승·노선희(2019)『명리진로학습코칭』, 서울: 다산글방
김병숙(2007)『직업정보론』, 서울: ㈜시그마프레스
＿＿＿(2009)『인간과 직업Ⅰ』, 서울: ㈜시그마프레스
클라우스 슈밥(2016)『클라우스 슈밥의 제4차 산업혁명』, 서울: 메가스터디(주)
김종진(2017)『시대별 직업세계 변천 – 과학기술 발전의 영향을 중심으로』
김동규·김중진·김한준·최영순·최재현(2017)『4차 산업혁명 미래 일자리 전망』, 고용정보원
박가열·박성원·이영민·이은수(2019)『4차 산업혁명 시대의 미래직업능력 연구(Ⅱ)』, 고용정보원
이시균·공정승·김혜민(2016)『미래 일자리 세계의 변화』, 고용정보원
이시균 외 16인(2019)『중장기 인력수급전망 2018~2028』, 고용정보원
이종호(2017)『4차 산업혁명과 미래 직업』, 서울: 북카라반
진로진학상담총서04(2017)『직업세계와 직업정보 탐색지도』, 한국생애개발상담학회
한국고용정보원(2017)『2017 한국직업전망』, 고용노동부
＿＿＿(2019)『2019 한국직업전망』, 고용노동부
＿＿＿(2019)『4차 산업혁명 시대, 내 직업 찾기』, 고용노동부
＿＿＿(2019)『(중장기 인력수급전망 2016~2026) 미래일자리 세계의 변화』
＿＿＿(2019)『성인용 직업적성검사 실시요람』, 고용노동부
＿＿＿(2019)『직업선호도검사 L형 상담자 매뉴얼』, 고용노동부

_____(2019)『대학생·성인의 자기이해 및 직업탐색을 위한 검사』
_____(2019)『2020 청년층 혁신성장 직업전망』
_____(2019)『2020 한국직업사전』

[참고사이트]

K-BIZ 중소기업중앙회 www.sbhrdc.re.kr/
고용노동부 www.moel.go.kr
공군취업정보광장 www.airforce.mil.kr
꿈날개(온라인경력센터) www.dream.go.kr/
남부기술교육원 www.nbedu.or.kr/
동부기술교육원 www.dbedu.or.kr
민간국가자격시험포털(Q-net) www.q-net.or.kr
북부기술교육원 www.bukedu.or.kr
새일센터 saeil.mogef.go.kr
육군취업지원센터 www.armyjob.mil.kr/
워크넷 www.work.go.kr
민간자격정보서비스 www.pqi.or.kr
제대군인지원센터 https://www.vnet.go.kr/
중부기술교육원 www.jbedu.or.kr
직업훈련포털(HRD-Net) www.hrd.go.kr
창업넷(k-startup) www.k-startup.go.kr/
커리어넷 www.career.go.kr
한국고용정보원 www.keis.or.kr/main/
한국선천적성평가원 www.aatest.co.kr/
한국직업상담사협회 www.kvoca.org/

명리상담사를 위한 직업정보 가이드

초판 1쇄 발행 2021년 3월 20일

지은이 김기승·정경화
펴낸이 방성열
펴낸곳 다산글방

출판등록 제313-2003-00328호
주소 서울특별시 마포구 동교로 36
전화 02) 338-3630 팩스 02) 338-3690
이메일 dasanpublish@daum.net
홈페이지 www.iebook.co.kr

ⓒ 김기승·정경화, 2021, Printed in Korea

ISBN 979-11-6078-190-8 13370

* 이 책은 저작권법에 의해 보호받는 저작물이며, 저자와 출판사의 서면 허락 없이 이 내용의 전부 또는 일부를 인용하거나 발췌하는 것을 금합니다.
* 제본, 인쇄가 잘못되거나 파손된 책은 구입하신 곳에서 교환해드립니다.
* 책값은 뒤표지에 있습니다.